江苏省高校品牌专业“思想政治教育专业”建设工程资助项目
盐城师范学院2018年省重点教材培育项目资助

中国传统法律文化概论

韩业斌 编著

南京大学出版社

图书在版编目(CIP)数据

中国传统法律文化概论 / 韩业斌编著. — 南京 ：南京大学出版社，2019.7

ISBN 978 - 7 - 305 - 21898 - 9

Ⅰ. ①中… Ⅱ. ①韩… Ⅲ. ①法律—传统文化—中国 Ⅳ. ①D909.2

中国版本图书馆 CIP 数据核字(2019)第 064014 号

出版发行　南京大学出版社
社　　址　南京市汉口路 22 号　　　邮　编　210093
出 版 人　金鑫荣

书　　名　中国传统法律文化概论
编　　著　韩业斌
责任编辑　姜　凤　蔡文彬　　　编辑热线　025 - 83592123

照　　排　南京南琳图文制作有限公司
印　　刷　南京京新印刷有限公司
开　　本　787×1092　1/16　印张 13　字数 360 千
版　　次　2019 年 7 月第 1 版　2019 年 7 月第 1 次印刷
ISBN 978 - 7 - 305 - 21898 - 9
定　　价　45.00 元

网址：http://www.njupco.com
官方微博：http://weibo.com/njupco
微信服务号：njuyuexue
销售咨询热线：(025) 83594756

目　录

绪　论……………………………………………………………… 1

一、文化及法律文化的概念 ……………………………………… 1

二、中国传统法律文化概述 ……………………………………… 8

三、中国传统法律文化的基本特征 ……………………………… 8

四、学习中国传统法律文化的意义……………………………… 17

第一章　中国传统法律文化的起源 ……………………………… 19

一、"刑起于兵"现象 ……………………………………………… 20

二、关于廌的传说………………………………………………… 24

三、礼的起源与流变……………………………………………… 27

第二章　法家思想及其法律儒家化 ……………………………… 34

一、法家指导下的秦朝法制实践………………………………… 34

二、汉初的黄老思想及其变更…………………………………… 39

三、法律儒家化运动……………………………………………… 42

第三章　唐代的法律文化 ………………………………………… 51

一、唐代的立法概况……………………………………………… 51

二、唐代的法律形式……………………………………………… 55

三、唐律的主要内容……………………………………………… 57

四、唐律的基本精神及历史地位……………………………………………… 61

第四章　明清时期的法律文化 …………………………………………… 67
一、明清时期的立法概况……………………………………………………… 67
二、明清时期的律例关系……………………………………………………… 71
三、明清法制的主要内容……………………………………………………… 74

第五章　中国传统刑法文化 ……………………………………………… 79
一、伦理观念影响下的中国古代刑法……………………………………… 79
二、中国古代刑法的等级制度……………………………………………… 83
三、几种古老罪名及其处罚的变化………………………………………… 86

第六章　中国传统民法文化 ……………………………………………… 96
一、中国古代有无“民法”探讨……………………………………………… 96
二、传统民法的渊源…………………………………………………………… 98
三、传统民法中的财产分类…………………………………………………… 99
四、传统民法中的所有权 …………………………………………………… 102
五、传统民法中的用益物权 ………………………………………………… 104
六、传统民法中的契约 ……………………………………………………… 106
七、传统民法中的继承 ……………………………………………………… 109
八、传统民法中的损害赔偿 ………………………………………………… 111

第七章　中国传统婚姻法律文化………………………………………… 113
一、古代婚姻的种类 ………………………………………………………… 114
二、古代婚姻的原则 ………………………………………………………… 115
三、古代婚姻成立的条件 …………………………………………………… 116
四、古代的婚姻仪式 ………………………………………………………… 117
五、婚姻关系的终止 ………………………………………………………… 119
六、近代中国婚姻法 ………………………………………………………… 122
七、汉族地区的特殊婚俗 …………………………………………………… 123

第八章　中国传统经济法律文化………………………………………… 134
一、中国古代有无“经济法”探讨 ………………………………………… 134
二、古代经济法律原则 ……………………………………………………… 138

三、古代的土地法律 …… 140
四、古代的工商业法律 …… 142
五、古代的行会组织及其职能 …… 147

第九章　中国传统行政法律文化 …… 151
一、中国古代有无“行政法”探讨 …… 152
二、古代的行政组织 …… 154
三、古代的官吏管理 …… 155
四、古代的监察制度 …… 158

第十章　中国传统诉讼法律文化 …… 161
一、古代的诉讼原则 …… 161
二、古代的司法机构 …… 162
三、古代的刑事诉讼制度 …… 167
四、古代的民事诉讼制度 …… 172

第十一章　中国传统法律文化的现代化 …… 179
一、中国传统法律文化的特色 …… 179
二、中国传统法律文化的缺陷 …… 180
三、传统法制观念的近代转型 …… 183
四、传统法律制度的近代转型 …… 186
五、近代法律文化转型的典型案例 …… 191

后　记 …… 198

绪　论

学习目的和要求：

了解文化和法律文化的含义，掌握中国传统法律产生、发展、繁荣及其没落的历史概况，以及中国传统法律文化的基本特征，主要包括权高于法、法自君出、礼法结合、司法从属于行政、重刑轻民、无讼是求等等；掌握本课程的学习意义。

学习重点：

理解三种文化观、中国传统法律的基本概况以及中国传统法律文化的基本特征。

一、文化及法律文化的概念

现代汉语词典里关于文化的解释包括：有的指人类在历史发展过程中所创造的物质财富和精神财富的总和，特指精神财富，如文学、艺术、教育、科学等；有的指同一个历史时期的不依分布地点为转移的遗址、遗物的综合体。同样的工具、用具，同样的制造技术等，是同一种文化特征，如仰韶文化、龙山文化；有的指运用文字的能力及一般的知识，文化水平。① 文化(Culture)这一概念来源于拉丁文"cultura"，后者的意思是"耕种出来的东西"，以与自然存在的东西相对应。"耕种出来的东西"是经过人的劳动生产出来的东西，这一概念虽然带有明显的农业社会的色彩，但是它所赋予的人的创造物的含义却具有普遍的意义。② 我们今天使用的"文化"一词是舶来品，是 19 世纪末通过日文

---

① 中国社会科学院语言研究所词典编辑室编：《现代汉语词典》，商务印书馆 2002 年版，第 1318 页。

② 王思斌主编：《社会学教程》(第四版)，北京大学出版社 2016 年版，第 35 页。

转译从西方引进的。文化是一个多义词，有人说文化的概念有一百多种。我们可以根据文化的概念归纳出大致有内涵不同的三种文化观，即广义文化观、中义文化观和狭义文化观。

(一) 三种文化观

文化，从广义上来说，指人类社会实践过程中所创造的物质财富和精神财富的总和，用文化学术语来说，就是文质文化与精神文化的总和。苏联学者萨哈罗夫指出，文化从广义上讲，就是人类创造的结果总和。兹沃雷金称，文化是人类所创造的一切，与自然所赋予的一切是不同的。马克思主义认为，文化是自然的人化，是人和社会的存在方式，是人类在历史发展过程中，各种精神力量和物质力量所达到的程度、方式和成果。诸如仰韶文化、半坡文化、宗教文化、建筑文化、雕塑文化、饮食文化、酒文化、茶文化等文化类型都是既以物质为载体，又包含了人类精神创造的方面。

中义文化观认为，文化是指人类社会在长期的历史实践过程中所创造的精神财富的总和。具体地讲，指社会意识形态，以及与之相适应的制度和组织机构。以社会意识为内容的关联体系和文化心态、文化心理。这种文化观注重的是人类创造的精神财富，或曰精神文化，剔除了物质文化作为文化的构成成份和要素。而对精神文化的内涵又分解为两大块，即：(1) 社会的意识形态；(2) 与社会意识形态相适应的制度和组织机构。人类学家泰勒在《文化之定义》中，对文化所进行的概括具有代表性。在他看来，所谓文化或者文明，“乃是包括知识、信仰、艺术、法律、道德、习俗，以及人类作为社会成员而获得的种种能力、习性在内的一种复合整体。”①笔者比较赞同中层意义的文化观。

狭义的文化观是指社会的意识形态，或社会的观念形态。毛泽东在《新民主主义论》中阐释：“一定的文化是一定社会的政治和经济在观念形态上的反映……至于新文化，则是在观念形态上反映新政治和新经济的东西，是替新政治、新经济服务的。”②毛泽东的这一文化观念影响了整整几代人的思想，以至于成为当今中国社会占主流地位的文化观念。还有一种狭义的文化概念仅指文学工作者和艺术工作者所创造的产品。

(二) 文化层次

我国学者庞朴先生在20世纪80年代提出了一个“文化结构三层次”学说。庞朴先生说，文化应是一个立体的系统。文化结构分成三层：一是它的外层——物质层，一是它的里层——心理层，包括价值理念、思维方式、表达方式、信仰等。再一层就是中间层，即心物结合的这一层，心理体现为物，物中所包含着的那个心。一切心的产品，以及一切外物中所蕴含的人的思想都包含在这一层里面。中间层还有人类精神产品的非物质形式的对象化。譬如教育制度、政治组织、各种制度、法律制度等。③

百年中国在向西方学习过程中，逐渐加深，从洋务运动的器物文化到百日维新的制

---

① 庄锡昌等：《多维视野中的文化理论》，浙江人民出版社1987年版，第88页。

② 《毛泽东选集》(第二卷)，人民出版社1967年版，第655－656页。

③ 庞朴：《文化结构与近代中国》，《中国社会科学》1986年第5期。

度文化，再到新文化运动的思想文化。庞朴先生认为，1861 年开始的洋务运动至 1894 年的甲午战争，这期间可称为洋务运动时期，中国开始从物质层面上接触西方文化；第二阶段从 1985 年甲午战争失败，中间经过戊戌变法，到 1911 年的辛亥革命，实际上是解决社会制度和政治制度文化，即文化的中层，而这个中层是比较复杂的。思想、制度等都在中间层，所以中间跨越两个时代。到了第三层，人们又回到了文化心理问题，就有了五四新文化运动，陈寅恪先生关于中国传统文化的观点，第一是中国文化可以分为制度层面和非制度层面。物质文化是表层，人造的东西。制度文化包括各种正式制度，如政治、法律制度等，非正式制度的文化，如习俗、礼仪等。精神文化是一种文化心态、精神活动的对象化，如各种文艺作品、思想理论、社会心态等。陈寅恪在《冯友兰中国哲学史审查报告三》中指出，夫政治社会一切公私行动莫不与法典相关，而法典为儒家学说具体之实现。故两千年来华夏民族所受儒家学说之影响最深最巨者，实在制度法律公私生活之方面。二是以儒学三纲六纪为代表的中国文化已经具体化为社会制度。他在《王观堂先生挽词·序》中“吾中华文化之定义，具于《白虎通》三纲六纪之说，其意义为抽象理想最高之境，犹希腊柏拉图所谓 Idea 者……其所依托这以表现者实为有形之社会制度，而经济制度尤其最要者。”三是中国文化在吸收外来文化坚持固有框架，在吸收改造外来学说为一家之说之后，显示排外的本质。四是陈寅恪认为当时中国的制度文化已经不可救药。袁伟时认为，从明末清初以来，制度文化，没有足够的自我更新能力，从而无法认真吸收人类先进文化，是中国现代化进程步履维艰的主要原因。①

（三）文化的特征与功能

1. 文化的特征。包括：第一，文化是人创造出来和人们学到的。文化不是纯粹自然的东西，而是人类活动的产物。人类是自然界的一部分，但是人类通过劳动成为独特的行为主体之后就与自然界和外部环境进行着复杂的相互作用，这种过程、工具和结果都反映了人类的能力和价值，这就是文化，即与当时的生产力、生存环境、人类对外界的认知水平和改造能力相适应的文化。第二，文化是人类生活经验积累的产物。在长期的共同生活中，人们不断形成各种经验。有些经验只具有局部性，在后来的生活实践中可能被抛弃，而那些更具有普适性的经验会经过多次实践检验和选择而被保留下来，成为人们从事经济和社会生活的指导性规则。人们把这些具有普遍性的经验保留下来、传给下一代，这就是文化。第三，文化是群体共享的。文化带有群体性，即当某种行为方式和价值被群体接受和共享时，它们才成为文化并被保存和流传下来，在这里，文化的群体性实际上也是群体选择的结果，该群体在选择中认同了某种行为的价值，接受了某种行为方式，并成为群体中普遍性的价值和行为模式，这就是文化。第四，文化是由象征符号表示的。文化的核心就是人类赋予的意义，这种意义需要通过一定的载体表示出来，这种载体就是具有象征意义的符号。符号是人类表达意思、进行交流的工具，包括语言、表情、姿势，以及标志等任何有意义地表达某种事物的东西。当某种符号所

① 袁伟时：《文化与中国转型》，浙江大学出版社 2012 年版，第 220－221 页。

承载的意义被普遍认可后，符号也就有了独立存在的价值，它也就成为某种意义的象征，而各种符号的相互结合就会表现复杂的社会意义。

2. 文化的功能。第一，整合功能。社会群体中不同的成员都是独特的行动者，他们基于自己的需要、根据对情境的判断和理解采取自己的行动。然而这种满足自己需要的行动在何种程度上得到其他成员的理解与合作，则要看他们行动、行动的价值和意义在多大程度上被他人认可。这里，二者之间沟通的中介就是文化，如果双方共享文化，他们之间能够有效地沟通，就有可能达成共识并展开合作。第二，导向功能。文化包含着人们行为的价值判断，即什么样的行为是应该的、合理的，什么样的行为是不应该、不合适的。合理的行为模式会得到认可和支持，不合理的行为会遭到排斥。这样，共享文化也就向人们提供着可选择的行为模式。通过共享文化，行动者可以知道自己的何种行为在对方看来是合适的、可以引起积极的回应，并倾向于选择有效的行动，这就是行为的导向。第三，维持秩序功能。某种文化的形成和确立，就意味着某种价值观和行为规范的被认可和被遵从，这也意味着某种秩序的形成。而且只要这种文化仍然在起作用，那么由这种文化所确立的社会秩序就会被维持下去，这就是文化的维持秩序的功能。第四，传续功能。如果文化能向新的世代流传，以及下一代也认同、共享上一代的文化，那么，文化就有了传续功能。任何文化都有传续功能，其机制是文化占有者通过社会化等方式迫使下一代或后来者认同本群体、本社会占统治地位的价值和行为规范。后者在接受这种文化的同时也就接受了这种背景下生活的知识。①

（四）法律文化的含义

同样对法律文化的界定也存在广义的法律文化观、中义的法律文化观和狭义的法律文化观。

1. 广义的法律文化观。付子堂教授认为，法律文化是指一个民族在长期的共同生活过程中所认同的、相对稳定的、与法和法律现象有关的制度、意识和传统学说以及由此产生与法律活动相关的器物的全部内容。法律文化的形成是由某一个共同体，准确地说是由某一个民族的社会背景、物质基础、价值标准所决定的。法律文化的内在属性：① 法律文化具有独特的民族性与普适性。独特的民族性：一种文化只能在一个民族中得到认同，是一个民族所独有的。普适性：一个民族的文化不仅仅独有，会被其他民族认同，民族之间存在法律文化的共同性质和一些相同或相似的基本内容。② 法律文化具有鲜明的时代性与历史性。时代性：存在于某一个时代的法律文化是其时代的反映。历史性：法律文化在其发展过程中所表现出的继承关系和轨迹。③ 法律文化具有相对的独立性与相关性。独立性：法律文化是作为一种独立的、有别于其他的文化存在。相关性：法律文化作为独特的、有别于其他的文化的同时，又同其他的文化现象相关联。④ 法律文化具有相互的兼容性与排斥性。兼容性即一种法律文化对其他法律文化吸收或被吸收。排斥性即一种法律文化对其他法律文化的不认同。②

---

① 王思斌主编：《社会学教程》（第四版），北京大学出版社 2016 年版，第 37 - 41 页。

② 付子堂主编：《法理学进阶》，法律出版社 2016 年版，第 272 - 274 页。

武树臣先生认为，首先，“法律文化”是支配人类法律实践活动的价值基础，和这个价值基础被社会化的运行状态。人类的法律实践活动主要包括立法、司法和对法这一社会现象的思维活动。支配这些活动的价值基础，是人类一般性价值观念在法律活动领域中的具体表现。其次，“法律文化”作为客观存在物，表现为法律实践活动所取得的成果。它标志着人类实现有利于自身生存发展的特殊社会秩序的能力，和对社会生活进行有目的地设计、控制、引导的水平。“法律文化”虽然是统一完整的一种文化成果，但是为了研究的方便，可以将它划分成四个主要方面：① 法律思想。② 法律规范。③ 法律设施。④ 法律艺术（技术）。第三，“法律文化”作为一种主观的观念形态，是与宏观、综合、系统的研究方法紧密联系的。其主要特点是，把人类的法律实践活动——立法、司法、思维——视为统一的整体或过程来把握和分析，其目的在于探讨人类法律实践活动的本质特征和发展规律性。①

陈晓枫教授认为，法律文化，是一定民族从历史传习中获得的、要求个体按特定模式进行法律实践和法律思维的指令系统。中国法律文化包含四个层次的内容：(1) 法律文化是历史过程的沉淀和凝结。(2) 法律文化直接把法律制度的整体，作为评判和选择的对象。(3) 法律制度通过法律思想的评判和法律实施活动，对社会行为发挥实际调节作用。(4) 所有的现实行为有效实现，对人们的行为具有指令作用。总之法律文化在指令意义上归属观念范畴。它是法律制度、法律思想和法律实施的总体特征的综合，它通过评判，选择和制约作用，引导法律制度的创制和运作，影响法律思维的进行，控制法律的实施。②

2. 中义的法律文化观。马作武先生认为，法律文化是由法律制度、法律思想(包括法律观念、法律学说、法律精神)以及与法律相关的行为方式组成的复合体。对这个复合体进行文化学意义上的研究，从而构成法律文化学。“中国传统法律文化”的含义：由中华民族特殊的历史性与民族性所决定、数千年一脉相传的法律实践活动及其成果的统称。成果包括四个层面：行为样式、制度、学说及其内在精神。③

公丕祥教授认为，法律文化是在一定社会物质生活条件的作用下，由掌握国家政权的统治阶级所创制的法律规范、法律制度以及人们关于法律现象的态度、价值、信念、心理、感情、习惯及学说理论共同构成的复合有机体。④ 这也是一种中义的法律文化观。

汤唯教授秉持折中主义的法律文化立场。一方面，法律文化的解释是宏观的和宽泛的，即包括观念文化或价值文化的主导地位，又包括由于这种观念文化或价值文化而引起的法律制度的设计、风格、模式和法治规律，法律文化依其结构可划分为观念性法律文化和制度性法律文化。另一方面，法律文化研究的重中之重则为法律和文化的关

① 武树臣：《中国传统法律文化》，北京大学出版社 1994 年版，第 32－34 页。

② 陈晓枫主编：《中国法律文化研究》，河南人民出版社 1993 年版，第 13－17 页。

③ 马作武主编：《中国传统法律文化研究》，广东人民出版社 2004 年版，第 5 页。

④ 公丕祥：《东方法律文化的历史逻辑》，法律出版社 2002 年版，第 4 页。

系，也即文化观念和文化价值对于法律现象所起的龙头作用。①

3. 狭义的法律文化观。

美国学者劳伦斯·弗里德曼在《法律文化与社会发展》一文指出，所谓法律文化是指"与法律体系密切关联的价值与态度，这种价值与态度决定法律体系在整个社会文化中的地位"②而且法律文化制约着法律制度并决定着法律制度在整个文化中的地位；法律文化也渗透于各种法律命题之中。诸如，人们是否尊重法律、政府以及传统；民众对法律的想法如何；集团或个人是否愿意求诸法院；律师和法官有怎样的训练方式和习惯；社会结构域法律制度之间存在着怎样的关系；正规的法律手段之外有哪些非正式方式等。

张文显先生认为，法律文化是法律现象的精神部分，即由社会的经济基础和政治结构决定的、在历史进程中累积下来并不断创新的有关法和法律生活，特别是权利和义务的群体性认知、评价、心态和行为模式的总汇。包括：(1) 法律文化是法律现象的组织部分。(2) 法律文化的主要内容是社会成员对法律的认知、评价、心态和期待的行为模式。(3) 法律文化具有历史性，即法律文化是历史的形成和传输下来的，又是历史的变化和不断更新的。(4) 法律文化具有群体性。见于一个社会、民族、阶层和集团等群体的共同文化现象，而不是某种个人特有的或纯属私人的东西。(5) 法律文化是由社会的经济基础和政治结构决定的。③

梁治平先生从方法论意义上认识法律文化，我也把它界定为狭义的文化观。梁治平先生认为，作为方法论意义上的法律文化。用文化去阐明法律，用法律去阐明文化。当然梁治平的法律文化研究主要还是针对法律史研究的方法而言，用他自己的话说，梁氏不满于现代法律史叙述模式中的普遍主义和科学主义倾向，拒绝套用流行的历史分期和法律分类去撰写历史，更反对历史作教条式的裁断。在他看来，人类历史的发展并非只有一种模式，因此，套用任何一种普遍性模式都可能造成对历史的严重扭曲和误解。文化概念的引入有助于超越流行的普遍主义。法律史特定社会与文化的一部分；文化具有不同类型，具有不同的精神和性格。④ 他更多从当事人的立场和视角去分析问题，法律史学家不是去发现历史，而是从当事人的立场去理解历史，通过同情性理解去了解历史。换言之，理解和解释而非发现规律才是历史学家的任务。这就是法律文化理论的视角。所谓法律文化，既是一种现象，又是一门科学，还是一种方法。谈论法律文化，首先要把法律作为一种文化现象来把握。任何一种有效的法律，都必定与生活于其下的人民的固有观念有着基本的协调关系。⑤ 高鸿钧教授将法律文化的概念简洁表述为：法律文化是指特定社会中植根于历史和文化的法律价值和观念。为了深入理

① 汤唯等：《当代中国法律文化本土资源的法理透视》，人民出版社 2010 年版，第 5 页。

② L. Friedman. "Legal Culture and Social Development", *Law and Society Review*, 6, 1969, p. 34.

③ 张文显：《法哲学范畴研究》，中国政法大学出版社 2001 年版，第 231－232 页。

④ 梁治平：《法律史的视界：方法、旨趣与范式》，《中国文化》2002 年第 19、20 期。

⑤ 梁治平：《法辨》，中国政法大学出版社 2002 年版，第 166 页。

解这个抽象的概念，我们有必要将它置于特定的关系与语境中加以阐释。①

(五) 法律文化与法律传统的区别

文化与传统是既有区别又有联系的概念。所谓传统，是指由历史沿传下来的、具有一定特色的社会态度、信仰、习俗、制度等。传统是历史上形成的东西。所以很容易把传统与过去划等号。实际上传统不仅仅是过去的东西，而且是对现在和未来都能够产生定向和规定性影响的东西。那些仅仅属于过去，早已僵化和死亡的东西，并不能称为传统。当然，文化与传统不是等值的观念。首先，传统偏重于文化中的心理状态，即那些定势化、潜意识或无意识的因素。文化的内涵比传统更更丰富度，除了心理状态和行为模式的因素之外，还包括认识和价值等更重要的因素。其次，文化是比较具体的，某种学说、某种制度、某种符号系统，都可以说是文化，而传统则比较抽象，它是文化系统中具有深远历史影响的精神因素。当然，就文化是历史积累和选择而言，可以说文化是代代相传而形成的传统，传统是凝聚的文化。② 简单概括，文化概念外延大于传统概念。文化包括传统，但并不全是传统。就法律传统而言，更着重于一种内在的法律制度中的精神性因素。在法律制度中，法律传统不好用一种形式外显出来，而是以一种内隐性的精神因素渗透于体现于法律制度之中。③

(六) 法律文化的模式

法律文化焦点和法律文化主题是我们识别法律文化模式的根本标准。根据法律文化焦点，可以把法律文化划分为两种模式，即义务本位模式和权利本位模式。古代社会的法律文化是义务本位的，现代社会的法律文化是权利本位的。

第一，义务本位模式。从典型意义上，古代社会的法律文化是以自然经济、宗法家族关系和专制独裁为其经济基础、伦理基础和政治基础的。这就决定了古代社会的法律文化必然是义务本位。主要表现：(1) 主张法的主要作用是社会控制，即严格控制上层向下层流动，特别是控制下层向上层流动。以此观念为内核的法律制度通过把奴隶主、封建主的世袭特权神圣化和固定化，维护社会的登记机构，从而巩固奴隶主阶级、封建地主阶级在经济领域、政治领域和精神领域的全面统治地位，因而在法律规范体系中，禁令大大多于准许，构成体系的基础。(2) 主张法律的道德化或宗教化。古代社会是重伦理轻法理的社会。大量的道德规范或宗教戒律被统治者奉为法律规范，道德原则或宗教信条被奉为法的精神。古代中国奉行“罢黜百家，独尊儒术”，“德主刑辅”，历代统治者都已儒家伦理道德作为法的指导思想和断案依据。(3) 少数人的习惯权利成为人格化的、几乎完全被垄断和只能通过世袭而获得的特权，而他们应当担负的义务和责任却转嫁给别人。(4) 由于法的体系是诸法合体、重刑轻民、以刑为主的法律体系，对于平民百姓来说，法意味着被抽打、监禁和杀头，因而，他们千方百计地远离法律，以

① 高鸿钧：《法律文化的语义、语境及其中国问题》，《中国法学》2007 年第 4 期。

② 张文显：《法哲学范畴研究》，中国政法大学出版社 2001 年版，第 239 - 240 页。

③ 刘作翔：《法律文化理论》，商务印书馆 1999 年版，第 97 页。

免受到法律的处罚。

第二，权利本位模式。从资本主义开始的现代社会的法律文化是以权利为本位的。其主要标志是：(1) 人权、物权、参政权、平等权、诉讼权等权利意识在法律文化中占据主导地位，并由此派出除尊重和保护一切正当权利、积极履行法定义务的平等观念。(2) 以划分和保护人们正当利益，为社会成员的生活、生产和交换提供平等的便利和机会为起点，而不是以制裁为基点的民法文化取代刑法文化成为标识法律文化的主导因素，并构成整个法律文化的轴心。(3) 实行以保护公民权利为目的的法律推理。权利或自由推定、罪刑法定、无罪推定成为现代法治的基本原则。(4) 公民的基本权利和义务被法律化为不受非法剥夺的人权，人权观念成为普遍的社会意识。

二、中国传统法律文化概述

中华法系是指中国古代法律制度为母体，在东南亚早期封建国家之间形成的一个影响广泛的法系。中华法系的母法，就是经数千年积累而成的中国古代法律制度。中华法系的子系统，主要有封建时期的日本、朝鲜、越南等效仿中国古代法而建立起来的法律体系。

中华法系的形成：(1) 西周时期是中华法系的奠基时期；在西周时期形成的“以德配天、明德慎罚”的法制指导思想、“老幼犯罪减免刑罚”、“区分故意和过失”等法律原则，以及“刑罚世轻世重”的刑事政策，都是世界先进的法律制度，对后世的法制产生了重要的影响。(2) 公元前536年子产率先公布成文法；首先，成文法的制定和公布是新兴地主阶级夺权斗争所取得的一项主要成果。其次，成文法的制定和公布，在一定程度上限制了旧贵族的特权，标志着奴隶制的瓦解。再次，成文法的制定和公布，结束了法律藏于官府，其威不可测的秘密状态。(3) 公元前5世纪李悝制定《法经》；《法经》在编纂体例上开创了编纂完整的成文法典的新体系。《法经》是维护和巩固封建政权的工具。(4) 法家指导下秦代法治实践。形成了“治道运行，皆有法式”法制局面。

中华法系的进一步发展：(1) 汉代的法律儒家化运动；(2) 魏新律、晋律、北齐律。具体法律制度的儒家化得到加强。

中华法系的繁荣：(1) 开皇律；(2) 唐律疏议；(3) 宋刑统。以《唐律疏议》为代表的唐代法制，达到了中国古代法制的最高水平。

中华法系的没落和解体：(1) 大明律、大清律例；(2) 清末法制变革。从法律上，中国社会转变的突出特征是，存在数千年的中国传统法制、法律观念开始瓦解，而近现代意义上的法律制度开始在中国土地上艰难地生长。

三、中国传统法律文化的基本特征

(一) 法自君出，权高于法

中国古代社会中，先有强人政治，建立国家，然后产生法律。法律作为治理百姓的工具之一，作为德治的辅助手段而存在。这种思想在中国几千年的古代历史发展中占着主导地位。它的经济基础是封闭的、不发达的，没有自由竞争经济发展的内在驱动

力，只是一种自上而下的外在推动，归根到底要视统治者的重视程度、认识甚至兴趣而发展。它没有民主政治的传统，是强权政治的组成成分。

中国古代法自君出，君主始终掌握着国家最高立法权，一切法典、法规皆以君主名义颁行。皇帝的诏敕往往直接成为法律。历史上从无治君之法，而法律一直是皇帝治理臣民的工具。皇帝又拥有最高司法权，一切重案、要案、疑案，以及死刑案件皆需皇帝裁决与批准。与专制制度日益强化的过程相适应，司法权越来越受行政权的掣肘。在中央，表现了行政对司法的干预。在地方，唐以后虽然强化了地方司法职能，但司法活动仍受上级行政长官的左右；省级以下则由府州县行政长官兼理司法，融司法行政于一体。

这种专制主义制度还受到哲学理论的支持。儒家主张，天无二日，民无二王，各级贵族要恪守君君臣臣的准则。孔子主张，君君，臣臣，父父，子子。礼乐征伐自天子出。孟子说孔子，三月无君则皇皇如也。孟子主张暴君放伐论，民为贵，社稷次之，君为轻。但并未从根本上否定王权。荀子主张，无君子，则天地不理，礼义无统，上无君师，下无父子，夫是之谓之至乱。

法家积极鼓吹建立中央君主集权国家。商鞅倡导"一教"，即统一思想、统一教化，实行文化专制。商鞅教孝公燔诗书而明法令。韩非提出，"事在四方，要在中央；圣人执要，四方来效"的主张。他们认为君主必须独自掌握一切权力，利用它来制服臣民，绝不可大权旁落。

墨家主张，天子唯能壹同天下之义，是以天下治也。

道家，老子讲"君人南面之术"就是最高统治者驾驭臣下，统治人民的一套方法和权术。老子讲以柔克刚、处下、不争、欲夺先与等。其中愚民政策是君人南面之术的重要内容。"是以圣人之治，虚其心，实其腹，弱其志，强其骨，常使民无知无欲。"

1. 皇权的制度化与法律化

(1) 皇权制度化。① 专属的称谓。皇帝的命为"制"，令为"诏"，自称为"朕"，臣民称皇帝为"陛下"，皇帝驾临曰"幸"，所在曰"行在所"，所居曰"禁中"。② 为了尊崇皇权，在官文书中建立抬头、避讳制度。③ 皇帝处理国事的方式，主要是朝临制度，为此建立了朝仪和朝会制度。④ 为了确保皇位万世一系建立太子继承制度。⑤另有后宫制度、宗庙制度、陵寝制度。

(2) 皇权的法律化。其一，以法律的形式，确定君臣名分，维护君尊臣卑的等级，严密防范非法逾制。如唐律规定，凡营造舍宅车服器物及坟茔石兽之属于令有违者，杖一百。虽会赦，皆令改去之。

其二，严厉制裁侵犯皇权统治，威胁皇帝人身安全的犯罪。《唐律》"十恶"大罪中，涉及侵犯皇权的有：谋反是第一大罪，"谋危社稷"图谋推翻国家统治；谋大逆是预谋毁坏皇帝宗庙、陵墓和宫阙，这是十恶中的第二大罪。谋叛是指图谋叛国；大不敬，侵犯皇帝尊严及权威，具体包括盗大祀神御之物、乘舆服御物，盗及伪造御宝，合和御药误不如本方及封题误，若造御膳误犯食禁，御幸舟船误不牢固，指斥乘舆情理切害及对捍制使而无人臣之礼。

其三,确认皇帝握有国家最高权力。(1) 皇帝可以以意为法。(2) 皇帝控制最高行政权。首先,以诏令制敕指挥国家的行政活动。其次,召集百官朝议,决定军国大事。再次,任命与考课官吏,发挥行政管理机关的职能。再再次,禁止官僚阿附结党、威胁皇权。最后,由控制相权到废除相制。(3) 皇帝掌握最高的军事权。(4) 皇帝掌握最高司法权。皇帝通过"议""请""赎""官当""免""会审""三复奏""五复奏""录囚""大赦""恤刑"等法定的司法程序,将司法权置于股掌之间。(5) 皇帝还掌握最高监察权。

2. 皇权与法制的冲突

汉文帝便是这其中的代表者,他与著名司法官吏张释之的几次冲突,表现了一位帝王殊为可贵的"法信于民"的法律意识。《汉书·张释之传》:顷之,上行出中渭桥,有一人从桥下走。乘舆马惊。于是使骑捕之,属廷尉。(张)释之治问。曰:"县人来,闻跸,匿桥下。久,以为行过,既出,见车骑,即走耳。"释之奏当:此人犯跸,当罚金。上怒曰:"此人亲惊吾马,马赖和柔,令它马,固不败伤我乎? 而廷尉乃当之罚金!"释之曰:"法者天子所与天下共也。今法如是,更重之,是法不信于民也。且方其时,上使使诛之则已。今已下廷尉,廷尉,天下之平也,壹倾,天下用法皆为之轻重,民安所措手足? 唯陛下察之。"上良久曰:"廷尉当是也。"①

其后有人盗高庙座前玉环,得,文帝怒,下廷尉治。案盗宗庙服御物者为奏,当弃市。上大怒曰:"人亡道,乃盗先帝器! 吾属廷尉,欲致之族,而君以法奏之,非吾所以共承宗庙意也。"释之免冠顿首谢曰:"法如是足也。且罪等,然以逆顺为基。今盗宗庙器而族之,有如万分一,假令愚民取长陵一抔,陛下且何以加其法欤?"文帝与太后言之,乃许廷尉当。②

东汉初,光武帝之姊湖阳公主纵奴杀人,县令董宣依法处死了恶奴。公主向光武帝告状,要求光武帝处理董宣,为自己出气。光武帝最后宁可委屈自己的亲姐姐,也要支持董宣依法办事。湖阳公主问:"文叔为白衣时,臧亡匿死,吏不敢至门。今为天子,威不能行一令乎?"光武帝笑曰:"天子不与白衣同。"③他宁可让自己的无上权力受到一个依法办事的小小县令的制约。

唐初太宗李世民针对所选官大都伪造资历,特颁发敕令不自首者处死。不久温州司户参军柳雄诈冒资荫事发,大理寺少卿戴胄"据法断流"。太宗曰:"朕初下敕,不首者死,今断从流,是示天下以不信矣。"胄曰:"陛下当即杀之,非臣所及,既付所司,臣不敢亏法。"太宗曰:卿自守法,而令朕失信邪。胄曰:法者,国家所以布大信于天下;言者,当时喜怒之所发耳。陛下发一朝之忿而许杀之,既知不可而置之以法,此乃忍小忿而存大信,臣窃为陛下惜之。最后还是李世民折服,并表示:朕法有所失,卿能正之,朕复何忧也。④

① 《汉书·张释之传》。
② 《汉书·张释之传》。
③ 《后汉书·董宣传》。
④ 《贞观政要·公平》。

以上几例，表明皇帝虽有擅杀、擅刑之权，但一旦案件转入正常的司法轨道，由无私奉法的执法官员负责审断，在这种情况下法律对君主的权力表现出一定的制约力。但是这种依法约束皇权的事例，在封建时代如同凤毛麟角，而且也不能改变法自君出、法律是权力的附庸的根本事实。更多的是皇帝任凭无上的权力任意毁法。曾经主张“法不可违”的隋文帝，要求“六月棒杀人”，大理少卿赵绰根据儒家秋冬行刑的理论，进谏说“季夏之月，天地生长成庶类，不可以此时诛杀。”但是隋文帝确回答说：“六月虽曰生长，此时必有雷霆。天道既于炎阳之时，震其威怒，我则天而行，有何不可？遂杀之。”①

反观英国。1608年，英国国王詹姆士一世表示希望亲自进行司法审判，当即受到了法官们的集体反对，他们的理由是：“诉讼只能由法院单独作出判决。”可詹姆士一世固执已见，认为既然法律基于理性而他自己与法官一样是具有理性的人，那么由他进行司法审判也是合理的。针对国王的这个结论，当时的大法官柯克反驳道：“的确，上帝赋予了陛下丰富的知识和非凡的天资，但陛下对英格兰王国的法律并不精通。涉及陛下臣民的生命、继承、动产或不动产的诉讼并不是依自然理性来决断的，而是依人为理性和法律的判断来决断的。法律乃一门艺术，一个人只有经过长期的学习和实践，才能获得对它的认知，鉴于此，陛下并不适合进行司法审判。”詹姆士一世闻言勃然大怒，指责大法官柯克公然挑战国王的权威，将构成叛国罪。而对国王的威胁，柯克的回答异常坚定：“国王在万人之上，但是却在上帝和法律之下。”

(二)·引礼入法，礼法结合，法律以礼教为指导原则和理论基础

中国古代法律不受宗教影响，而强调遵循礼教，强调维护纲纪伦常。经过汉儒改造，礼融进了诸子中的可取成分，成为指导立法、司法的原则和理论依据。其要旨即是“三纲”以及由此而衍生的“亲亲”“尊尊”的政治和伦理原则。在这种原则下，礼的许多内容被直接定为法律，而且礼教也是评价和解释法律的最高权威和最重要的依据。比如唐律的最高评价标准时“一准乎礼”(完全按照礼教的准则)，而对于唐律的立法解释《唐律疏议》，也主要是以礼教和儒家的经典为依据。另外在法律没有明文规定，或者法律的规定被认为是不合乎礼教原则的情况下，礼教还往往以“经义决狱”的形式直接成为裁判的依据。

礼法互补，共同维护社会的稳定和国家的长治久安。其具体表现，第一，礼侧重于预防犯罪，即导民向善，所谓“禁于将然之前”；法侧重于惩罚犯罪，即禁人为非，所谓“禁于已然之后”。② 第二，以礼的规范弥补法律条文的不足。在唐代凡是律无明文的行为，可以参考律疏处理。律疏是以礼为理论基础的，律疏代律，实际是以礼代律。第三，礼主刑辅，综合为治。礼与法具有共同的社会根源，本质上又都是统治阶级意志与利益的体现，但礼所包括的内容更为广泛，对社会的调整作用更深入，对群众的精神束缚更严格，既被赋予礼教、德化的外貌，又与重宗法伦理的国情相合，因此易于被接受。

---

① 《隋书·刑法志》。

② 《汉书·贾谊传》。

(三) 重刑轻民

中国古代在专制主义统治下，维护国家利益重于维护私人利益，加上家族本位的社会结构，决定了中国古代重公权而轻私权，重刑事而轻民事，历代主要的法典均为刑法典。由于重刑，使得刑法体系严密，刑罚手段残酷。重刑轻民使得人们私权的不发达，也决定了调整私权的法律规范的薄弱，无法形成一个相对独立的法律部门。法律的主要内容以刑为主。法典中既包括实体法，也包括程序法；在以刑法为主要内容的同时，也有民法、行政法、经济法的相关规定。

重刑轻民的法律传统的形成，是有多种原因的，其中最重要的是专制主义政体所造成的。中国自进入阶级社会以后，便建立了专制的政治体制，而且沿着螺旋式的轨迹不断强化。在专制的政治体制下，以维护君权和国家统治为首要任务，对于民间的财产纠纷则视为“细事”“细故”。因此统治者思考的是制定刑法，打击危害君权和国家统治的行为，以消弭各种犯罪；至于民事法律，除国家制定必要的条款外，更多的是赋予形式多样、流行宽广且具有一定权威性的习惯法以实际的民事调整功能，藉以保证社会的有序、国家的安定。由于重刑轻民的传统是在一定的历史条件下形成的，随着历史条件的变化，终于在20世纪初期晚清修律的进程中宣告终结。①

(四) 司法从属于行政

不同等级的行政官员同时也是不同管辖范围的司法官员。既然法律被认定为是君主施行统治的主要工具，因此法律也就必须服从于君主专制中央集团统治的政治需要，自然各级司法机关也就必须服从或混同于各级行政统治机构。虽然历代都设有专门的中央司法机关，设立有专职的法官，但是皇帝也可以委派其他高级官员来参与甚至决定审判。

在司法机关的设置上，司法从属于行政，基层司法与行政合体。皇帝拥有最高的国家权力，本身也是最高司法机关。中央设有专门的司法机关，各司法机关之间相互制约，实际垄断最高司法权的是皇帝，受皇帝指派的行政官员有权参与审判。州县一级的司法机关与行政机关合二为一，州县行政长官同时也是司法长官，州县司法均由州县行政长官兼理，并兼侦查、公诉、审判、鉴定等职责于一身。省级虽设有专门司法机关，但其判决仍需省行政长官批准。

(五) 家族本位的伦理法治

中国古代是沿着由家而国的途径进入阶级社会的，因此，以家族为本位，宗法的伦理精神和原则渗透和影响着整个社会。在封建的法律体系中，国家制定的法律居于主导地位，而调整家族关系的家族法规也是重要的组成部分。家法族规以维护伦理关系特别是家长族长的权力为主要任务，在这方面与国家制定法律具有一致性。

在中国，家作为私法意义上的存在的同时，还是公法意义上的存在，即亦是通过国家权力掌握人民的单位。从后者的角度来看时，作为词汇更喜好使用的与其说是“家”，

---

① 张晋藩：《中国法律的传统与近代转型》，法律出版社2009年版，第97－98页。

不如说是“户”字。所谓的户籍恰好是其字面意义上的“户”的账册，即是为了把家作为公法上的——主要是作为课税的对象——来掌握的底帐，而并非是以明确私法上的家族关系为目的所制作出来的东西。

在广义上，总称家系相同的人们为家。在关东厅的法庭中鉴定人说道：所谓家是指由同一个祖先分家而来的总称为一族的叫一家，因而亦称为同宗，又叫做一家子。在狭义上，将共同维持家计的生活共同体称之为家。我们通常作为家族而提到的而且法律要将其作为一户来把握的，就是这个意义上的家。另外从作为家的文字来看，在指人的同时多多少少可以伴有指称财产的语感。依不同的场合这一含义也有显现在表面上的情况。例如，若提到“败家”“破家”以及“家败”“家破”的话，则意味着家的财产特别是不动产转移到他人之手而空无所有。

不过在我看来，毋宁说通常表现为兄弟一旦到了有各自的妻子的时候便要开始进行财产的分异，同时走向分为兄弟各自与妻子组成同居共财的小集团的过程。像同居共财的情况对中国人的家族生活来说是本质性的要素。我们可以将正维系同居共财生活的一个集团在狭义上作为一个“家”来把握。由于同居共财是还未经过财产分异的上述那种始终继续着的制度，所以可以包含除了家父及其配偶之外的子孙们的几组夫妇，并且还常常孕育着在家父死后出现兄弟或从兄弟们一边有各自的妻子儿女、一边作为整体营造同居共财生活这种家族形态的可能性。这个时候如果提到家的话，便意味着营造同居共财生活的全体，在称呼其内部的由一组夫妇及其子女组成的一个单位时使用“房”这样的另一种用语。所谓的“房”，正如从“男有室，女有家”这一惯用语上也可以知道的象征男子的结婚一样，大概是由以下的情况所产生的名称：男子如有妻室的话——虽然包括吃饭在内的家庭经济一般和众人还合在一起——在家中应该给与不可侵犯的独立的居室。而且若是将来进行家产分割而夫妇亦获得了家计的独立性，就要像前面曾说到的“家”字的用语之例所表示的那样，“房”便成了“家”。①

中国农村存在的家产分割习惯是一项比共有制度和继承制度更为复杂的规范。“分家”本身意味着无论父母生前还是死后，亲子都可以参与家庭财产的分割。对照现行的财产继承法律规范，可以发现在现代中国的财产继承规范中存在分家习惯与继承法难以兼容的规则冲突。这一冲突格局包括三个基本方面：(1) 在财产属性方面，民间要求承认家庭财产，并用分家模式解决家产传承问题，而继承法否认之，任何财产在不转换为个人财产之前，均无法继承。(2) 在继承权人方面，分家习惯不承认女子继承权；而继承法则要求男女平等继承，在无亲生子女时，赋予相当范围内的亲属可依法定顺位享有继承权。(3) 在继承时间方面，分家习惯赋予亲子在条件成就时享有家产分割请求权；而继承法否认生前继承的可能性。以一份“分家书”为例，来印证中国当代农村地区在分家问题上的民间习惯。

① [日]滋贺秀三：《中国家族法原理》，法律出版社 2003 年版，第 40 - 46 页。

分家书

立协议人:父亲焦某　大儿焦甲　小儿焦乙(同住泰兴市老叶乡焦西村2组)

情因家庭人口较多,难以掌握,现由父亲焦某出面,特请门房亲朋好友协商分宅居住,特立协议如下:(1) 房屋类。共有五间楼房二间小平房,中间三间楼房兄弟二人各一间半,兄住东边,弟住西边,其余楼房归父母所有,焦甲分东边小平房,此屋较差,由父亲翻建好归焦甲,焦乙分西边小平房,目前前半边屋先借给焦甲养猪,焦甲的屋翻建后应搬出。(2) 摩托车共二部。焦甲分幸福250一部,焦乙分巨龙125一部。(3) 家具类。八仙桌三张,父亲分旧桌一张,其余两张好桌子,兄弟二人各一张,椅子兄弟二人各十张,其余归父母所有,兄弟二人房间的物资各归各有。(4) 电器类。录像机一台分给焦甲。(5) 经济往来。焦乙若生育二胎罚款,父亲一万元,兄焦甲三千元,其余由焦乙本人承担。(6) 生活费负担。父母五十五岁后,兄弟二人每年各担负大米三百斤、小麦二百斤,现金四百元、父母医药费兄弟二人各负担一半,兄弟二人每年各出花生15斤、豆子10斤、年肉10斤。(7) 白果树两棵。屋前和河北各一棵,现归父母所有,父母百老后,焦甲分河北一棵,焦乙分屋前一棵。(8) 其余物资当面分清。

上述协议经过长期协商,双方无异说和后悔,特立协议一式三份,各执一份为凭,本协议即日生效。

在场人:焦某某　任某某等人(签名)

立协议人:焦某　焦甲　焦乙(签名)

如以制定法的规则来衡量,这种生前就"继承"父母财产的行为,无异于直接挑战法律的权威。但民间习惯就是如此,其存在和适用似乎都与制定法毫无关联。换句话说,在制定法"不得如何如何"的背后,实际上民间可能在"如何如何"。[①]

家长权的法律体现:家长对子女婚姻具有决定权;家长对财产具有支配权;家长对子女具有惩罚权;侵犯亲权加重处罚;

《唐律疏议·名例律》:七曰不孝,谓祖父母、父母在,别籍、异财。《唐律疏议·户婚》:诸祖父母、父母在而子孙别籍、异财者,徒三年。若祖父母、父母令别籍及以子孙妄继人后者,徒二年;子孙不坐。诸居父母丧,……兄弟别籍异财者,徒一年。宋刑统继承,明律、清律改为杖一百。封建法律对家长财产支配权的保护,着眼于巩固家庭的经济基础,使之不因财产的分异而至瓦解。[②]

(六) 天理、国法、人情的协调统一

法治是公平文明正义的体现。只有讲法治的时期,社会才会安定,政治才会清明,秩序才会稳定,但实践中往往不能长久。因为它是统治的附庸、皇帝的侍臣、政治的工具。它的推行依然靠"势"、"术",没有势无法施行法治,而且法治其实就是一种术,遇到

① 公丕祥主编:《民俗习惯司法运用的理论与实践》,法律出版社2011年版,第110-111页。
② 张晋藩:《中国法律的传统与近代转型》,法律出版社2009年版,第150页。

权势往往就驻足不前、甚至“礼崩乐坏”。

汉初经过董仲舒将三纲神秘化，其后宋儒进一步将三纲奉为天理，以论证和鼓吹宗法政治等级制度的永恒性和不可侵犯性。天理通过国家立法而法律化了。与此同时，封建统治提倡执法原情，为了防止法与情的矛盾，历代统治者在立法上力图使亲情义务法律化。在天理、国法、人情三者的关系上协调统一。

在封建的州县大堂上，通常悬挂着“天理国法人情”的匾额，以警醒诉讼当事人明了国法是天理的化身，国法也是人情的集中反映，自当凛遵无违。《名公书判清明集》所载判词中，多有“酌以情理参以法意”、“情法两尽”、“非惟法意之所碍，亦于人情为不安”之语。胡石壁明确指出，“法意、人情实同一体，徇人情而违法意，不可也，守法意而拂人情，亦不可也。权衡二者之间，使上不违于法意，下不拂于人情，则通行而无弊矣”。明初刘惟谦在《进明律表》中说：大明律“上稽天理，下揆人情”，是应天顺民的产物，所以可以成为“百代之准绳”。明人薛瑄也说：“法者，因天理、顺人情，而为之防范设制。”他把法律的防范设制功能，及其种种禁暴止奸的惩罚性规范，都说成是天理人情所使然，期逻辑的结论就是，实施法律即为明天理、顺人情；违背天理就是逆天理、悖人情。

《宋史·太宗本纪》中记载这样一个以情断案的典型案例：北宋端拱元年(987)，四川广安人安崇绪来到京城(开封)控告其继母冯氏，说冯氏在其父生前已被其父休弃，现在又趁其父亡故，企图霸占其父的全部遗产，致使他和生母蒲氏二人生活无着落。大理寺受控后，不问情由，先依“告祖父母、父母者，绞”的律条判安崇绪死刑。宋太宗认为此判不妥，就开会讨论，会上大臣们也争执不下，有人认为此案的关键在于弄清冯氏是否确已被休，如已被休弃，则安崇绪与继母冯氏的母子名分已绝，安本人无“控告继母”之罪，可以继承遗产。但后经调查，冯氏并未被休弃，故大理寺坚持原则。有趣的是，尽管案情如此，但以尚书右仆射李昉为首的四十多位大臣仍反对大理寺的判决，其理由是：第一，蒲氏虽是小妾，但毕竟是安崇绪的生母，与冯氏虽同为母辈，但亲疏有别，安崇绪是因为遗产被夺，生母生活无着，才将继母告到官府，这是出于孝心，值得同情。第二，如判安崇绪死刑，则安家独子被杀而绝嗣，其生母蒲氏更是无依无靠，于情于理均不应该。李昉等人的建议，虽不合法，但合乎情理，合乎“仁道”，故宋太宗最后作出如下判决：遗产(主要是田产)全部判归安崇绪，冯氏也由安崇绪供养，不得有缺。

天理、国法、人情三者的协调一致，互补互用，构成了中国古代法律的传统之一，是由于中国古代宗法社会结构与长久的文化积淀、民族心态、政治法律意识所决定的。法源于天，是古籍中关于法律起源的通论，经过封建统治者有意识地宣传，可以说是深入社会与人心的。历来谈法者总要与天相连，以“奉天承运”来为其政权与法治的合法辩护。

(七) 注重吏治，职官管理法自成体系

官是管理国家的群体，是实现国家职能具有人格的工具，中国古代所说的人治，实质就是官治。为了发挥官治的作用，就需要治官。为了以法治官，历代制定了较为完备的职官管理法，考课官吏均有法定的标准，以督励其尽职尽责。此外，还形成了严密的监察系统和监察法，以保证官僚队伍的整肃，维持必要的吏治。

秦汉以后的帝国机制，不管是宫中府中、后妃宦官、宗室藩王，还是中央地方、文官武将等等，总之，运转帝国这部官僚机器的制度规范规则，逐步建立、逐步完备。这就是韩非"明主治吏不治民"的思想理论制度化规范化；这也是法家"不别亲疏不殊贵贱一断于法"的制度只治、规则之治；亦是君主/官僚/专制/帝制的"法治"，而不是贵族法治。①

以唐代为例，直接规范官吏的条文占《唐律疏议》502 条总数的 54.6%，其他条文，除了一些纯技术或程序方面的条文外，规范对象多是"民"，或者是包括"官吏"在内的所有民众。《新唐书·刑法志》："唐之刑书有四，曰：律、令、格、式。令者，尊卑贵贱之等数，国家之制度也；格者，百官有司之所常行之事也；式者，其所常守之法也。凡邦国之政，必从事于此三者。其有所违及人之为恶，而入于罪戾者，一断以律。"可见"格"和"式"全是针对官吏所立之法；作为国家制度的"令"也与官吏直接相关。可见，唐代庞大的法律体系中最重要的是对官吏的规范和官吏，也就是如何"治吏"。

(八) 无讼是求，调处息争

无讼是儒家所追求的理想的境界。为了减少诉讼，一方面提倡明德教化，另一方面推行调处息争。由于中国古代宗法血缘关系的深厚和地缘关系的悠久影响，使得民间发生的诉讼可以经过调处达到息争的目的。但有些调处特别是族内调处是带有强制性的，漠视了诉讼当事人的权利要求，也造成了中国人诉讼权利观念的薄弱。

正式的法律主要是为国家和社会利益服务，在这种法律制度下，司法一直得不到发展，因此，民间纠纷常常通过各种非正式的渠道来解决。由业务往来和合同引起的纠纷，可能在手工业同业公会或商业同业公会内部解决。领居间的争吵，可由村长、相邻友好或士绅来调解。特别是家族或所谓"同姓家族"的族长，除主持祭祖仪礼，举办族中儿童的学校，安排他们的婚姻大事等以外，也尽一切努力保证族中人员纳粮完税并调解他们之间的争端，使他们不致涉讼。总之，法律是政体的一部分，它始终是高高地超越农村日常生活水平的、表面上的东西。所以，大部分纠纷是通过法律以外的调停以及根据旧风俗和地方上的意见来解决的。②

春秋时期的邓析事件，大约是迄今所知最早的贱讼证据之一。邓析被视为卑鄙可恶的小人而遭杀害，其主要罪行，就是帮助老百姓打官司并收取一定报酬。据说邓析"好治怪说，玩奇辞……持之有故，言之成理，足以欺愚惑众，民之献襦裤而学讼者，不可胜数。"他被执政者处死刑，其实犯的就是可恶罪。他被视为"讼棍"的祖师爷。苏轼在《戏子由》诗中说："读书万卷不读律，致君尧舜知无术。"也说的是贱讼。因为"读律"之人必定是想打官司。明人王士晋列出诉讼之所以应该被鄙贱的理由：讼事有害无利：要盘缠，要奔走；若造机关，又坏心术，还被衙役、讼师欺负，在大堂上众目睽睽被人瞧不起。中国传统社会的人们之所以害怕诉讼，厌恶诉讼，实际上是由于三大问题得不到解决：(1) 不体面的有辱人格的诉讼程序；(2) 官司导致的"结仇怨""乖名分"等不良后

---

① 李贵连：《法治是什么——从贵族法治到民主法治》，广西师范大学出版社 2013 年版，第 64-65 页。

② [美]费正清：《美国与中国》，世界知识出版社 1999 年版，第 113 页。

果;(3) 诉讼易受胥吏讼师撮弄敲榨,不得不低声下气屈己求人等等。①

四、学习中国传统法律文化的意义

第一,有利于继承和发扬中国优秀的法律文化。中国几千年来各朝各代、各个时期的统治者立法立官行法,经世治民,积累了丰富的法律经验,中国文化的博大精深,是举世公认的。通过了解和掌握中国历史上不同时期法律制度的主要内容和基本特征,从而来总结历史上法制建设的经验和教训,以做到"古为今用",使学生能够把握中国传统法制的本质和演变规律,并了解古代法制对现代法制建设的影响和制约,从而认识中国法制发展的必由之路,最终为推动中国社会法治建设的进程做出贡献。学好法制史能够更好地领会和贯彻现行法律,也会更清楚了解现代法律的不足与弊端,以及如何解决现行法律中的不足与弊端,更好地完善现行法律。

第二,充分认识中国传统法律文化的不足,完善学生的知识结构。历史的发展是一个不间断的链条。今天的文化,今天的法律,无不是从昨天发展过来的,要学好今天的法律,就必须寻根溯源,了解历史上的法制状况。中国传统法律文化作为中华民族数千年社会实践的成果,是特定社会历史条件的产物,具有"不得不然"的历史合理性,但是既有优点,也有缺点。

优性遗产指在当时及对后世产生积极影响的因素。主要包括以下几个方面:首先是朴素唯物主义、辩证法和无神论精神。如同其他古老民族一样,中华民族也经历了神权主宰的时代。但是,这个时代为期不长。法律实践活动的主旋律不是神权、神判法,而是无神论精神。古人在遇到疑难案件时依靠独立思考而拒绝祈求神助。这就形成中国古时发达的法律思想、法律制度和法律艺术;

其次是"成文法"和判例制度相结合的"混合法"样式,古人既承认成文法典的作用,又看到它的缺欠,故而主张发挥"人"的主观能动性,把"人"和"法"有机地统一起来。正如明代丘所言:"法者存其大纲,而其出入变化固将付之于人。""成文法"与判例制度相结合的"混合法"正是在这种见解的基础上形成的。"混合法"是法律实践活动内在规律性的反映。

劣性遗产指在当时及对后世产生消极影响的因素。主要有以下几个方面:首先是"亲亲""尊尊"的差异性精神。在这种精神支配下,个人的权利和价值被忽视,社会的整体利益成了茫然的存在物,帝王、官吏、家族首长的特权却是实实在在的东西。个人与社会的联系被截断了,国家难以获得欣欣向荣和自我更新的力量;

其次是重狱轻讼的专制主义色彩。重狱即重视刑法或刑罚严酷,其中最突出的是刑讯制度和黑暗的狱政。轻讼即轻视"民事"诉讼,这是古代私有制、商品经济不发达的产物。重狱轻讼的目的在于维护专制皇权、宗法秩序和自然经济。

---

① 范忠信:《中国法律传统的基本精神》,山东人民出版社 2001 年版,第 246 页。

参考文献

1. 刘作翔:《法律文化理论》,商务印书馆 1999 年版。
2. 武树臣:《中国传统法律文化》,北京大学出版社 1994 年版。
3. 范忠信:《中国法律传统的基本精神》,山东人民出版社 2001 年版。
4. 马作武主编:《中国传统法律文化研究》,广东人民出版社 2004 年版。
5. 张晋藩:《中国法律的传统与近代转型》,法律出版社 2009 年版。

思考题

1. 如何理解文化和法律文化的概念。
2. 理解中国传统法律的产生、发展、衰败情况。
3. 中国传统法律文化的基本精神有哪些。
4. 学习中国传统法律文化的意义有哪些。

第一章

中国传统法律文化的起源

学习目的和要求：

约在公元前21世纪，中国古代社会开始从原始氏族公社制社会过渡到阶级社会，出现了国家。古代的法律随着国家的产生而产生。学习本章，应着重了解我国法的起源及其特点及其背后的文化意蕴。

学习重点：

1. 掌握古代法律起源过程的"刑起于兵"现象及其文化意蕴。
2. 掌握礼的产生及其含义的解决。
3. 了解中国法律图腾的起源及其变化。

中国法律文化自产生直至今日，虽经数度变革与演进，但仍承前启后、不绝如缕，延续千年而未曾断绝，这在世界法律文化史上是罕见的。中国法律文化曾以其独特的内容和样式自立于世界法律文化之林，极大地丰富了人类法律文化宝库，并在中国及域外长期发挥着影响力。为了研究的方便，我们把自产生直至中华人民共和国成立为止的一脉相传、独成体系的中国法律文化，称为中国传统法律文化。

我们首先要接触的问题是中国传统法律文化的起源问题。这是一个与中国国家起源和中国原始社会与奴隶社会的划分等诸问题密切关联的问题，又是在基本理论、史实和研究方法各方面颇具难度的问题。我们知道，法律文化是人类法律实践活动及其成果的真实记录。而法律实践活动的实质是一种特殊的社会行为规范的创制与实现。因此，法律规范成了法律实践活动的直接标志和中心内容。先秦时期的法律文化，我们主要讲述法律文化的起源问题，主要涉及到刑起于兵、礼起源于祭祀，古老的图腾传统等问题。

一、"刑起于兵"现象

所谓兵刑同一,是说在古人看来,战争与刑罚是一回事,二者在本质上相同。所谓刑起于兵,则是说法律起源于远古的氏族战争。东汉王充说:尧伐丹水,舜征有苗,四子服罪,刑兵设用。成王之时,四国篡叛,淮夷、徐戎,并为患害。夫刑人用刀,伐人用兵,罪人用法,诛人用武。武、法不殊,兵、刀不异,巧论之人,不能别也。夫德劣故用兵,犯法故施刑。刑之与兵,犹如足与翼也,走用足,飞用翼,形体虽异,其行身同。刑之于兵,全众禁邪,其实一也。(《论衡·儒增》卷八)。《辽史·刑法志》说:"刑也者,始于兵而终于礼者也。洪荒之代,生民有兵,有鼉有螯,自卫而已。蚩尤惟始作乱,斯民鸱义,奸宄并作,刑之用岂能已乎?帝尧清问下民,乃命三后恤功于民,伯夷降典,折民惟刑。故曰刑也者,始于兵而终于礼者也。"近人陆绍明在《兵戎为法治源论》一文说:"兵为法之大者也,法为兵之小者也。凶暴而不可以法制,举兵以敌之;凶暴而可以法制,举法以裁之,兵也乎哉?谓之法可也;法也乎哉?谓之兵可也。且古人无意于民之善恶,锱铢必较,而创一禁暴之政也;若夫兵也者,则古圣不获已创作,所以不较锱铢而禁巨恶者焉,而所谓锱铢必较之为法者,盖由兵而演成者也。"①

(一)古代刑罚是对付异族的

上古时代大规模的氏族战争始于炎黄时代,终于夏朝。

第一次,东夷部落和华夏联盟之间,蚩尤战共工,共工战败。当时,本出一源的各部族生活在辽阔的中华原野上。其中居住在中原一带的华夏集团由两个部落组成:一是炎帝部落,一是黄帝部落。《国语·晋语》说:"昔少典氏娶于有蟜氏,生黄帝、炎帝,黄帝以姬水成,炎帝以姜水成。成而异德,故黄帝为姬,炎帝为姜。"与华夏集团并存的还有生活在中国东部地区的东夷集团,即九黎集团,其首长即是蚩尤,它的"嫡系"是苗民部落。

蚩尤向西发展,遇到了炎帝,把炎帝旧部共工氏打得节节败退。据说共工氏姓姜,是炎帝的后代。《逸周书·尝麦》:"蚩尤乃逐帝,争于涿鹿之阿,九隅无遗。赤帝大慑,乃说于黄帝。"那个好战的炎帝旧部被蚩尤部打得大败,丢了领土,无处藏身,只得乞求黄帝部的庇护。《龙鱼河图》说:"蚩尤兄弟八十一人,并兽身人语,铜头铁额,食沙石子,造立兵杖刀戟大弩,威振天下,黄帝仁义,不能禁止蚩尤,遂不敌,乃仰天而叹。"

第二次,东夷部落与炎黄联盟之间蚩尤被杀。《山海经·大荒北经》:"蚩尤作兵伐黄帝,黄帝乃令应龙攻之冀州之野。应龙畜水,蚩尤请风伯、雨师,纵大风雨。黄帝乃下天女曰魃,雨止,遂杀蚩尤。"黄帝与蚩尤在冀州之野决战。黄帝利用蚩尤部的内部混乱,终于打败了他们。相传,蚩尤请来风伯雨神,纵大风雨,形势十分严峻。黄帝便命令一个有制伏大雨本事的女儿参战。果然,天女一到,大雨乃止,遂杀蚩尤。但是,施展浑

① 陆绍明:《兵戎为法治源论》,转引自杨鸿烈:《中国法律思想史》,中国政法大学出版社 2004 年版,第 147 页。

身解数的天女也被这种本事所毒化，她变成了一个秃头旱魃。这个故事说明一个深刻的道理：人们在解决某类问题时，采取一种看起来非常有效的措施，但对这种措施事后会带来什么样的灾难性后果，却又显得惊人的无知。

《山海经》里最惨烈动人的故事，是黄帝与蚩尤的大战。《山海经·大荒北经》记载：蚩尤经过长期准备，制造了大量兵器，纠集众多精灵，向黄帝发起攻击。黄帝派应龙到冀州之野去抗击他。应龙是长着翅膀的飞龙，发动滔天洪水围困蚩尤。蚩尤请来风伯、雨师，应龙的军队迷失在漫天风雨之中。黄帝听说雷泽里有雷神，长着人头龙身，雷神的座骑夔牛，经常拍打自己的肚子，能发出惊天动地的雷声，就杀了无辜的夔牛，用它的皮做成大鼓敲打起来，震破蚩尤的凄风苦雨。黄帝又派了天女魃参战。魃身穿青衣，头上无发，能发出极强的光和热。她来到阵前施展神力，风雨迷雾顿时消散，黄帝终于擒杀了蚩尤。应龙和魃建立了奇勋，但也丧失了神力，再也不能回到天上。应龙留在人间的南方，从此南方多水多雨。魃留居北方，从此北方多干旱，她无论走到哪里，都被人们诅咒驱逐，称为"旱魃"。

但是，在当时的历史条件下，黄帝部无法完全控制蚩尤部。于是采取分别对待的办法，将苗民部赶到南方，选择少昊氏作为蚩尤旧部的首领，以结盟而终。黄帝在泰山召开部落联盟大会。《韩非子·十过》："昔者黄帝合鬼神于泰山之上，驾象车而六蛟龙，毕方并辖，蚩尤居前，风伯进扫，雨神洒道。"蚩尤死了，他的"法"却活着。这是因为"法"适应了当时社会发展的需要，从而得到社会的承认。《龙鱼河图》载："蚩尤殁后，天下复扰乱不宁。黄帝遂画蚩尤形象，以威天下。天下咸谓蚩尤不死，八方万邦，皆为殄伏。"

第三，炎黄联盟内部分裂。黄帝打败蚩尤以后，炎黄二族的矛盾又尖锐起来，爆发了新的战争。《史记·五帝本纪》记载：炎帝侵凌诸侯，诸侯咸归轩辕。轩辕乃修德振兵，治五气，艺五种，抚万民，度四方，教熊、罴、貔、貅、貙、虎，以与炎帝战于板泉之野。三战，然后得其志。结果炎帝兵败，黄帝获胜。黄帝族与炎帝族的战争主要是为了争夺部落联盟的首领地位，因而黄帝打败蚩尤和炎帝之后，便被尊为首领，并四处征服，维护新的部落联盟。《史记·五帝本纪》记载：诸侯咸尊轩辕为天子，代神农氏，是为黄帝。天下有不顺者，黄帝从而征之，平者去之，披山通道，未尝宁居。

第四次，华夏族与苗蛮族之间的战争。华夏族与苗蛮族的战争主要发生在尧舜时代。相传，尧曾在丹水一代打败过三苗。舜主持华夏联盟时候又与三苗发生战争。舜后来葬于苍梧之野，说明他曾经到过湖南三苗聚集的地区。经过尧舜时代的战争，苗蛮族大部延申至向更南的地区，其中一部分融入华夏族。《尚书·舜典》：流共工于幽州，放欢兜于崇山，窜三苗于三危，殛鲧于羽山，四罪而天下威服。

《尚书·吕刑》：蚩尤惟始作乱，延及平民，罔不寇贼、鸱义、奸宄、夺攘、矫虔。苗民弗用，灵制以刑，惟作五虐之刑曰法。杀戮无辜，爰始淫为劓、刵、椓、黥。全段文字大意是：蚩尤开始整肃社会秩序，制定新的行为规则，施及所辖领域内的各类部族，将各种坏的行为总括为寇贼、鸱义、奸宄、夺攘、矫虔五种类型，以此来制约大家。蚩尤的嫡系苗民积极地加以实施，但未能奏效，蚩尤便命令他们用刑罚加以惩治，这种惩罚手段同上述五种类型的坏行为相对应，于是产生了五种无情的刑罚，称为"法"。原先只运用杀戮

这种手段，恐怕诛及无辜，才开始增加了割鼻、割耳、宫、刺面四种刑罚。

“法”的产生无疑是一种进步。但是，背弃古老的盟誓传统是不能不受到报复的。当时，人们“罔中与信，以覆诅盟”，大家都不讲信用，不相信盟誓了。加之苗民在推行法时采取了过分的举动：“丽刑并制”，即法外加刑，故而引起骚动，无辜的受难者纷纷向帝王控诉蚩尤、苗民的罪恶。

《国语·晋语六》：臧文仲言于僖公刑五而已：大刑用甲兵，其次用斧钺；中刑用刀锯，其次用钻笮；薄刑用鞭扑，以威民也。故大者陈之原野，小者致之市朝。其中，甲兵是指兵器，斧钺既是兵器，又是斩杀俘虏的工具，而刀锯、钻笮、鞭扑都是施以各种刑罚的工具。所谓“大刑用甲兵”，即指最重的刑罚就是实行军事讨伐，有兴师问罪之意。国家形成之后，夏启对有扈氏进行的战争等，均属于动用甲兵的“大刑”。而“其次用斧钺；中刑用刀锯，其次用钻凿；薄刑用鞭朴”则是惩治内部人们的重轻不同的刑罚。

五刑是在战争中发明的。据《尚书·舜典》，舜命皋陶汝作士，五刑有服，主要原因是蛮夷猾夏，外族入侵骚扰，这说明刑律是针对外族的。上古的劓、刵、黥、椓（zhuó，古代割去男性生殖器的酷刑）、大辟的五刑也是苗蛮夷在与华夏族的战争中产生的。所以直到春秋时还有人强调：“德以柔中国，刑以威四夷”，即刑是针对四夷，而德是针对本族的。有鉴于此，近人吕思勉说：“刑之始，盖所以待异族。”

（二）军法约束自己军队每个成员

为了取得战争的胜利，必须有严格的军纪即军法，因而战争中的军法就是中国法中最早的一种主要形式。战争是一种集体行为，为了取得胜利，需要有严明的纪律，需要制定严格的军事法律来约束每一个成员的行为。夏启颁布军令讨伐有扈氏，《史记·夏本纪》记载：夏后帝启，禹之子，其母涂山氏之女也。有扈氏不服，启伐之，大战于甘。将战，作《甘誓》，乃召六卿申之。启曰：“嗟！六事之人，予誓告汝：有扈氏威侮五刑，怠弃三正，天用剿绝其命。尽予惟共行天之罚。左不攻于左，汝不共命；右不攻于右，汝不共命；御非其马之正，汝不共命。用命，赏于祖；弗用命，戮于社，予则帑戮女。”遂灭有扈氏。天下咸朝。《尚书·甘誓》：“有扈氏威侮五刑，怠弃三正，天用剿绝其命。尽予惟恭行天之罚。左不攻于左，汝不恭命；右不攻于右，汝不恭命；御非其马之正，汝不恭命。用命，赏于祖；弗用命，戮于社。”从以上引文中可以看到《甘誓》乃是一篇杀气腾腾的军令。夏启把召集六卿攻打有扈氏，说成是奉天之命，对于战斗中执行命令者有赏，不执行命令的，不仅诛杀其人，还要罚及子女。

商汤时期发布军令《汤征》《汤誓》讨伐葛伯氏、夏氏。《史记·殷本纪》记载：汤伐诸侯，葛伯不祀，汤始伐之。汤曰：“予有言：人视水见形，视民知治不。”伊尹曰：“明哉！言能听，道乃进。君国子民，为善者皆在王官。勉哉！勉哉！”汤曰：“汝不能敬命，予大罚殛之，无有攸赦。”作《汤征》。《尚书·汤誓》曰：夏氏有罪，予畏上帝，不敢不正。……尔尚辅予一人，致天之罚，予其大赉汝。尔无不信，朕不食言。尔不从誓言，予则孥戮汝，罔有攸赦。

《易·师》云师出以律，指军队要遵守号令。律指乐律，即钟鼓发出的高低不同、频率各异的声音，如后世“鸣金收兵，击鼓进军”之类。《周礼·春官·大师》：“大师执同律

以听军声而诏吉凶。”“同律”即关于金鼓号角的节奏频率的规定。这些号令具有极大的权威，任何人不得违反，否则便施以刑罚。

（三）上古三代和秦汉的司法官名称也带有“刑始于兵”的痕迹

部族征战不仅是中国古代法藉以形成的特殊途径，也是古代司法官和司法机构产生的重要渊源。刑出于兵，兵刑同制，还表现为司法与兵政的掌管者的一身二任。司法官称“士”或“士师”、“司寇”、“廷尉”等等，原来都是军职。士、士师。上古的士，既是司法长官，又是军事长官。据《尚书・舜典》，舜命皋陶说：“皋陶，蛮夷猾夏，寇贼奸宄，汝作士，五刑有服。”未加入华夏联盟的苗蛮族和东夷族侵乱华夏，这本是民族间的战争，应采取军事行动征讨之，而舜却命皋陶作士，运用五刑，讨伐外族，并惩罚内部犯罪。在这里，军事长官与司法长官合二为一，由皋陶担任，既反映了上古时代丙刑合一，又反映刑始于兵的事实。商代和周代的最高司法官为司寇。司为执掌，寇为寇贼。当指外族的劫掠侵犯。战国秦汉时的最高司法长官为廷尉。廷指朝廷或官府，尉是指军事长官。《汉书・百官公卿表》：“听讼必质诸朝廷，与众共之，兵狱同制，故称廷尉。”

近代学者章太炎在《文录・古官制发源于法吏说》指出，法吏未置以前，已先有战争矣。军容国容既不理，则以将校分部其民，其遗迹存于周世者，传曰官之师旅。……及军事既解，将校各归其部，法吏独不废，名曰士师，征之《春秋》，凡言尉者皆军官也，及秦而国家司法之吏亦曰“廷尉”，此因军尉而移之国中者也。陶希圣先生在《中国政治思想史》中也说，古代的刑罚是由兵政主持者掌管。士、司寇、尉，这都是军官也是法官。魏尉请归死于司寇。公孙黑将作乱，子产曰，不速死，司寇将至。司寇或称司败，子西说，臣归死于司败。季孙谓臧武仲曰，子为司寇，将盗是务去。军官兼法官又兼警察了。①

法就是刑法、行政法或者公法，在中国有着悠久的传统，同时有着深刻的文化原因。滋贺秀三先生说，中国的所谓法，一方面就是刑法，另一方面则由官僚制统治机构的组织法，行政的执行规则以及针对违反规则行为的罚则所构成。② 费正清先生也指出，在实践上，中国帝王的法典主要是刑法，是为惩治缺乏教养的人用的。它也是行政性的，并规定了典礼的细节。换言之，法典的一部分是有行政裁决积累而成的。它几乎全是公法，其内容涉及办事手续、婚姻、继承以及有关施政的其他重要事项。③

梁治平先生认为，与中国古代国家这种家、国不分的种族专政本质相适应，中国古代法只能是合兵刑于一的强暴手段，是一方以暴力无条件强加于另一方的专横意志。从渊源上看，兵与刑同出于王（他同时又是统治者族姓的最高代表与象征），实为王所专有；由功能上讲，它们又都是执行统治者意志，使令行禁止的基本手段。这便是古代中国人兵刑合一的客观基础，亦是最早人们关于法的观念所由形成的历史与文化背景。

---

① 陶希圣：《中国政治思想史》第一册，第二十四、五页，转引自杨鸿烈《中国法律思想史》，中国政法大学出版社 2004 年版，第 148 页。

② ［日］滋贺秀三：《中国法文化的考察》，载滋贺秀三等《明清时期的民事审判与民间契约》，法律出版社 1998 年版，第 2 页。

③ ［美］费正清：《美国与中国》，世界知识出版社 1999 年版，第 111 页。

它们构成了中国古代法的传统。① 张中秋先生也得出相同的结论。据笔者的观察，中国古代法（以刑为中心）最初主要形成于部族之间的征战，而西方古代法（古希腊与古罗马法）则是氏族内部贵族与平民之间矛盾和斗争的产物。② 刑归根结底是一种血缘集团的压迫法，并且始终限制在血缘范围内。从这个角度出发，可以说中国的国家与法是血缘组织强化的结果，这是它们日后走上伦理化，并且在自我完善的同时又趋于封闭的历史渊源。③

二、关于廌的传说

古“法”字以象形文字的特殊构造向人们展示了“法”的含义：(1)“法”是当人们发生纠纷时由“廌”主持的一种裁判活动；(2)“法”是通过裁判而向人们宣布的一种公平正义的行为准则；(3)“法”是具有特殊强制力的行为准则，谁违反了“法”，必将受到无情的制裁。“法”之所以有威力，就在于它是一种社会权威机构的派生物，这个机构被抽象为“廌”。从此，“廌”这个神奇的符号像幽灵一样在“法”行进的路途上出没、徘徊。④

灋字由廌、水、去三字组成。《说文解字》：“廌，解廌，兽也。古者决讼，令触不直者；“水，准也。北方之行，象众水并流。”“流，水行也；”“去，人相违也。”灋字结构表明：灋是廌触水去。换句话说，解廌触定，放在水上，随流漂去便是法。其二，从灋的读音看，“钟鼎文中，灋字音废，法、废相同”。因此，法是驱逐和流放的意思。⑤

据我看来，剔除“廌”或“豸”的符号，恰好意味着“灋”之内涵的变迁——审判的失落。据周法高先生的解释：“文字之象形之变化，乃依其文字形象中所含之古代观念之变化而相应而变者也。”⑥由水、廌、去构成的灋，不唯具有刑罚的意思，同样也有“正义”的内涵。在古代中国，“刑”“法”和“律”与囚邦社会通过战争途径进入“家国合一”的政治国家甚有关系。⑦

廌是传说中善于审判案件的独角神兽，《说文解字》：“廌，解廌兽也，似山牛一角，古者决讼，令触不直，象形从豸。”

(一) 廌的形象

廌，出现于黄帝时代，《说文解字》：“薦，兽之所食草，从廌从草。古者神人以廌遗黄帝。”又经于尧时，《艾子杂说》：“尧之时，有神兽曰獬豸，处廷中，辨群臣之邪僻者，触而食之。”关于廌的形象，历来说法不一。

似牛说。《说文解字》：“廌，解廌兽也，似山牛一角。”段玉裁注：“《玉篇》、《广韵》及《太平御览》所引皆无山字。”又《神异经》：“有兽如牛，一角，名曰解豸。”

---

① 梁治平：《寻求自然秩序中的和谐》，中国政法大学出版社 2002 年版，第 42 - 43 页。
② 张中秋：《中西法律文化比较研究》，中国政法大学出版社 2006 年版，第 1 页。
③ 张中秋：《中西法律文化比较研究》，中国政法大学出版社 2006 年版，第 19 页。
④ 武树臣：《中国传统法律文化》，北京大学出版社 1994 年版，第 125 页。
⑤ 蔡枢衡：《中国刑法史》，广西人民出版社 1983 年版，169 - 170 页。
⑥ 徐忠明：《明镜高悬：中国法律文化的多维观照》，广西师范大学出版社 2014 年版，第 7 页。
⑦ 徐忠明：《明镜高悬：中国法律文化的多维观照》，广西师范大学出版社 2014 年版，第 22 页。

似牛兼似熊说。《神异经》:“东北荒中有兽,如牛,一角,毛青,四足似熊,见人斗则触不直,闻人论则咋不正,名曰解豸。”

似羊说。《后汉书·舆服志下》:“解豸神羊,能别曲直,楚王尝获之,故以为冠。”《金楼子·兴王》:“常年之人得神兽若羊,名曰解豸。”《论衡·是应》:“廌者,一角之羊也,性知有罪。”(注:又《墨子·明鬼》载齐地有神羊裁判之遗风。)

似鹿说。《汉书·司马相如传》注引张揖曰:“解廌,似鹿而一角。人君刑罚得中则生于朝廷,主触不直。”

似麟说。《隋书·礼仪志》引蔡邕曰:“解豸,如麟,一角。”

廌不是一个人,而是传说时代(自黄帝始)世代主管军事和司法事务的部族的图腾。远古时代兵刑不分、祀戎一体,主兵与司法兼于一职。黄帝建立部落联盟后确立职分,主兵与刑者便为某部族所世袭,这便是蚩尤,至舜禹时称作咎繇或皋陶。其图腾便是廌。《尚书·吕刑》谓蚩尤作五刑曰法,古法字写作灋,其重心便是廌。它是公正、威严的象征。它自产生之日起,便与法律、司法审判活动结下不解之缘。

毫无疑问,廌和古代的法字还蕴含着神明裁判的意味。如《墨子·明鬼》所载神羊裁判之事,并谓“当是时,齐人从者莫不见,远者莫不闻,著在齐之《春秋》”。而齐地正是皋陶的故乡。

(二) 廌与蚩尤、皋陶

廌,不是别的,正是“法”的缔造者蚩尤部落的图腾,它的读音和文字表达符号就是“蚩尤”。蚩尤与苗民创造的“兵”“刑”“法”和战鼓“皋陶”(注:见《周礼·冬官·考工记》。)一起被高度简练地凝结在他们的图腾上面。黄帝战败蚩尤,天下大乱。黄帝一方面悬示“蚩尤形象”,表示继续沿用蚩尤创造的刑和法;另一方面选拔蚩尤部落的少皋氏出来统率旧部,天下始得平安。于是,蚩尤部落的图腾和他们创造的法一起作为一种公共的财产被重新组合的华夏民族吸收、消化、沿袭下来。

皋陶成了历经尧、舜、禹三个时期的超级寿星。其实,皋陶不是一个人,而是廌图腾部落的后裔,因长于断讼、工于刑政而世代因袭司法职务,这在当时是极自然的事。

皋陶能够世代因袭刑政之职,还有一个原因,就是廌图腾部落一直较为稳定地居住在中原(今山东)一带。当年黄帝打败蚩尤,命少昊氏统率旧部,蚩尤旧部便在山东一带居住下来。故《帝王世纪》说:“少昊邑于穷桑以登帝位,都曲阜。”

(三) 廌在以后的变化

一般说来,我国最早的文字是商代的甲骨文。在甲骨文里不仅有夏代五刑(墨、劓、刖、宫、大辟)的文字,而且还出现了“廌”字。这是关于神奇的独角圣兽的最早真实记录。在一块卜骨上还同时出现了“御臣”“御廌”的字样。

西周的礼器上往往铸有一幅奇怪的图案,名叫饕餮。这是从商代礼器继承而来的。《吕氏春秋·先识》:“周鼎著饕餮,有首无身,食人未咽,害反及身,以言报更也。”《史记·五帝本纪》:“缙云氏有不才子,贪于饮食,冒于货贿,天下谓之饕餮。”饕餮即是蚩尤之名(蚩尤亦称炎帝,姜姓),其形状正是“廌”的形象,“头上戴豕”,豕即矢、箭。头上竖着一支箭，这正是独角兽的特征，两旁的“肉翅”正是蚩尤“耳鬓如剑戟”之状。

据《墨子·明鬼》说，齐国史书《春秋》中载有这样一件事：有两家贵族争讼，法官长期不能决断曲直，于是就请一只羊来裁决，其方法是让争讼双方站在盟所的两旁，分别宣读他们的讼辞。结果，读第一位当事人的讼辞时，羊毫无反应，而读第二当事人的讼辞时，那只羊便冲过去，用羊角把那个当事人当场刺死了。齐、鲁皆今山东一带，正好是皋陶的故乡。这种奇妙的审判方法，与其说是古老神明裁判的遗留，不如说是对先祖皋陶的乞灵和怀念。

《史记·夏本纪》：“皋陶卒，封皋陶之后于英、六，或在许。”《史记·楚世家》：“六、蓼，皋陶之后。”许即舒，称群舒（舒鲍、舒蓼、舒龚、舒庸、舒龙、舒鸠）。英、六、蓼、舒当在山东，后受周人的压迫而南迁。春秋时居住在今安徽六安、舒城一带，与原土著居民庭坚族友好相处。皋陶的后裔自然以廌为图腾或族徽，世世供奉，香火未绝。经过一个世纪的流离迁徙，皋陶之后与土著庭坚族终于失国，归顺楚国。

楚国灭掉皋陶之后，楚王便把战利品陈列在王宫里，时时把玩。其中有一种嵌着廌的形象的帽子，很是奇特精美，便常常戴在头上。久而久之，这帽子便称为“楚王冠”。

秦以“尚法”著称，自然深知廌为何物。秦王政二十三年（前224年），秦灭楚国，尽获楚宫宝物，那些嵌有廌形的冠便被送进秦都。秦，嬴姓，伯益之后，奉少昊为白帝。皋陶，偃姓，据段玉裁考证，嬴偃本为一字。故皋陶亦为秦之先世。如今于楚宫中发现皋陶之后的遗物，真如获至宝。鉴于廌是蚩尤（亦皋陶）的图腾或族徽，又是善于决讼的独角兽，故秦王将嵌有廌形的冠赐给执掌司法事务的御史。

秦亡汉兴，汉承秦旧。汉兵据秦都，如肖何辈有卓识者，尽取秦宫中所藏文籍典册图书，以为治国工具。为治理泱泱大国，汉不仅沿用了秦的法律、官制，还承袭了舆服之制。故汉代执法官吏仍戴嵌有廌形的法冠，或称獬冠、豸冠。皋陶和廌的形象还被画在官署正墙上面，以渲染烘托端庄正义之气。尔后，廌的形象出现在多种场合：在已故司法官员的墓壁上，在帝王陵墓的神道旁，它还被当作吉祥之兽置坐于在皇宫的飞檐上，俯瞰人间烟火，阅尽世态炎凉。

西方司法女神蒙眼，提秤，执剑的图像，大致想要表达的概念是：司法者应该摒除主观的看法和想法，而用一种客观的准则，机械性地决定是非曲直，并将它们迅速明确地画分出来。宋代善于断狱的名臣包拯没有持秤执剑，更没有蒙着眼睛，引人注目的是他严肃的神情，黧黑的面色和额上的一个月痕。为什么中国人将理想司法者描绘成这个模样？依照通俗的解释，神情严肃表示他在沉思，面色黧黑表示他铁面无私，额上的月痕是一只“天眼”，可以使他明察秋毫，洞悉隐情。最后这一点是中国人特别强调的，因为他们知道常人的双眼观察力有限，而司法者处理之事往往很复杂，所以需要另一只具有神异功能的“天眼”来帮助。[①]

① 张伟仁：《天眼与天平：中西司法者的图像和标志解读》，《法学家》2012年第1期。

三、礼的起源与流变

(一) 礼的起源与特征

如果说部落战争是法产生的外部原因,那么部落内部成员间关系的变化则是法产生的内部原因,也是礼充满了温情的原因。

祭祀是氏族社会中最为重要的活动。祭祀大致可分为两种,一是祭神,祈求具有超自然力的神明给氏族以保证。氏族社会后期由于人们认识的低下,一切不可解的自然现象皆可能成为祭祀的对象,如天、地、日、月、江河、大山及风雨雷电等。二是祭鬼,即死去的祖先。祭祀祖先的原因在于人们对于死亡的不解,以为人死后,灵魂便升天而为神,并具有了超自然的力量。祭鬼的目的在于维系血缘的亲情,团结氏族成员。①

礼的特征:1. 礼源于部落祭祀活动的仪式程序,具有神圣性。礼在,最初是一种祭祀仪式,其以规范的仪式与程序表达人们敬畏天地鬼神及祈祷神灵保护的心情。从礼的字义上看,《说文》曰:礼,履也,所以事神致福也。从礼的内容来看,《史记·礼志》沿用荀子之说,总结道:“故礼,上事天,下事地,尊先祖而隆君师。”人类发展伊始,对自然的认识能力十分有限,所以人们相信天地鬼神具有无比的威力,其能决定一个部落、一个氏族及每一部落成员的命运。人们祭祀,是为了讨取天地鬼神的欢喜,因此在祭祀中如礼与否,关系到天地鬼神的喜怒,也关系到部落及自身的福祸。

2. 礼成为习惯法。礼,作为新的行为规范,当然与以往的风俗习惯有着明显的不同。部落的风俗习惯是部落成员在长期的共同生活中自然而然形成的,它依靠着部落首领的榜样,公众的舆论、道德及部落成员法子内心的情感而实现。礼不同于原有的风俗习惯,其主要表现在:第一,部落的风俗习惯是部落成员长期共同生活中自然而然形成的。而礼则是通过祭祀,由部落贵族借助天地鬼神之力而制定的。其次,礼源于祭祀,因而比部落风俗习惯更具有神秘感和权威性。第三,礼比部落风俗习惯更规范、更准确,以至后人常将后世的制度附会于旧时礼制。如《商君书·画策》中言:“皇帝作君臣上下之义,父子兄弟之礼,夫妇妃匹之命。”《孟子·离娄》中亦言尧舜之世:“君尽君道,臣尽臣道。”第四,礼比部落风俗习惯更具有强制性。风俗习惯的维持,主要靠人们“知耻”之心,而礼的维持,则主要靠人们的“敬畏”之心。

(二) 西周礼治及其以后的变化

礼在西周是奴隶主阶级意志和利益的集中表现。礼不但体现了当时的阶级关系,也确认了贵族内部不同等级的地位和权利:天子有天子的礼,诸侯有诸侯的礼,卿大夫有卿大夫的礼,士有士的礼,上下有别,等级森严,以防止贱不妨贵,下不犯上。因此,西周初期礼制极其严格,不同等级奴隶主贵族的礼仪,服饰器用,以至宫室建筑,都有一定的规格,不得僭越。

周公制礼,在周公的主持下,以周族自己的习惯法为基础,同时吸收夏商两代礼仪

① 蒲坚主编:《中国法制通史》(第一卷),法律出版社 1999 年版,第 122 页。

制度中的有用部分，经过整理之后，制定了有关国家制度、调整社会关系以及生活规范的礼典。周礼虽确立的全部规范和制度中，始终贯穿着“亲亲”“尊尊”“长长”、“男女有别”四个原则。亲亲：亲爱自己的亲属；尊尊：下级尊重和服从上级。长长：小辈尊重长辈；男女有别：男尊女卑、授受不亲、同姓不婚。

礼治的基本特征是：“礼不下庶人，刑不上大夫。”（《礼记·曲礼上》）不下庶人之礼，已经不是礼制度的全部，只是其中对于贵族特权规定的特指，此礼是特权之礼。天子有天子的礼，诸侯有诸侯的礼，卿大夫有卿大夫的礼，士有士的礼，上下有别，等级森严，以防止贱不妨贵，下不犯上。鉴于统治者的内部关系是事关国家命运和政局稳定的决定件之一，周初统治者十分重视在贵族内部提倡和贯彻“亲亲”“尊尊”的原则。亲是对疏而言，“亲亲”要求父慈、子孝、兄友、弟恭。尊是对卑而言，“尊尊”的涵义较广，不但父子、夫妻之间尊卑有别，在贵族之间、贵族与庶民之间，特别是君臣之间，尊卑也截然不同。通过“亲亲”“尊尊”，便把人们的血缘关系同政治关系紧密联结在一起。在“敬天保民”、“明德慎罚”的前提下，将“亲亲”“尊尊”原则制度化、法律化，落到实处，这是西周法制的基本特点。礼的作用，就是“以为民坊”。坊，就是堤防：认为礼的防乱，正像堤防一样，没有堤防就要发生水患，没有了礼就要发生祸乱。这就是说，礼起着“绝恶于未萌”的作用，因此它不能不具有法律的性质，要用国家的强制力来保证其实施。

汉代的礼仪法制草创于汉高祖、汉宣帝时期。西汉建立之初，统治者就将定礼修仪之事提到重要日程上来，十分重视以礼仪来节制臣民。叔孙通等儒臣，采古礼与秦仪杂就之，陆续制定了《朝仪》《庙乐》《宗庙仪法》、天子《婚礼》与《衣服之制》，以及《汉仪》和《汉礼器制度》等一系列行之有效的礼仪制度。

东汉光武帝至和帝时期，张纯、曹褒等人先后参与制定礼仪。

魏时，基本承袭汉代的礼仪制度，侍中王粲、尚书卫仪主要修订了朝仪和冕服制度。

晋代，荀仪、羊祜、任恺、庾峻、应贞等人在全面总结汉代以来礼仪立法经验的基础上，认真讨论、悉心编撰，反复修改，终于制定了一代成典——《晋礼》，这是汉魏晋时期礼仪立法的最高成果。

隋代，开始了礼仪法律专门化、法典化新阶段。唐代在沿袭隋礼的基础上编定了《贞观礼》《显庆礼》《开元礼》。唐玄宗时所定《大唐开元礼》，是唐代较为完备的礼仪法典。

宋太祖时所定《开宝通礼》，是宋一代之成法。元有《元通礼》，明有《明礼集》，而清代有《大清通礼》乃是古代最完备的礼仪法典。

（三）礼的分类

关于礼的分类，有五礼，六礼，九礼等名目，其实内容基本相同。“六礼”，一般是指冠礼、婚礼、丧礼、祭礼、乡饮礼、相见礼。九礼，一般是指冠礼、婚礼、朝礼、聘礼、丧礼、祭礼、宾主礼、乡饮酒礼、军旅礼。礼又可以分为“本”和“文”两个方面，本指礼的精神和原则，文指仪节。比如，婚礼有一套礼节和仪式，同时还有“同姓不婚”等精神原则，这比仪节范围要广得多。不管有多少礼，都可以归为五大类，所有的礼都可以归到这五类里面。这五大类礼就是“五礼”，“五礼”，就是吉礼、凶礼、宾礼、军礼、嘉礼。

五礼之中，第一个是吉礼。吉礼就是礼的最初形式，就是祭祀之礼。虽然后来礼的范围大大扩大了，但是古人仍然把祭祀之礼放在第一位，"五礼莫重于祭"，认为这个祭祀是最重要的。祭祀之礼里面充满了等级，天子可以祭祀天地，诸侯只能祭祀管辖的山川，然后各个等级祭祀祖先，庙数各不相同。

五礼第二个是凶礼。凶礼也就是丧葬之礼。在古文当中，丧和葬是两回事情。丧指的是活人的义务等级，葬指的是死人的待遇等级。葬，人死了以后享受什么样的待遇是不一样的，与其生前的名分地位有关系，所以死了以后穿什么衣服，等级地位不同，衣服也不同。另外，棺材也是不一样的，等级高的，里面是一个棺，外面再套一个，里面叫棺，外面叫椁，是一层套一层，有的时候可以套三四层。然后挖一个坑把棺椁埋下去，埋下去以后坟头的高度也是有等级的，平民的坟头不能超过四尺。地位越高，坟头就可以越高，坟头高了，底面积也就非常大。这就是葬的等级。丧的等级，指的是以活着的人与死者关系的远近亲疏来确定这些亲属应该尽什么样的守丧义务，这个等级是一种义务等级。关系越近，守丧义务就越重，关系越疏远，守丧义务就越轻。五服之内都有守丧义务，五服之外没有守丧义务。

第三是宾礼，所谓宾客之礼，就是人与人来往的礼，相互往来的等级。下级见了上级怎么见，臣民见天子怎么三跪九叩，都是宾客之礼。当然这个宾客之礼主要适用于贵族之间，百姓不需要这些礼。

第四是军礼，就是军旅之礼，军队里面上下级之间的等级规范，军队的纪律。

最后一个是嘉礼。简单来讲就是喜庆的礼仪，具体讲主要是冠、婚之礼。冠就是成年礼，西周的时候规定，男子二十，女子十五都要举行成年礼，古代的时候男女在成年之前头发都是散披着的，到了冠礼的时候，头发就束起来，男子的头发束在头顶，用一根簪子固定住，然后在头发上再套一个小帽，这顶小帽套在头发上再用一根簪子固定，所以男子头上有两根簪子。女子冠礼叫笄，就是固定头发的簪子。①

为了劝导尊老敬贤、忠孝悌顺之风尚，中国历代还相当重视乡饮酒之礼。乡饮酒之礼，是指乡间宴饮之礼。《礼仪》有《乡饮酒礼》专篇，其所指实是乡学学生毕业典礼时的宴饮之礼：以诸侯之乡大夫为主人，主人与先生（古之"先生"一般是公卿大夫致仕归隐乡间居乡学任教授者）商定选"处士之贤者"为"宾"（首宾）、"介"（次宾）、"众宾"，然后请他们来乡学宴饮，主人、先生带领学生对乡老、乡贤们按长幼尊卑相应的"揖让"（入席前的谦让礼，如"三揖而后至阶"，三让而后升）、"洁"（席前奉汤洗盥）、"拜"（拜迎接、拜奉酒、拜受酒）等礼仪，目的是教学生尊老敬长，让他们见识或见习"君子交接之道"，使他们将来能学得此道后为乡里作出表率。这种礼仪是为了形成尊老敬老、礼敬贤能的风尚，防止卑幼者及小民百姓犯上僭上。清代的乡饮酒礼，除了"司正"要做一通劝人忠孝信义的致词外，还特别抢到"读律令"的程序。仪式中专设读律官，生员任之。在清代，由于这种礼仪变成了一种经常性的教化活动，故将乡饮酒礼中的宾、介、众宾定为常设职务，成为专职或兼职乡官，总名"乡饮耆宾"，其选定后姓名、籍贯均造册报礼部。若有

① 丁凌华：《五服制度与传统法律》，商务印书馆 2013 年版，第 325－329 页。

过犯，则报部褫夺其职务，并处罚原举之官。

（四）礼与刑的关系

礼与刑是西周法的两个基本方面，二者皆为西周的主要法律形式。礼与刑的关系，主要表现在礼刑并用和相互适用两个方面。礼主要是确认和维护封建伦理和等级关系，主要施于贵族内部，要求通过教化使人们自觉地从积极方面为善，即"禁于将然"，"绝恶于未萌"。同时，礼又具有防止被统治者犯上作乱的功能。因此，礼作为行为规范，主要属于道德范畴，部分兼及法律范畴，它是积极的规矩，是禁恶于未然的预防。

刑，则是消极的处罚，是统治者惩治"已然"犯罪的制裁手段。刑是礼的必要补充，礼借刑的强制力为后盾，用刑正是为了更切实有效地维护礼，两者的目的，都是为了调整社会关系和规范人们的生活行动。一般认为，礼与刑是西周法的两个基本组成部分。两者的目的是一致的，都是为了调整社会关系和规范人们的行为。凡是礼所不容的，就是刑所禁止的；凡是合于利的，也必然是刑所不禁止的。《后汉书·陈宠传》说"礼之所去，刑之所取，失礼则入刑，相为表里"。礼与刑在相互适用方面，表现为"礼不下庶人，刑不上大夫"。它是西周法制的又一特点，也一直被视为西周以来古代法制的一项重要原则。但是，作为法的适用原则，并不是说礼对于庶人就没有约束力，也不是说奴隶主贵族犯罪可以不处刑。

（五）礼的性质探讨

1. 古人的观点

因为礼是周朝的典章制度和礼仪规范，所以内容极为广泛，大到包括国家的根本法，小到遍及待人接物等生活细节，几乎整个上层建筑领域都在它的支配之下。一般认为，由于"礼"的很多规范实质上具有法律甚至国家根本大法的性质，因而《礼记·曲礼上》认为礼是"定亲疏，决嫌疑，别同异，明是非"的依据，《左传·隐公十一年》则说，礼起着"经国家，定社稷，序民人，利后嗣"的重大作用。《礼记·曲礼上》："道德仁义，非礼不成；教训正俗，非礼不备；分争辨讼，非礼不决；君臣上下父子兄弟，非礼不定；宦学事师，非礼不亲；班朝治军，莅官行法，非礼威严不行；祷祠祭祀，供给鬼神，非礼不诚不庄。"《礼记·曲礼上》认为礼是"定亲疏，决嫌疑，别同异，明是非"。《论语·为政》："道之以政，齐之以刑，民免而无耻；道之以德，齐之以礼，有耻且格。"《孔子家语·卷七·刑政》："圣人之治化也，必刑政相参焉。太上以德教民，而以礼齐之；其次，以政道民，而以刑禁之。化之弗变，道之弗从，伤义败诉，于是乎用刑矣。"

2. 近现代人的观点

梅仲协先生认为，我国春秋之世，礼与刑相对立。刑为镇服庶民之工具，礼则为贵族生活之规范。礼所规定之人事与亲属二者，周详至极，远非粗陋残酷之罗马十二表法所敢望其项背者。依余所信，礼为世界最古最完备之民事法规也。①

马作武先生认为，礼，是一个概括性极高的范畴，具有多重属性，具有多种社会功

---

① 梅仲协：《民法要义》，中国政法大学出版社2004年版，第14－15页。

能；它既是政治思想体系，又是伦理道德规范；既是传统民事法律的指导原则，又是可以直接适用的民事法律规范。……礼在具有法律性质的同时，还可以具有政治性质、道德性质、习俗性质等多种作用，显示出巨大的弹性和多层性格。①

孟德斯鸠认为，中国的立法者们主要的目标，是要使他们的人民能够平静地过生活。他们要人人互相尊重，要每个人时时刻刻都感到对他人负有许多义务；要每个公民在某些方面都依赖其他公民。因此，他们制定了最广泛的"礼"的规则。也因此，中国乡村的人和地位最高的人所遵守的礼节是相同的；这是养成宽仁温厚，维持人民内部和平和良好秩序，以及消灭由暴戾性情所产生的一切邪恶的及其适当的方法。实际上，如果使他们不受"礼"的规则的约束的话，岂非就等于给他们以放纵邪恶的便利么？② 在这方面，"礼"的价值是高于礼貌的。礼貌粉饰他人的邪恶，而"礼"则防止把我们的邪恶暴露出来。"礼"是人们放在彼此之间的一道墙，借以防止相互腐化。中国的立法者们所做的尚不止此。他们把宗教、法律、风俗、礼仪都混在一起。所有这些东西都是道德，所有这些东西都是品德。这四者的箴规，就是所谓礼教。中国统治者就是因为严格遵守这种礼教而获得了成功。中国人把整个青年时代用在学习这种礼教上，并把整个一生用在实践这种礼教上。文人用之以施教，官吏用之于宣传；生活上的一切细微的行动都包罗在这些礼教之内，所以当人们找到使它们获得严格遵守的方法的时候，中国便治理得很好了。③

那么什么原因使得这种礼教得以那么容易地铭刻在中国人的心灵和精神里呢？孟德斯鸠认为原因有二。第一，中国的文字的写法极端复杂，学文学就必须读书，而书里写的就是礼教，结果中国人一生的极大部分时间都把精神完全贯注在这些礼教上了；第二，礼教里面没有什么精神性的东西，而是一些通常实行的规则而已，所以比智力上的东西容易理解，容易打动人心。④

马克斯·韦伯认为，受过传统习俗教育的人，会以恰如其分的礼貌虔诚地参加古老的仪式典礼。他会根据他所属的等级的习尚和"礼"的要求处理自己所有的行为，甚至包括身体的姿势与动作，做到彬彬有礼，风度翩翩。史书作者们经常喜欢详尽地描述孔夫子如何以完美无缺的礼节来行事；作为一个善处世者，他会根据对方的身份，在从礼节的观点上看来极为复杂的场合下，来欢迎所有参加典礼的人。自身和与社会保持和谐与平衡的"高等的"人，是反复出现在孔夫子所留下来的话里的一个中心概念。这样的人，在任何情况下——无论等级是高是低——都会按照自己的社会地位行事，而不会失去自己的尊严。这样的人们的特点是：冷静沉着、风度翩翩、文雅、威严，符合那种遵循礼仪秩序的宫廷沙龙的要求。与古伊斯兰的封建武士所具有的热情与炫耀相反，我们在中国发现的是警觉的自制、内省与谨慎，尤其是对任何形式的热情的抑制，因为热

---

① 马作武主编：《中国传统法律文化研究》，广东人民出版社 2004 年版，第 237 页。

② ［法］孟德斯鸠：《论法的精神》（上册），商务印书馆 1961 年版，第 312 页。

③ ［法］孟德斯鸠：《论法的精神》（上册），商务印书馆 1961 年版，第 313 页。

④ ［法］孟德斯鸠：《论法的精神》（上册），商务印书馆 1961 年版，第 313 页。

情会扰乱心灵的平静与和谐，而后者正是一切善的根源。不过，此种摆脱并不像佛教那样扩展到所有的欲望，而只是针对一切非理性的欲望。这样做的目的，并不像佛教那样是为脱离此世得到拯救，而是为了适应此世。当然，儒教伦理中完全没有拯救的观念。儒教徒并不是渴望得到“拯救”，不管是从灵魂的转世还是从彼世的惩罚中得到拯救。这两个观念都是为儒教所不知的。儒教徒并不希望通过弃绝生命而获得拯救，因为生命是被肯定的；也无意于摆脱社会现实的救赎，因为社会现实是既有的。儒教徒只想通过自制，机智地掌握住此世的种种机遇。他没有从恶或原罪中被拯救出来的渴望。他唯一希望的是能摆脱社会上的无礼貌的现象和有失尊严的野蛮行为。①

昂格尔对“礼”的理解：第一，“礼”是等级性的行为准则，它们跟据个人相对的社会地位而支配人们之间的关系。第二，“礼”是内在于特定社会状况和地位的习惯性的行为形式，而且，期待某一等级成员在特定情况下如何行为与关于他们应当如何行为的认识之间没有严格的界限。第三，“礼”不是实在的规则，的确，从某种意义上讲，它甚至根本就不是规则。第四，“礼”的主要特点在于它们不是公共的规则。古代中国的封建时期缺乏国家与社会的分离。②

安守廉认为，昂格尔教授在论述礼时的一个更为根本的缺陷在于他的以下观点：“与生活各个方面相联系的”礼“闭口不谈”“君子对小人拥有责任”，是与中国封建社会相适应的。与此相反，礼的核心在于它对任何关系的当事人双方之间义务的强调。礼在儒家以前以其最严格的形式来说显然是构想一个等级社会不仅以阶级划线，而且还以性别与年龄划线。不过，它们也明确规定，根据占有的优越地位，而有权得到他人的效忠或支持者，对那些提供这种效忠或支持的人们拥有相应的义务。③

布迪和莫里斯认为，“礼”一词在不同层次上具有不同含义。最狭义的“礼”是表示各种宗教仪式的特定方式。关于祭祀祖宗的时间、地点、祭祀方式和献祭的姿势等方面的规定，都被称作“礼”；另外，它也是一种占卜方式的规定。这种意义上的礼，通常被译作仪式。广义的礼是指所有的礼节性或者礼貌性行为，既涉及世俗社会，也涉及宗教领域。在社会习俗中，涉及各种社会关系的礼不计其数。待客、娶妻、交战以及其他各种讲究礼节的场合，都有应遵循的礼。在这种意义上，礼常被译作礼节、礼貌、礼仪或正当行为的规则。最后，儒家根据他们的学说，为人们描绘出一个完美无缺的社会，在这个社会中，所有的国家制度和社会关系都遵循一定的准则。这个准则，就是我们要分析的第三种“礼”，这也是最广义的“礼”，它表示这个完美社会中所有的制度和关系。总之，礼即表示文明社会中的具体制度，也是人们所接受的行为方式。

儒家学者们认为，古代圣贤创造了礼，而现实社会的混乱，是因为人们不了解礼，不能以礼规范自己的行为造成的。所以，儒者的主要任务在于研究并解释圣贤留传下来

---

① [德]马克斯·韦伯：《儒教与道教》，江苏人民出版社 2010 年版，第 164－165 页。

② [美]昂格尔：《现代社会中的法律》，译林出版社 2008 年版，第 77－79 页。

③ [美]安守廉：《不可思议的西方？昂格尔运用与误用中国历史的含义》，《比较法研究》1993 年第 1 期。

的礼，恢复其本来面目，用以指导现世的人们。这种信念促使儒家学者们编辑了几部成文的礼，不过，直到封建末期及帝国建立早期，这些成文的礼才是基本定型。也就是说，在周代的大部分时间里，礼只是以不成文的形式传播的。与此同时，从礼的数量庞大及其复杂性和精巧性来看，它也只是为上流社会所专用。确实，儒家所区别君子与小人的标准，就是看其对礼所掌握的程度。

另一方面，儒家认为，礼作为具体的行为规范，是与某些重要的道德准则相联系的。礼由于这些道德准则而具有效力，因为它们植根于人类与生俱来的情感之中。换句话说，儒家主张，人类由其本性所从事的行为总是正确的。正是基于以上理解，现代有些学者认为，可以对儒家的礼与西方的自然法概念，以及对法家的法与西方的实证法进行比较研究。

最后还有很重要的一点要说明，早期的礼产生于强调等级区别的社会。也就是说，根据人们的年龄以及在家庭和社会中的等级低位，礼分别规定了不同的行为方式。这种导致人们在行为方式和权利保护方面不平等地位的等级观念，在孕育、生成这种思想的前帝国时期的封建社会消失以后，它仍然存在于儒家学说中，并与整个帝国时代相始终。①

总而言之，通过古今中外学者对“礼”的研究，我们可以初步得出以下结论：第一，中国古代的“礼”是一个涵盖性极广的范畴，很难用现代一个术语予以概括。因而我们只能说，礼就是礼。第二，中国古代“礼”的内涵是发展流变的。第三，如果从现代法学理论角度看，礼不含有的“权利”的观念，礼更多地体现了义务观念，体现了等级和秩序。

1. 梁治平：《寻求自然秩序中的和谐》，中国政法大学出版社 2002 年版。
2. 张中秋：《中西法律文化比较研究》，中国政法大学出版社 2006 年版。
3. 武树臣：《中国传统法律文化》，北京大学出版社 1994 年版。
4. 杨鸿烈：《中国法律思想史》，中国政法大学出版社 2004 年版。

1. 中国古代国家与法的形成有哪些特点？
2. 刑起于兵现象在古代法的起源上有哪些表现？
3. 礼的起源和流变有哪些？
4. 如何理解礼的特征与性质？

① ［美］布迪，［美］莫里斯：《中华帝国的法律》，江苏人民出版社 2010 年版，第 18－19 页。

第二章
法家思想及其法律儒家化

学习目的和要求：

秦汉时期为了实现全国统一，为了巩固统一的成果，建立了相当完备的法律制度。学习本章应着重了解在法治思想指导下的秦代法治实践，了解汉朝统治者法制思想的发展变化，以及法律儒家化的特点等。

学习重点：

1. 秦朝法制思想的历史背景和影响。
2. 汉初的黄老思想及其变化。
3. 法律儒家化运动的含义及其表现。

秦汉时期的法律文化主要内容包括法家指导下的秦代法制实践活动，汉初的法律指导思想以及西汉中期以后的法律儒家化运动，主要表现在司法则时、德主刑辅和春秋决狱三个方面。

一、法家指导下的秦朝法制实践

法家是先秦诸子百家中代表新兴地主阶级利益，主张“以法治国”的一个学派。法家学派萌芽于春秋时期，形成于战国中期。法家的名词却到汉代才出现。司马谈在《论六家要旨》中说：“法家严而少恩，然其正君臣上下之分，不可改矣。……法家不别亲疏，不殊贵贱，一断于法，则亲亲尊尊之恩绝矣。可以行一时之计，而不可长用也。故曰：严而少恩。若尊主卑臣，明分职不得相逾越，虽百家弗能改也。”班固在《汉书》中说：“法家者流，盖出于理官，信赏必罚，以辅礼教。”《易》曰：“先王以明罚饬法，此其所以长也。及

刻者为之，则无教化，去仁爱，专任刑法而欲致治，至于残害至亲，伤恩薄厚。”刘邵在《人物志》中对法家也有比较确切的解释：“建立法制，富国强人，是谓法家，管仲、商鞅是也。”

从时间上分，不同时期的法家代表人物分别有：法家的先驱管仲、子产、邓析，早期法家李悝、吴起、商鞅、申不害、慎到，后期法家韩非、李斯。从地域上看，法家可以分为齐法家和秦晋法家。其中齐法家的主要代表人物有管仲、宋钘、尹文，秦晋法家的主要代表人物有李悝、吴起、商鞅、申不害、慎到、韩非、李斯。

（一）齐法家法律思想

1. 齐法家最早提出了法律的概念

《管子·明法解》：“明主者一度量，立表仪而坚守之，故令下而民从。法者，天下之程式也，万事之仪表也。”《管子·禁藏》：“法者，天下之仪也，所以决疑而明是非也，百姓所悬命也。”《管子·七法》：“尺寸也，绳墨也，规矩也，衡石也，斗斛也，角量也，为之法。”《管子·七臣七主》：“夫法者，所以兴功除暴也；律者，所以定纷止争也；令者，所以令人知事也。法律政令者，吏民规矩绳墨也。”《管子·任法》：“法者，天下之至道也。”

这些定义，从不同方面说明了法是固定化的程式、仪则，是从个别事物中抽象出来的有关事物的一般的规定。其中，一切社会规范，他们都称之为法。值得注意的是，齐法家还对法、律、令作了区分。法律这个概念也是最早由他们提出来的。

但是也有学者指出，说“法律”是舶来品，可能要损伤国人的自尊心，但这是事实。中国人大谈“法”“律”至少也有两千年历史了。管子云：“法律政令者，吏民规矩绳墨也。”这里，“法律政令”虽然连用，仍不过是单字的集合。要把“法”“律”改造成一个有独立意义的合成词，还要等两千年，直到19世纪末叶，那个东邻的“弹丸小国”把我们的材料加工成各色货物，暴雨般倾泻在我们的生活中。只说“法”“律”为“法律”这一项，就不能不叹服日本人的聪慧与独创性。有了这项创造，我们才开始窥见另一世界的奥秘，尽管这种反省并非时时都有，人人所能的。①

2. 齐法家最早提出“以法治国”的口号

《管子·明法》：“是故先王之治国也，不淫于法之外，不为惠于法之内也，动无非法者，所以禁过而外私也。威不两错，政不二门。以法治国，举措而已。”《管子·明法解》：“当于法者赏之，违于法者诛之。故以法诛罪，则民就死而不怨；以法量功，则民受赏而无德也。此以法举措之功也。故明法曰：以法治国，举措而已。”在他们看来，法是治国的根本，只要以法治国，不需要经过什么考虑研究，不过是一举手之劳，就能把一切事情办好。所以他们把法看作是天下的“至道”，是贤明君主所实际使用的东西。一切都必须纳入“法治”的轨道，一切都都要依法而行，国家就会顺理成章地达到长治久安的理想状态。

《管子·法法》：“法而不行，则修令者不审也。审而不行，则赏罚轻也。重而不行，

① 梁治平：《法辨》，中国政法大学出版社2002年版，第31页。

则赏罚不信也。信而不行,则不以身先之也。故曰:禁胜于身,则令行于民矣。”再好的法令,如果用人不当,执法官徇私枉法,也会损法害众。《管子·明法解》:“百姓知主之从事于法也,故吏之所使者,有法则民从之,无法则止。民以法与吏相距,下以法与上从事,故诈伪之人不得欺其主,嫉妒之人不得用其贼心,馋谀之人不得施其巧。千里之外,不敢擅为非。”法是天下最重要的治国之道,有了法,人民可以根据它来抗拒官吏不合法的命令,同官吏进行合法的斗争,从而使官吏也不敢欺骗君主去做自私自利的事情。①

3. 齐法家论法律的平等性

《管子·任法》:“君臣上下贵贱皆从法,此谓为大治。……不知亲疏远近贵贱美恶,以度量断之。……以法制行之,如天地之无私也。”《管子·法法》:“禁胜于身,则令行于民矣。”这主要说,法律不但适用于人民,而且还要适用于亲贵;不但适用于亲贵,还要适用于君主本身。《管子·七臣七主》:“法令者,君臣之所共立也。”《管子·法法》:“明君…… 置法以自治,立仪以自正也。故上不行则民不从,彼民不服法死制,则国必乱矣。是以有道之君,行法修制,先民服也。”这就是说,君主也要受法的约束并带头守法。

4. 齐法家主张任法

《管子·任法》:“圣君任法而不任智,任数而不任说,任公而不任私,任大道而不任小物,然后逸而天下治。”《管子·法法》:“法立令行,则民之用者众矣。法不立,令不行,则民之用者寡矣。”《管子·版法解》:“凡法事者,操持不可以不正。操持不正,则听治不公,则治不尽理。”齐法家最早提出“以法治国”的口号。《管子·明法》:“是故先王之治国也,不淫于法之外,不为惠于法之内也,动无非法者,所以禁过而外私也。威不两错,政不二门。以法治国,举措而已。”在他们看来,法是治国的根本,只要以法治国,不需要经过说明考虑研究,不过是举手之劳,就能把事情办法。

近代最早使用“以法治国”概念的是黄遵宪。他在19世纪90年代《日本刑法志序》中介绍西方国家法治:“余闻泰西好论权限二字。今读西人法律诸书,见其反覆推阐,亦不外所谓权限者。人无论尊卑,事无论大小,悉予之权以使之无抑,复立之限以使之无纵,胥全国上下同受治于法律之中,举所谓正名定分、息争弭患,一以法行之。余观欧美大小诸国,无论君主、君民共主,一言以蔽之曰:以法治国而已矣。”②

(二) 商鞅的法治思想

在先秦思想家中,商鞅亦重法著称。在《商君书》中,商鞅多次谈到君主应该“缘法而治”、“垂法而治”、“一任于法”、“法任而国治矣”。《商君书》在多处不止一次地强调法在治理国家中重要性。《商君书·定分》:“法令者,民之命也,为治之本也,所以备民也…… 为治而去法令,犹欲无饥而去食也,欲无寒而去衣也,欲东而西行也,其不几亦明矣。”《商君书·慎法》:“故有明主、忠臣产于今世,而能领其国者,不可须臾忘于法。破胜党任,节去言谈,任法而治矣……臣故曰:法任而国治。”

① 杨鹤皋:《中国法律思想通史》(上),湘潭大学出版社2011年版,第244页。

② 《日本国志》,《刑法志》卷5,序1。

1. 实行法治的必要性

(1) 从奖励农耕、富国强兵的角度论述法治的必要性。商鞅认为，面对诸侯征战的社会现实，要想不被其他诸侯国吞食并最终完成统一霸业，必须富国强兵，而富国强兵，最重要的是君主要重视农战、推行农战、奖励农战。《商君书·农战》："国之所以兴者，农战也""国待农战而安，主待农战而尊"。通过大力发展农业生产而加强军事力量，为了达到这一目的，最有效、最直接的办法就是实行以赏罚为主要内容的法治，依靠奖赏，鼓励有功于农战的人，利用惩罚制裁那些破坏农战的人。

(2) 从人性的角度论述法治的必要性。商鞅认为，法治之所以必要，更主要的原因在于法治是基于人性特点而可能采取的最好的治国手段。《商君书·算地》："民之性，饥而求食，劳而求逸，苦则索乐，辱则求荣，此民之请也……故民生则计利，死则忧名，名利之所出，不可不重也。"《商君书·错法》："人生而有好恶，故民可治矣。人君不可以审好恶。好恶这，赏罚之本也。夫人情好爵禄而恶刑罚，人君设二者以御民之志，而立所欲焉。"

(3) 从法与道德的关系角度论述法治的必要性。《商君书·画策》："圣人见本然之政，知必然之理，故其治民也，如以高下制水，如以燥湿制火。故曰：仁者能仁于人，而不能使人仁；义者能爱于人，而不能使人相爱。是以知仁义之不足以治天下也。圣人有必信之性，又有使天下不得不信之法……此乃有法之常也。圣王者不贵义而贵法，法必明，令必行，则已矣。"

2. 实行法治的方法

商鞅主张法治，他在反复论证了实行法治的必要性以后，还提出了"法、信、权"三位一体的法治方法论。《商君书·修权》："国家之所以治者三：一曰法、二曰信、三曰权。法者，君臣之所共操也；信者，君臣之所共立也；权者，君之所独制也。"

(1) 法度制定与守法。商鞅认为实行法治，必须首先制定法度。《商君书·修权》："先王悬权衡、立尺寸，而至今法之。其分明也。夫释权衡而断轻重，废尺寸而意长短，虽察，商贾不用，为其不必也。故法者国之权衡也。"

商鞅不仅看到了治国要有法律，而且认为法度制定以后必须得到实行。不过商鞅也看到了"法之不行，自上犯之"，看到了"法之不明者，君长乱也"(《商君书·一言》)。商鞅在《慎法》篇中力劝君主"不可须臾忘法"，在《商君书·君臣》更明确地指出："明主慎法制，言不中法者，不听也；行不中法者，不高也；事不中法者，不为也。"可见，商鞅对于守法问题是多么重视，他实际上已经触及了法治的根本问题，即君主守法的问题。但是我们也必须指出，商鞅这种君主守法思想有一定局限的，表现在商鞅只是规劝君主守法，君主一旦不守法，臣下和百姓也毫无办法，这一点商鞅也看得很清楚，《商君书·画策》说，国皆有潜法，而无使法必行之法。

(2) 执法守法与"任法走私"。《史记·商君列传》："立三丈之木于国都市南门，慕民又能徙至北门者予十金。民怪之，莫敢徙。复曰：能徙者予五十金。有一人徙之，辄予五十金，以明不欺。"

商鞅主张"任法去私"，坚决反对"释法任私"。商鞅认为，"释法任私"必然导致国家

混乱："世之为治者，多释法而任私议，从国之所以乱也……人主失守则危，君臣释法任私则乱。故立法明分而不以私害法则治。"这其中的重要原因在于："凡人臣之侍君也，多以主所好侍君。君好法，则臣以法侍君；君好言，则臣以言侍君。君好法，则端直之士在前；君好言，则毁誉之臣在侧。公私之分明，则小人不嫉贤，而不肖者不妒功。"(《商君书·修权》)

(3) 法治推行与"君权独制"。商鞅在法家学派中以重法著称，但他也坚决认为，法治必须以"权"为基础，这里的"权"是指"君权"。商鞅反复强调《商君书·修权》："权者，君之所以独制也……权制断于君则威。"只有君主独揽大权才能推行法治，只有君尊权重，才能令行禁止。结论就是：只有君主"秉权而立"，国家才能"垂法而治"(《商君书·一言》)。

(三) 韩非法治思想的主要内容

1. 法治是刑赏之治

《韩非子·定法》："赏厚而信，刑重而必，是以其民用力劳而不休，逐敌危而不却，故其国富而兵强。故明主峭其法，而严其刑也。"

在韩非看来，君主利用刑赏二柄，就是实行法治，那么如何运用和贯彻刑赏呢？韩非提出了一些具体的原则和办法。第一，信赏必罚。该赏就赏，该罚就罚，否则赏罚不能得到贯彻。第二，赏罚有度。《韩非子·饰邪》："无功者受赏则财匮而民望，财匮而民望则民不尽力矣。故用赏过者失民，用刑过者民不畏。"第三，赏罚应该"合乎刑名"。《二柄》说："刑名者，言与事也……功当其事，事当其言，则赏；功不当其事，事不当其言，则罚。故群臣其言大而功小者则罚，非罚小功也，罚功不当名也；群臣其言小而功大者亦罚，非不悦于大功也，以为不当名也，害甚于大功，故罚。"第四，厚赏重罚。《八经》："赏莫如厚，使民利之……罚莫如重，使民畏之。"可见，韩非所说的法治，一定意义上就是指君主把刑赏二柄作为手段来治理国家。

2. "唯法为治"思想

韩非认定法是治国的唯一手段，是统一人们行动的最好标准。他强调"以法治国"是根本，"动无非法"，人们的行为不符合法者必须禁止。如果一切都依法办事，就能轻而易举地把国家治理好。

《韩非子·显学》："夫圣人之治国，不恃人之为善也，而用其不得为非也。恃人之为吾善也，境内不什数；用人不得为非，一国可使齐。为治者用众而舍寡，故不务德而务法。"

《韩非子·有度》："故明主使其群臣不游意于法之外，不为惠于法之内，动无非法。峻法，所以凌过游外私也；严刑，所以遂令惩下也。威不贰错，制不共门。威、制共，则众邪彰矣；法不信，则君行危矣；刑不断，则邪不胜矣。故曰巧匠目意中绳，然必先以规矩为度；上智捷举中事，必以先王之法为比。故绳直而枉木断，准夷而高科削，权衡县而重益轻，斗石设而多益少。故以法治国，举措而已矣。法不阿贵，绳不挠曲。法之所加，智者弗能辞，勇者弗敢争。刑过不辟大臣，赏善不遗匹夫。故矫上之失，诘下之邪，治乱决缪，绌羡齐非，一民之轨，莫如法。"

韩非何以认定法如此重要呢？其原因大致如下：第一，任法是国家富强的关键。韩非认为，有关国家命运一系列问题需要通过法律来解决。“明法者强，慢法者弱”，严明的法度是国家富强的关键。

第二，任法可以废私。《韩非子·诡使》：“夫立法令者，以废私也。法令行而私道废矣。私者，所以乱法也……故曰：道私者乱，道法者治。上无其道，则智者有私词，贤者有私意。上有私惠，下有私欲，圣智成群，造言作辞，以非法措于上。上不禁塞，又从而尊之，是教下不听上、不从法也。”私是祸乱的根源。而各种人都有自己的私，君主有君主的私，人臣有人臣的私，百姓有百姓的私。任凭这些私发展起来，必然导致国家混乱。

第三，人治不如法治，以表示法的重要性。《韩非子·难势》：“且夫尧、舜、桀、纣千世而一出，是比肩随踵而生也。世之治者不绝于中，吾所以为言势者，中也。中者，上不及尧、舜，而下亦不为桀、纣。抱法处势则治，背法去势则乱。今废势背法而待尧、舜，尧、舜至乃治，是千世乱而一治也。抱法处势而待桀、纣，桀、纣至乃乱，是千世治而一乱也。且夫治千而乱一，与治一而乱千也，是犹乘骥駬而分驰也，相去亦远矣。”《韩非子·用人》：“释法术而心治，尧不能正一国，去规矩而妄意度，奚仲不能成一轮；废尺寸而差短长，王尔不能半中。使中主守法术，拙匠守规矩尺寸，则万不失矣。”

秦自商鞅变法以来，一直奉行法家思想。商鞅的法治主张及其所建立的各项法律制度，对秦的繁荣发展发挥了巨大的作用。秦始皇执政以后，坚持以法治国，推崇韩非的法、术、势相结合的思想。法家的思想，主要是商鞅、韩非的学说，是秦的“国家哲学”，不论是在秦统一中国、建立秦朝的过程中，还是在秦统一全国之后，都是其法制的指导思想：“以法为本，严刑峻罚。君主独断，法自君出。法令由一统。治道运行，皆有法式。关于盗窃罪，秦律规定，或盗采人桑叶，赃不盈一钱，何论？赀繇三旬。五人盗，赃一钱以上斩左止，又黥以为城旦；不盈五人，盗过六百六十钱，黥劓以为城旦。秦代实行实行连坐制度，贼入甲室，贼伤甲，甲号寇，其四邻、典、老皆出不存，不闻号寇，问当论不当论？审不存，不当论；典老虽不存，当论。”《盐铁论》评价秦法时候说，“昔秦法繁于秋荼，而网密于凝脂。”班固在《汉书·刑法志》中说，“秦始皇吞并六国，遂灭礼谊之官，专任刑罚。”《三辅故事》称：秦始皇时，隐宫之徒至七十二万，所割男子之势，高积成山。因施劓刑，而劓鼻成车。到了秦二世时，更是刑罚酷滥，民无全生，完全背离了法家以刑去刑的目的，以致天下反叛，秦朝二世而亡。

二、汉初的黄老思想及其变更

汉初思想家陆贾首先指出了秦朝失败的根本原因：“秦非不欲为治，然失之者，乃举措暴众而用刑太极故也。”经过历史的反省与比较，陆贾提出“无为”理论，以道为本，承袭黄老，但又与先秦时期的黄老思想有着明显的不同。先秦时期的黄老思想，道法兼容，突出法治，排斥儒术；而汉初由陆贾倡导的黄老之学，不仅吸收了儒学，而且还高扬仁义之理，使之上升为与道法并重的地位。陆贾这样阐述仁义的巨大作用：“圣人怀仁仗义，分明纤微，忖度天地，危而不倾，佚而不乱者，仁义之所治也。”（注：《新语·道基》。）此时的黄老学说，已明显糅入了儒家思想的内核——仁义，融儒、道、法三者为一体，完成了可供统治者选择的理论准备。继陆贾之后，由淮南王刘安及门客苏非、李尚、左吴、田由、雷被、毛被等人集体编纂的《淮南子》于景、武时期成书。《淮南子》以道家学说为主，博采阴阳、儒、墨、名、法诸家之说，进一步发展完善了黄老学说，成为黄老学派的集大成之作。代表人物是河上丈人、安期生。

汉初的黄老之学以其清静无为、务德化民、约法省禁、顺应民心的精神特征而成为统治者首选的治国指导思想。在这一理论的引导下，汉初的统治者制定了“休养生息”的基本国策，轻徭薄赋，奖励耕织，“从民之欲而不扰乱”。这个基本国策贯穿了汉初的半个多世纪，经萧何、曹参等名相“填以无为”的实践及几代君主身体力行的推崇，取得了显著的功效。至孝惠、高后时，经济已迅速复苏，百姓“衣食滋殖”，而至文、景之世，已是人给家足，国库充盈，呈现出史家所赞誉的“文景之治”。

黄老之学对汉初统治者的立法思想也产生了深刻持久的影响。秦朝帝王在立法思想选择上的严重失误，促使其后来者依托黄老进行新的抉择。抉择后的立法思想，在儒道法三家合一的黄老学说的指导下，体现出重大的价值转换。

汉兴之初，颇得刘邦赏识的陆贾经常在刘邦面前称引《诗》《书》，刘邦斥道：“乃公居马上而得之，安事《诗》、《书》”陆贾当即尖锐地指出：“居马上得之，宁可以马上治之乎？”刘邦闻后颇受震动，随即让陆贾“试为我著秦所以失天下，吾所以得之者何，及古成败之国”。陆贾由此撰成“高帝未尝不称善”的《新语》十二篇，提出了“文武并用，长久之术”的恤刑思想。

汉高祖七年(前 200)，长乐宫落成，诸侯群臣按照叔孙通制定的朝仪之法进殿朝贺，人人振恐，无不肃敬，庄严的情景令刘邦叹为观止，他由衷地感慨：“吾乃今日知为皇帝贵也！”自马上而得天下的刘邦，经陆贾的理论启蒙与叔孙通朝仪之法的感染后，第一次意识并体验到了文治的威严与功效，由此促使他完成了由崇尚武功到文武并用的转变。

陆贾“文武并用”的主张发展到汉文帝时期，由著名的青年政治家、思想家贾谊演绎为德刑相济的理论。贾谊吸取秦王朝二世而亡的教训，明确提出“变化因时”为“万世法理”的重要性。他指出“秦…一夫作难而七庙隳，身死人手为天下者笑”最根本原因就是“仁心不施，而攻守之势异也”。即秦以武力征服六国，繁法严刑令天下振恐，这在当时不失为有效手段。但是此后仍不尚仁义，错误地将专任刑罚定位为基本的指导思想，结果最终导致“百姓怨望而四海叛”的惨烈后果。由此贾谊主张，汉统治者应当以亡秦为鉴，以礼治国。贾谊主张以礼治国，但并非排斥法治的作用。他在指出礼的功效是“禁于将然之前”的同时，也强调法的功效在于“禁于已然之后”，二者不可缺一。然而从长治久安考虑，礼法关系又应当是主从之分。

陆贾与贾谊是汉初最重要的两位思想家，他们的思想与理论对统治者具有直接而重要的影响力。他们将先秦儒家的德刑关系理论导入黄老思想，不仅使长期受到冷落排斥的儒家思想得以复苏，上升为影响统治者立法思想的一个重要渊源，而且为汉中期正统法律思想以儒为本完成了理论铺垫。

约法省刑是汉初黄老思想的重要组成部分。汉初统治者在完成了对立法思想的选

择与定位之后，便开始对秦朝遗留下来的苛法进行改革，实践立法思想，其中酷烈的刑法与思想言论罪成为蠲除与修正的重点对象。

公元前206年，刘邦率军攻克秦都咸阳，入主关中，驻军霸上。随后即召集附近各县父老，宣布了著名的约法三章：

(元年)十一月，召诸县豪杰曰："父老苦秦久矣，诽谤者族，耦语者弃市。吾与诸侯约，先入关者王之，吾当王关中。与父老约，法三章耳：杀人者死，伤人及盗抵罪，余悉除去秦法。"[①]三章之法虽然是权宜性的临时法令，然后却是两汉四百余年历史中第一次在约法省刑思想指导下实施的立法获得，简洁明快的语言蕴含着顺应民心的倾向，令饱受亲法荼毒的百姓无比喜悦。

高后元年(前187)，吕后临朝听政，颁诏废除三族罪：元年春正月，诏曰"前孝惠皇帝言欲除三族罪、妖言令、议决而去崩，今除之。"三族罪即夷三族，是一人犯罪而诛灭其三族(父母、兄弟、妻子)的酷刑，为秦时常法。汉高祖入关后，虽然除秦苛法，但死刑中仍有夷三族之令。《汉书·刑法志》记载说："当三族者，皆先黥、劓、斩左趾，笞杀之，枭其首，菹其骨肉于市。其诽谤詈诅者，又先断舌。故谓之具五刑。"

文帝二年(前178)制诏丞相、太尉、御史，要求废除收孥相坐罪，但修正遇到了来自高层统治者内部的强大阻力。文帝表示："法正则民悫，罪当则民从。且夫牧民导之以善者，吏也。既不能导，又以不正之法罪之，是法反害于民，为暴者也。朕未见其便，宜孰计之。"[②]经此反复，"尽除收孥相坐法"的法令才得以颁布。

文帝十三年(前167)下令废除肉刑。《汉书·刑法志》记述了这一颇具历史意义的事件：

即位十三年，齐太仓令淳于公有罪当刑，诏狱逮系长安。淳于公无男，有五女，当行令逮，骂其女曰："生子不生男，缓急非有益！"其幼女缇萦，自伤悲泣，乃随其父至长安，上书曰："妾父为吏，齐中皆称廉平，今坐法当刑，妾伤夫死者不可复生，刑者不可复属，虽后欲改过自新，其道亡繇也。妾愿没入为官婢，以赎父刑罪，使得自新。"书奏天子，天子怜悲其意，遂下令曰："盖闻有虞氏之时，画衣冠异章服以为戮，而民弗犯，何治之至也！今法有肉刑三，而奸不止，其咎安在？非朕德之薄，而教不明与！吾甚自愧。故夫训道不纯而愚民陷焉。《诗》曰：'恺弟君子，民之父母。'今人有过，教未施而刑已加焉，或欲改行为善，而道亡繇至，朕甚怜之。夫刑至断支体，刻肌肤，终身不息，何其刑之痛而不德也！岂称为父母之意哉？其除肉刑，有以易之。……具为令。"

从文帝充满自责的语气中，可以清楚地把握到汉初思想家憧憬的德治理想已对帝王发生了深刻的影响，刑法改革已是在理性思想指导下发生的一种自觉行为。此次改律，以髡钳城旦舂代替黥刑，以笞三百代替劓刑，笞五百代替斩左趾(刖刑)，弃市代替斩右趾。又据《汉书·景帝纪》："孝文皇帝……除宫刑。"可知当时肉刑中的宫刑也被废止。

---

① 《汉书·高帝纪》。

② 《汉书·刑法志》。

尽管在事实上，肉刑之废反而导致了“外有轻刑之名，内实杀人”(《汉书·刑法志》)的一时后果，例如以弃市代替斩右趾，受笞刑者未及笞毕即毙命等，使本不致死的罪犯受刑致死。但文帝废除肉刑，是自肉刑产生以来的第一次重大改革，技术上的缺陷并不能掩盖认识上的进步，废除肉刑的意义完全不可以低估。

日本秦汉法制史学者富谷至认为，中国传统肉刑积淀着深厚的潜在观念：黥刑的实施为黥面，与异族的“纹身”同俗，因此黥刑意味着将罪人排斥为异族；劓刑以剥夺正常人的容貌，象征着将罪人排斥出人类的第一个阶段；刖刑以剥夺有足动物的资格，象征着上述排斥的加重；宫刑则是将罪人排斥出动物界；死刑最终将罪人排斥出生物界。肉刑的轻重等级，正是反映了人们企图通过毁伤身体的刑罚，将罪人从社会集团中摈弃乃至消灭的意识。① 因此肉刑之废，不仅体现了汉初统治者以德化民黄老法律思想的实践，显示了人类由野蛮至文明的必然历程，更重要的是促进了汉代刑罚种类的系列化及刑期的明文化，为原始五刑(黥、劓、刖、宫、大辟)向封建制的法定五刑(笞、杖、徒、流、死)的过渡，奠定了必要的基础，完成了不可或缺的过渡。

在蠲除酷烈刑罚的同时，更值得注意的是在黄老法律思想的驱动下，汉初统治者还将思想言论罪也纳入了约省的范畴。

秦始皇三十四年(前 213)，在丞相李斯的建议下，秦朝颁布《挟书律》，规定“非博士官职，天下敢有藏《诗》、《书》百家语者，悉诣官、尉杂烧之”，(注：《史记·秦始皇本纪》)所不禁者仅为医药、卜筮、植树等技艺之书。如令下三十日仍不烧，黥为城旦，甚至族灭其家。同时还宣布，有敢谈论《诗》《书》者弃市，以古非今者族，吏见知不举者与同罪。《挟书律》极大地摧残了学术的自由发展，在中国历史上首开以法律箝制思想文化传播的恶劣先例。惠帝四年(前 191)，汉政府蠲除妨害吏民的法令，《挟书律》一并废除。《挟书律》的废除，为遭受重创而沉寂已久的思想学术界解脱了森严的法律羁绊，长期受压制打击的儒学藉此得以复苏并蓬勃发展。

汉初的妖言罪与诽谤罪也是沿用秦律罪名。妖言诽谤指以怪诞不经之说诋毁他人，非议皇帝及批评朝政的言论更被视为妖言。高后元年(前 187)与废除三族罪的同时，亦下令废除妖言令。但对妖言诽谤罪的惩治仍相当严酷。如果百姓最初互相为誓，共行诅咒皇帝，即使此后背弃停止，没有谋逆行为，仍将被视为大逆不道；如果还有其他言论，还将被视为触犯了诽谤罪。文帝二年(前 178)五月，文帝颁布《除诽谤法诏》。

三、法律儒家化运动

(一)“德主刑辅”

由“天人感应”内核派生出的“德主刑辅”说，则是汉中期奠定的最重要的立法理论基础，它绵延贯穿了这以后整个专制主义社会的漫长时期。

“德主刑辅”的理论渊源是西周时期的“明德慎罚”主张，经先秦儒家发展为“为政以

① 富谷至：《古代中国的刑罚》第二章“秦汉的刑罚”，日本中央公论社 1995 年。

德”，汉初经陆贾与贾谊的融合，“德刑相济”成为其流变的第三个阶段。至董仲舒时，则提出了“德主刑辅”“大德小刑”的系统学说。董仲舒以先秦儒家学说为中心，吸收了道家、法家、阴阳家以及西周的天命神权中有利于封建统治的思想因素；他继承和发展了孔子的“德主刑辅”法律思想；并用“天人感应”说、“阴阳五行”学说及人性论，加以论证，使“德主刑辅”思想得以理论化、体系化。

董仲舒主张的“德治”，其内容包括“以义正我”、“以仁安人”、施“教化”、守“等级”、行“仁政”等几个方面。他把“法治”“德治”比附为自然界的“阴”“阳”关系，而“阴”“阳”的取舍则是由天意决定的。他认为天意喜爱“阳”而厌恶“阴”，“天之任阳不任阴，好德不好刑”，“阳贵而阴贱，天之制也”。“德治”是高贵的，“法治”是低贱的，统治者秉承上天的意旨来统治人间世界，所以“王者承天意以从事，故任德而不任刑”。他认为“刑者不可任以治世，犹阴之不可任以成岁也；为政而任刑，不顺于天，故先王莫之肯为也”，因此圣明的统治者必须“任德而远刑”。

董仲舒认为，“德治”是天下唯一的“大治之道”。“圣人天地动四时化者，非有它也，其见义大故能动，动故能化，化故能大行。化大行故法不犯，法不犯故刑不用，刑不用则尧舜之功德，此大治之道也。”在他看来，施行“德治”，仁政教化大行于天下，违法犯罪的行为就没有了；没有违法犯罪，就不用刑罚，于是天下太平，这就是“大治之道”，“国之所以为国者德也”，“是故为人君者，固守其德以附其民”。

董仲舒用“天人感应”说、“阴阳五行”学说及人性论，加以论证；从而使“德主刑辅”思想得以理论化、体系化。

“天人感应”说。董仲舒继承了先秦的天人合一、天命神权和阴阳五行学说；创立了系统的“天人感应”学说。他认为天是创造一切、支配一切的最高主宰，“天者万物之祖，万物非天不生。”自然界和人类社会的一切都是天有意识的安排；人间百姓必须绝对服从上天的意志，但上天又不能直接来统治他的人民，所以才给人间派来一个享有最高权力的君主：“受命之君，天意之所予也。故号为天子者，宜视天如父，事天以孝道也。”为此，他对“王”字的写法作出解释：“三画而连其中；三画者，天地与人也；而连其中者，通其道也。取天地与人之中以为贯而参通之，非王者孰能当是。”人间的君主是沟通天地人之间的人物，是上天派到人间进行统治的，即“天子受命于天，天下受命于天子。”既然君主是代表上天来统治天下万民的，那他就必须按照上天的意志来治国治民，而不能随心所欲，“王者承天意以从事。”

阴阳五行说。统治者如何体现天的意志；对百姓进行统治呢？根据阴阳学说，“天道之大者在阴阳。阳为德，阴为刑；刑主杀而德主生。是故阳常居大夏，而以生育养长为事；阴常居大冬，而积于空虚不用之处。以此见天之任德不任刑也。王者承天意以从事，故任德教而不任刑。刑者不可任以治世，犹阴之不可任以成岁也。为政而任刑，不顺于天，故先王莫之肯为也。”如果统治者违背了天意就会受到上天的惩罚。他说：“天之生民非为王也；而天之立王以为民也。故其德足以安乐民者，天予之；其恶足以贼害民者，天夺之。”他还进一步指出：如果统治者无道，必然会失去天命。“王者天之所予也，其所伐皆天之所夺也。故夏无道而殷伐之，殷无道而周伐之，周无道而秦伐之，秦无道而汉伐之。有道伐无道,此天理也,所从来久矣。”

董仲舒从阴阳学说出发,特别强调道德教化的重要性。他说:“圣王之道,不能独以威势成败,必有教化。”他把教化当作维护封建统治的堤坊:“是故教化立而奸邪皆止者,其堤坊完也;教化废而奸邪并出,刑罚不能胜者,其堤坊坏也。古之王者明于此,是故南面而治天下,莫不以教化为大务。”

董仲舒虽然非常重视教化的作用,但他并不否认刑罚。他说:“庆为春,赏为夏,罚为秋,刑为冬。庆赏刑罚之不可不具也,如春夏秋冬还可不备也。”庆赏刑罚实际上就是德刑两手。不过德与刑相比,应有主次之分:“刑者德之辅,阴者阳之助也。”

“刑主刑辅”作为法律的指导思想;刑法原则;应如何具体运用呢?董仲舒综合了先秦以来的人性论,创造了“性三品”说。他说:“圣人之性不可以名性,斗筲之性又不可以名性,名性者中民之性。”圣人之性,天生性善,是“承天意,以成民之性为任者也。”是上天派到人间施行教化的人,对他们不需要进行教化,更用不着刑罚,斗筲之性,天生性恶,冥顽不灵,虽经教化也不能为善,对这种人只能用重刑加以镇压;中民之性,既可为恶,也可为善,对这部分人主要用德教:“中民之性,如茧如卵,卵待覆二十日而后能为雏,茧待缫以涫汤而后能为丝,性渐待于教训而后能为善。”先德而后刑,只在教化不起作用时才用刑制裁。

(二)司法则时

汉中期立法思想儒家化的另一个显著特点,就是秋冬行刑、司法则时的思想寻求到了强有力的理论支持,成为执法官吏自觉遵守的制度。

在中国传统的阴阳思想中,由于阴具有静、重、柔、冷、暗,阳具有动、轻、刚、热、明的属性,二者交合生成万物,二者消长形成四季,所以自然宇宙、万事万物无不以时令体现其属性,观照其本质。由阴阳思想衍化出的司法则时说,在先秦时就有明确反映。秋冬之际,应当申严百刑,公平决狱,从快处断,急捕盗贼,诛杀阿上乱法者,以顺应万物肃杀的季节。汉中期,这种阴阳时令思想被董仲舒加以更形象精细的论述后,以秋冬行刑为标志的司法则时说获得了更有力的理论支持。董仲舒在《春秋繁露·阳尊阴卑》中详细论述了春夏主生养,秋冬主杀伐的自然宇宙观。董仲舒首先将人类的喜怒哀乐四气与自然界的春夏秋冬四季结合,其次将人体四肢的不可移易与四季时令的规律运行相比,阐述暖、清、温、寒四气所蕴含着的人类情感与社会统治方式,最后将刑德比作阴阳,阴始于秋,阳始于春,秋冬行刑的结论不言而喻。《春秋繁露·四时之副》:“王者配天,谓其道。天有四时,王有四政,若四时,通类也,天人所同有也。庆为春,赏为夏,罚为秋,刑为冬。庆赏罚刑之不可不具也,如春夏秋冬不可不备也。”自然与人事之间有着某种交流,生命的枯荣与世事的流变遵守同样的规则。宇宙间万物运行包括刑赏的执行都不能违背这一规则。刑杀是剥夺宇宙间生命的杀戮行为,应遵循自然界关于肃杀的规则,所以刑杀必于秋冬。如在万物生育滋长的季节施以刑杀,就打破了自然秩序的和谐状态,使天道趋于混乱,必将引起灾难性后果。

秋冬行刑除体现春夏生长、秋冬肃杀的自然规律外,还蕴含着刑杀中的“阴阳”原则。在中国传统思维中,天地间万事万物,都有相反而实相成的两方面,人有男女,禽兽

有雄雌，天有昼夜晴雨，对于这种相反相成的事物的两种性质，可以以“阴阳”加以概括，万物得生成、运动、变化故而可以称之为阴阳之道。“一阴一阳谓之道”，阴阳交替是天道运行的表现。“天道之大者在阴阳。阳为德，阴为刑；刑主杀而德主生。是故阳常居大夏，而以生育养长为事；阴常居大冬，而积于空虚不用之处。以此见天之任德不任刑也。”[①]阳主生，阴主杀，一年四季四时的变化，也是阴阳二气此消彼长的反映。冬至阳生，夏至阴生。夏至是一年中阳气最盛的日子，此后阴气开始出现；至秋分，阴气开始胜过阳气；到冬至，阴气达到最盛，随之阴气开始逐渐下降，阳气开始慢慢发生；至春分，阴阳又达到平衡。一年四季的交替中，秋分至春分这段时间是阴气胜过阳气的时期，而春分至秋分之间是阳气胜过阴气的时间。顺应这一自然准则，刑杀当然应秋分之后、春分之前这一阴气最盛的季节执行。

在汉代，秋冬主杀伐的思想不只是停留在理论的论证与完善上，它在事实上已经制度化，法律化，成为指导司法实践的重要规范。湖北江陵张家山汉墓出土的《奏谳书》，计有春秋至西汉初期的案例 20 余件。其中西汉案例占 16 件，年代均为高祖时期。[②]根据有纪年的案例可见，地方官吏向廷尉呈报奏谳案例的月份，全部是在七至十二月之间，尤以七、八月居多。这表明汉中期，秋冬行刑的思想更加深入人心，纵是酷吏也不敢违制行刑。武帝元狩四年(前 119)九月，广平都尉王温舒调任河内太守，到任后即行捕治郡中豪猾，决狱行刑，“大者至族，小者乃死”，以致郡中血流十余里。行刑持续到十二月底，郡中已“无犬吠之盗”。次年立春，照例停刑，王温舒顿足叹道：“嗟乎，令冬月益展一月，卒吾事矣！”意谓如果冬季再延长一个月，就能将罪人盗贼全部杀完。由此可见，当时的行刑期为季秋九月至立春正月。宣帝甘露元年(前 53)，京兆尹张敞受杨恽大逆不道案牵连而被弹劾。当时张敞派手下官吏絮舜调查某事，但絮舜却私自回家，并称：“吾为是公尽力多矣，今五日京兆耳，安能复案事？”张敞闻后，立即将絮舜逮捕入狱。此时距冬月之末仅数日，官吏对絮舜昼夜审讯，织成死罪。临刑前，张敞派人对絮舜道：“五日京兆竟如何？冬月已尽，延命乎？”随后将其处死。立春正月，朝廷派出使者调查冤案，絮舜家属控告张敞，张敞被贬为平民。[③] 证明地方官吏在处理日常政务时，秋冬审囚决狱是其基本职责之一。

到唐代，秋冬行刑制已完备定性，并正式写入法典：“诸立春以后、秋分以前决死刑者，徒一年。所所犯虽不待时，若于段屠月及禁杀日而决者，各杖六十；待时而违者，加二等。”除了在立春以后，秋分以前不能奏决死刑外，唐朝还有停审的相关规定，即每年大祭祀、致斋，每月的朔望、上下弦，二十四节气及雨未晴，夜未明，断屠月日及假日，都不得奏决死刑。秋冬行刑、司法则时的原则源远流长，唐律中“立春后不决死刑”的规定与明清律中“热审”“秋审”制度，均与其一脉相承，成为中国古代立法思想与司法制度中独具特色的内容。

---

① 《汉书·董仲舒传》。
② 彭浩:《谈奏谳书中的西汉案例》,《文物》1993 年第 8 期。
③ 《汉书·张敞传》。

(三)《春秋》决狱

伴随着儒家思想对法律的渗透，一种以儒家经义为指导思想的审判方式也在汉中期产生，这就是《春秋》决狱。董仲舒是《春秋》决狱的倡导者。《后汉书·应劭传》载："董仲舒老病致仕，朝廷每有政议，数遣廷尉张汤亲至陋巷，问其得失。于是作《春秋决狱》二百三十二事。"由此可以推知，《春秋决狱》的内容并非董仲舒拟设撰写，而是有来自当时司法实践的事件、案例作为素材，经综合提炼、比附经义后写成。《春秋决狱》成书后，是否作为司法官吏的必读教科书而流行于世，目前尚无史料可以证明。但是从该书的体例形式看，它具有很强的实务性与指导性。这种答问式的解疑与"何论"用语，与法律实务书秦简《法律答问》十分相似，和官吏决狱指南汉简《奏谳书》也体例相同，所不同的只是一为"律云"，一为"《诗》云"。"诏：不当坐"一句，更证明当时确有此类案件发生，而且皇帝还对此做出判决。法律答问在秦时即已形成制度。甚至唐代的《唐律疏议》，不妨也可看作是法律答问形式的延续。汉代朝臣于议案决案之际，多所引用经义，足见《春秋决狱》的深度影响。因此《春秋决狱》决不仅仅是一部经学著作，它既然是一部以经义代替法律的判例集，便具有指导法律实务的功能。

案例一：汉景帝时，廷尉上囚防年继母陈论杀防年父，防年因杀陈，依律，杀母以大逆论。帝疑之。武帝时年十二，为太子，在旁，帝遂问之。太子答曰："夫'继母如母'，明不及母，缘父之故，比之于母。今继母无状，手杀其父，则下手之日，母恩绝矣。宜与杀人者同，不宜与大逆论。"从之。

案例二：甲父乙与丙争言相斗，丙以佩刀刺乙，甲即以杖击丙，误伤乙，甲当何论？或曰殴父也，当枭首。论曰：臣愚一谓父子至亲也，闻其斗，莫不有怵惕之心，扶杖而救之，非所以欲诟父也。春秋之义，许止父病，进药与父而卒，君子愿心，赦而不诛。甲非律所谓殴父，不当坐。

案例三：甲有子乙，以乞丙，乙后长大，而丙所成育。甲因酒色，谓乙曰："汝是吾子"，乙怒杖甲二十。甲以乙本是其子，不胜其忿，自告县官。仲舒断之曰：甲生乙，不能长育，以乞丙，于义已绝矣。虽杖甲，不应坐。

案例四：甲夫乙将船，会海风盛，船没溺流死亡，不得葬。四月，甲母丙即嫁甲，欲皆何论？或曰，甲夫死未葬，法无许嫁，以私为人妻，当弃市。议曰：臣愚以为《春秋》之义，言夫人归于齐，言夫死无男，有更嫁之道也。妇人无专制擅恣之行，听从为顺，嫁之者归也，甲又尊者所嫁，无淫行之心，非私为人妻也。明于决事，皆无罪名，不当坐。

案例五：时有疑狱曰：甲无子，拾道旁弃儿乙，养之以为子。及乙长，有罪杀人，以状语甲，甲藏乙。甲当何论？仲舒断曰：甲无子，振活养乙，虽非所生，谁与易之。《诗》云：螟蛉有子，蜾蠃负之。《春秋》之义，父为子隐，甲宜匿乙。诏：不当坐。

《春秋决狱》今已亡佚，仅存数则散见于《通典》《太平御览》《艺文类聚》。不过在成书之际的汉中期，由于统治者对经学的推崇与董仲舒对司法实践的实际参与，使《春秋决狱》产生了很大的影响，成为流行于世的审判方式。如武帝建元六年(前 135)，董仲舒曾以《春秋》之道论述"僭礼之臣可以去"，元狩元年(前 122)淮南王刘安谋反案发，武

帝忆起董仲舒此语，即派其弟子吕步舒前往审理。吕步舒按照《春秋》“颛（专）断于外”的要义，不顾“上请”制度，处死数万人，得到武帝的赞许。

需要指出的是，当汉朝统治者对立法思想作了重大修正后，思想对法律的渗透往往通过诏令这一法律载体实现，对成文法典还没有能够全面引礼入律。因此当遇到疑难案件，现行律条不足以征引为据，特别是经义与法律发生冲突时，经义便承担起了法律的功能，在法典之外构筑成细密的法律解释权。《春秋》决狱在汉代官员中的流行，正是体现了经义对法律的主动渗透，法律与经义的双向融合。

由于《春秋》是一部特别强调礼的作用与规范，强调“礼禁于未然之前”的道德法则，由此在“善善恶恶，贤贤贱不肖”时，特别重视支配行为的主观动机是否符合礼的道德法则。这一基本的价值观念被运用于决狱审判之中，便形成了《春秋》决狱的基本原则——原心定罪。董仲舒对此解释道：“《春秋》之听狱也，必本其事而原其志。志邪者不待成，首恶者罪特重，本直者其论轻。”这就是说按照《春秋》经义审狱，一定要根据案情追究犯罪者的动机。动机邪恶者即使未成其罪也要治罪，首恶者罪最重，动机善良者则应从轻处罚。对此《盐铁论》一言以蔽之：“故《春秋》之治狱，论心定罪：志善而违于法者免，志恶而合于法者诛。”在这里，“心”“志”是同一概念，定义就是犯罪的主观条件，包括动机、目的及心理状态；区别“邪”“直”“善”“恶”的准绳，则是具有普遍约束力的人伦道德。依据这一准绳，决狱的结果也泾渭分明：凡是主观上符合道德规范，即使违犯了法律也可以免罪，反之即使符合法律也应当惩罚，首恶者的罪行尤为重大。哀帝时由薛况伤人案引起的一场争论，为“原心定罪”的实际运用提供了标准示范。

哀帝即位之初，博士申咸劾奏丞相薛宣不孝，不应再在朝廷列位。薛宣之子薛况闻知，便收买了食客杨明，授意创伤申咸面目，使之退出朝廷。当时正好司隶校尉缺员，薛况担心申咸就任后举奏薛宣，就让杨明在宫门外砍伤申咸。案发后，有关官员就此展开争论。御史中丞认为：按照《春秋》的要义，“首恶功遂，不免于诛”，薛况是首谋者，杨明是实施者，二人的动机后果均属邪恶大不敬，因此应当量刑弃市。廷尉则认为：汉律规定，用刃斗、伤人，处以完城旦刑，重度伤害则加重处罚。《春秋》之义，“原心定罪”。推原薛况的动机，是因为父亲受到诽谤而心生怨恨，并没有其他大恶，所以应当处以完城旦刑。最后薛况减罪一等，徙往敦煌；薛宣免为庶人，回归故里。（注：事见《汉书·薛宣传》。）

在争论过程中，令人注目的是双方都运用了“原心定罪”的原理，以此推原罪犯是否属于“志恶”。御史中丞强调“首恶功遂”，“功意俱恶”，即首谋者与实施者在动机上没有差别，都犯了大不敬罪。廷尉则以《春秋》经义比附法律，推原薛况的犯罪动机不属于大不敬罪限定的首恶，只是因私伤害，和普通百姓争斗没有不同，如果以大不敬治罪，便抹杀了公私罪的区别。应当说，廷尉的推原更贴近“原心定罪”的精髓。因为薛况的犯罪起因是父亲受到诽谤，从维护孝道考虑，其主谋只不是“小过”，谈不上“大恶”。“志”既然无大恶，自然不能处以极刑。廷尉的主动，在于更准确地把握了“志恶”的界限，并使经义与法意相得益彰。在“原心定罪”总原则的指导下，支配人们“心”“志”的人伦道德理念也相应定位，这就是君臣父子之义。君臣父子之义是贯穿《春秋》的最高纲领。《春秋》决狱的根本，就是要求人们用君臣父子之义去评判是非，决断善恶。近人程树德所著《九朝律考·汉律考》，专辟“春秋决狱考”一节，集成了汉代以《春秋》决狱的案例。这些案例具体体现了在君臣父子之义这一最高纲领的支配下，人们在以《春秋》决狱时所遵循的基本原则。

如果说君臣父子之义是“原心定罪”的评判标准，维护专制主义下的皇权不可侵犯，则是君臣父子之义的核心所在。作为君臣之义的延伸，父子之义则是维系家族内部道德规范的准绳。父子之义的核心是“亲亲之道”。“亲亲之道”在法律上的反映就是“父为子隐”。《论语·子路》：“叶公语孔子曰：‘吾党有直躬者，其父攘羊而子证之。’孔子曰：‘吾党之直者异于是：父为子隐，子为父隐，直在其中矣。’”董仲舒秉承其说，在《春秋决狱》中直接提倡“父为子隐”，主张儿子杀人，父亲可以隐匿而不使坐罪。汉时，与“君亲无将，将而诛焉”是统治者立法思想的渊源之一相同，“父为子隐”也成为皇帝用儒家伦理补充法律的一个重要的理论依据。

宣帝地节四年（前 66），第一次对首匿对象与范围做了重要区分：“自今子首匿父母，妻匿夫，孙匿大父母，皆毋坐。其父母匿子，夫匿妻，大父母匿孙，罪殊死，皆上廷尉以闻。”（注：《汉书·宣帝纪》）该令规定：儿子隐匿父母，妻子隐匿丈夫，孙子隐匿祖父母，均不坐罪；尊者隐匿犯死罪卑者，必须上报廷尉审决。自此，“亲亲相隐”的原则获得法律保护，除谋反、恶逆罪外，其适用对象不断扩大，一直贯穿于这以后漫长的专制主义的法制建设之中。

《春秋》决狱是中国古代法制发展史中的一个特殊现象，它依托醇厚的文化背景而产生，是汉儒“通经致用”的一个重要的价值取向，也是经义向法律渗透的必然结果。在司法实践中，它往往以缜密而又符合人情的理念析理辨义，推本溯源，努力展现人们的动机、心理，强调“心”、“志”的善恶，从而对法律的不当运用及无序泛滥起到一定的抑制作用。如《春秋》决狱主张“罪止首恶”、“恶恶止其身”，这在刑法原理上不失其合理积极的一面。又如《春秋》决狱佚文：甲父乙与丙争言相斗，丙以佩刀刺乙，甲即以杖击丙，误伤乙，甲当何论？或曰殴父也，当枭首。论曰：臣愚以父子至亲也，闻其斗，莫不有怵怅之心，扶杖而救之，非所以欲诟父也。《春秋》之义，许止父病，进药于其父而卒，君子原心，赦而不诛。甲非律所谓殴父，不当坐。（注：《太平御览》卷六四〇）

误伤父而以殴父论，并处以枭首之刑，定罪量刑显然不当，董仲舒以《春秋》经义纠正了这一偏颇。以此意义甚至可以说，《春秋》决狱为汉代的司法实践注入了合乎理性的因素。然而《春秋》决狱又是一个矛盾体。它在合乎理性而存在的另一面，往往包含着非理性的危险。“志恶而合于法者诛，志善而违于法者免”，过分强调动机意图，致使法律有时会依附经义而存在，法律的公平、公正功能流于空泛，对法律的解释也易于陷入主观主义的怪圈。“原心定罪”无视犯罪行为已遂与未遂的区别，一律科以刑罚，开意识犯罪之先例。尤其是“志恶”的认定，稍一失度即入酷滥。武帝时大司农颜异以“腹诽”罪判处死刑，即可视为“原心定罪”的流弊。

《春秋》决狱在汉代鼎盛一时，魏晋时遗风犹存。《魏书·刑罚志》载，北魏太武帝太

平真君六年(445)春,"以有司断法不平,诏诸疑狱皆付中书,依古经义论决之"。至唐,以"一准乎礼"的《唐律》之产生为标志,儒家经义全面完成了对成文法的改造,法律成为经义的载体,《春秋》决狱遂失去其功效而消亡。

(四) 东汉时期法律进一步儒家化

韩非从维护封建等级制度的立场出发,对君臣、父子、夫妇的关系作了归纳:臣事君,子事父,妻事夫,三者顺则天下治,三者逆则天下乱,此天下之常道也。①

在《白虎通义》中,总括其政治伦理思想体系的核心,就是"三纲""六纪",三纲条文于此正式提出:

三纲者何谓也?谓君臣、父子、夫妇也。六纪者,谓诸父、兄弟、族人、诸舅、师长、朋友也。故君为臣纲,夫为妻纲。又曰:敬诸父兄,六纪道行,诸舅有义,族人有序,昆弟有亲,师长有尊,朋友有旧。

何谓纲纪?纲者,张也;纪者,理也。大者为纲,小者为纪,所以疆理上下,整齐人道也。人皆怀五常之性,有亲爱之心,是以纲纪为化,若罗纲之有纪纲而万目张也。

君臣,父子,夫妇,六人也,所以称三纲何?一阴一阳谓之道。阳得阴而成,阴得阳而序,刚柔相配,故六人为三纲。三纲之义,日为君,月为臣也。日行迟,月行疾何?君舒臣劳也。家无二主,尊无二上。父母在,不敢有其身,不敢私其财,示民有上下也。在家从父母,既嫁从夫,夫殁从子也。传曰:妇人有三从之义焉。

五性者何谓?仁、义、礼、智、信也。仁者,不忍也,施生爱人也;义者,宜也,断决得中也;礼者,履也,履道成文也;智者,知也,独见前闻,不惑于事,见微知著也;信者,诚也,专一不移也。故人生而应八卦之体,得五气以为常,仁、义、礼、智、信也。

六情者何谓也?喜、怒、哀、乐、爱、恶谓六情,所以扶成五性。

汉章帝时,《轻侮法》正式颁布,规定儿子因父亲受轻侮而杀死轻侮者可以减死宽宥。主要依据既是《春秋》中"子不报父仇,非子也"的经义。《后汉书·申屠蟠列传》记载,公元131年,陈留郡外黄县缑玉,为报父仇,杀死夫家族人,被捕至县衙。县令梁配打算依法判处死刑。当时年仅十五岁的儒生申屠蟠进谏:"玉之节义,足以感无耻之孙,激忍辱之子。不遭明时,尚当表旌庐墓,况在清听,而加哀矜!"梁配从其言,于是奏谳此案,缑玉得以减死。《后汉书·列女传》记载,酒泉庞淯母者,赵氏之女也,字娥。父为同县人所杀,而娥兄弟三人,时俱病物故,仇乃喜而自贺,以为莫己报也。娥阴怀感愤,乃潜备刀兵,常坐帷车以候仇家。十余年不能得。后遇于都亭,刺杀之。因诣县自首。曰:"父仇已报,请就刑戮。"禄福长尹嘉义之,解印绶欲俱亡。娥不肯去。曰:"怨塞身死,妾之明分;结罪理狱,君之常理。何敢苟生,以枉公法。"后遇赦得免。州郡表其闾。太常张奂嘉叹,以束帛礼之。

---

① 《韩非子·忠孝》。

参考文献

1. 杨鹤皋:《中国法律思想通史》(上),湘潭大学出版社 2011 年版。

2. 瞿同祖:《瞿同祖法学论著集》,中国政法大学出版社 2004 年版。

3. [日]大庭修:《秦汉法制史研究》,上海人民出版社 1991 年版。

4. 徐世虹主编:《中国法制通史》(第二卷),法律出版社 1999 年版。

5. 胡旭晟主编:《狱与讼:中国传统诉讼文化研究》,中国人民大学出版社 2012 年版。

思考题

1. 法家法治思想主要内容有哪些?

2. 法家的代表人物主要有哪些,法家如何分类?

3. 黄老思想的含义及在汉初法律制度中有哪些体现?

4. 法律儒家化在汉代有何表现?

5. 春秋决狱思想在司法上是如何体现的?

第三章 唐代的法律文化

学习目的和要求：

唐朝，我国封建社会的发展达到了全盛时代。随着封建政治经济的高度发展，唐朝法律制度也发展到了空前完备的地步。唐代的封建法律制度是我国封建专制主义法律制度高度发展的产物，不仅为其后宋、元、明、清的封建法律制度的发展奠定了基础，而且对亚洲一些国家的法律发展也有重要影响。学习本章应着重了解唐朝的立法概况，了解初唐法制的指导思想，特别是唐律的基本内容、主要特点和历史地位，以及对后世的影响。

学习重点：

唐律基本内容、主要特点和历史地位及对后世的影响。

一、唐代的立法概况

（一）唐初统治者的立法思想

唐初的统治者认真总结并吸收了暴政亡隋的历史教训，得出了封建政权生死存亡的关键在于人心向背的结论。在“先存百姓”的思想指导下，又提出了“安人宁国”的治国方针，其基本要点就是减轻对人民的剥削与压迫，缓和阶级矛盾，保证老百姓在丧乱之后得以休养生息，重建家园。为了贯彻“安人宁国”的治国方针，唐初的统治者除了在经济、政治领域里进行了一系列重大改革以外，还积极地修订法律，改革法律制度。唐初统治集团立法的指导思想有以下几点：

首先，奉行“德主刑辅”的法律思想。从法律思想史角度看，礼与法的关系问题，是一个具有悠久历史和广泛影响的话题。早在西周初期，鉴于“率民事神”的殷商“神权”政治的覆亡，当时的统治集团就敏锐地感到“天命靡常”和“皇天无亲”，从而提出“以德配天”和“明德慎罚”的治国方略和法制指导思想。这种植根于宗法社会的“德主刑辅”思想，成为后世儒家政治法律思想的基本源泉。例如，儒家思想的宗师孔子说：“道之以政，齐之以刑，民免而无耻；道之以德，齐之以礼，有耻且格。”①及至汉代，大儒董仲舒更在“天人感应”与“阴阳”学说的总体框架下阐述“德主刑辅”的道理，认为“仁义制度之数，尽取之天”②。并且认为，天，亲阳疏阴，任德贱刑，所以竭力主张“刑者德之辅，阴者阳之助”的法制指导思想。唐朝法律建设的基本指导思想，大抵不出这一范围。

《唐律疏议·名例》说：“德礼为政教之本，刑罚为政教之用，犹昏晓阳秋相须而成者也。”德礼是行政教化的根本，刑罚是行政教化的表现，即德主刑辅，礼法并用。以礼义教化作为治理国家的基本方法，而以刑罚制裁作为治理国家的辅助手段。这就是说，对于治理国家来说，刑罚虽然是辅助手段，可也是不能缺少的。所谓德主刑辅者，实质上就是礼刑并用，相辅相成。

统观《唐律疏议》，礼完全融化在律文之中，不仅礼之所许，律亦不禁，礼之所禁，律亦不容；而且“尊卑贵贱，等数不同，刑名轻重，粲然有别”。礼法结合在《唐律疏议》中已达到十分完备的程度，这标志着中国古代礼制的法律化已接近完成。

其次，在立法上采取约法省刑。所谓“宽”即宽平，要求做到减轻刑罚；所谓“简”即简约，要求做到立法简明。早在高祖李渊时，就以“务在宽简”作为立法的指导思想。《武德律》贯彻“务在宽简，取便于时”。及至太宗即位以后，又明确提出：“用法务在宽简”。宽与简，是唐初立法的一个重要思想。贞观修律贯彻宽简原则“凡削烦去蠹，变重为轻者，不可胜记”。李世民贞观元年下达“死者不可复生，用法务在宽简”。“国家法令，惟须简约，不可一罪作数种条。格式既多，官人不能尽记，更生奸诈，若欲出罪即引轻条，若欲入罪即引重条。这说明，统治者已认识到法令简约对于官吏严格执法、避免“出入人罪”和百姓知法守法、自觉减少犯罪的作用，因此在立法过程中严肃谨慎，制定“律疏”，去除抵触，使唐律经过多次修订，结构严谨，文字简洁，注疏确切，举例适当，成为中国古代法制的经典之作。立法宽简的思想不仅在唐初的立法中得到充分体现，而且影响及于后世。

再次，注意法律的连续性和稳定性。所谓保持法律的稳定性要求：在立法时应当审慎，不轻易制定新法令；法令一旦制定出来，就要坚决执行，不能轻易地改变和废止。如李世民说过，“法令不可数变。数变则烦，官长不能尽记，又前后差违，吏得以为奸”；还说“诏令格式，若不常定，则人心多惑，奸诈益生。……不可轻出诏令，必须审定，以为永式”。在这个思想的指导下，一是不轻易地指定法令，立法时要慎重；二是一旦立了法就要坚决执行，不轻易改变和废止法律。

最后，强调执法严明。制定完备的法律是实行法治的前提条件，但只有完备的法律

① 《论语·为政》。
② 《春秋繁露·基义》。

不等于一个国家统治的稳固;完备的法律只有得到正确的、不折不扣的适用和实施,才能真正发挥它应有的作用。唐初统治集团认识到这一点,强调依法办事,严格执法。

君臣执法,不畏权贵,"一断以律"。执法官吏"按举不法,震肃权豪"。李世民带头守法,君臣共同守法。官吏"一断以律",依法断罪,出现"贞观之初,志存公道,人人所犯,一一于法"。李世民从谏如流:"夫以铜为镜,可以正衣冠;以古为镜,可以知兴替;以人为镜,可以明得失。朕常得此三境,以防己过。今魏徵殂逝,遂亡一镜矣!"同时,他发布诏令,号召群臣以魏徵为榜样,做到直言无隐。

(二)唐朝律典的编纂与修订

1.《武德律》

唐代统治者很重视法律,特别是前面几位皇帝,高祖、太宗、高宗,一即位就着手于法律的制定修改。唐高祖起兵后,于大业十三年攻占隋都长安,他仿效汉高祖约法三章,约法 12 条。12 条的内容为何,历史上没有记载。新旧唐书只提到一句话:"杀人、劫盗、背军叛逆者死",估计属于 12 条的主要内容。唐高祖受隋禅后,于武德元年五月,命刘文静与当朝通识之士,以隋开皇律令为基础制定法律。同年十一月制定出 53 条格,颁行天下。颁格的时间,《新唐书·刑法志》作武德二年,但《旧唐书》《唐会要》均作武德元年十一月,《通鉴》从后说。关于 53 条格的内容,《新唐书·刑法志》说:"唯吏受赇,犯盗、诈冒府库物,赦不原。"可见唐代统治者从一开始就对惩办贪赃枉法十分重视。

颁格之后,高祖接着任命了一个以裴寂为首的工作班子,全面制定律令。此项工作到武德七年才完成,花了六年时间。新律史称"武德律",《唐六典》说它"其篇目一准开皇之旧,刑名之制又略同"。其改动,一是流刑三等皆加千里,居作皆为一年。隋流刑是一千里、一千五百里、二千里三等。唐把每等都加千里,成了二千里、二千五百里、三千里。隋流刑,犯人在流放地还要劳动,分别为二年、二年半、三年,唐一律改为一年,即三流同役一年。另一个变动是把新颁的格 53 条并入新律。这里有一个问题,隋律是五百条,武德律也是五百条,将 53 条并入而条文的数目不变,这是什么缘故?幸好《唐六典》交代了一句:"又除苛细 53 条",一加一除,五百条的数目当然不变。把 53 条并格编入新律究竟何意?想是为了减轻刑罚。开皇律的刑制很重,连隋炀帝都不满意,在大业修律时减轻了二百多条。唐朝以开皇律为蓝本修律,也不能不减轻开皇律的刑罚。几部史书都强调武德沿袭开皇。《唐会典》说:"其余无所改正",《新唐书》也说:"余无改焉",《旧唐书·刑法志》也说"余无所改"。旧制志还说:"于时诸事始定,边方尚梗,救时之弊,有所未暇",这就是说,当时天下未定,还顾不上进行根本性的改革。从史书的记载可知,武德律除作了一些轻微修改外,基本上是照搬开皇律。

2.《贞观律》

唐律最大的一次修改是在贞观时期。唐太宗对法律非常重视。他认为唐律的刑罪仍然过重,下令加以修改。最初决定将绞刑 50 条改为断趾(断右趾),但肉刑废除已久,突然恢复肉刑,难免遭到人们的反对,后来又把断趾改为加役流,即在流三千里的上面加一个加役三年的流刑。此外,还采取了一些别的轻刑措施,如限制缘坐。依照隋律,犯谋反大逆,兄弟就算分居,也要缘坐俱死。可是同祖孙中可以免配流。当时发生了一个案子，尚州有个人叫房强，他的弟弟在岷山当军官，因谋反被诛，他也应缘坐死刑。唐太宗认为，兄弟分居后，荫不相及，而犯罪要连会俱死，比对祖孙的处罚还重，太不合理，于是改为兄弟也免死，与祖孙一样配役流。

唐太宗贞观元年命长孙无忌、房玄龄等修订新律，至贞观十一年(637)完成，仍为十二篇，五百条，称《贞观律》。《贞观律》仍以《开皇律》为基础，但对《武德律》作了较大修改，主要是：增设加役流作为死罪的减刑；区分两类反逆罪，缩小缘坐处死的范围；确定了五刑、十恶、八议、请、减、赎，以及类推，断罪失出失入，死刑三复奏、五复奏等断罪量刑的主要原则。

贞观初，魏徵等大臣以律令苛重为由，提议绞刑之属五十条，"免死罪"，更为"断其右趾"。唐太宗认为，以断右趾作为减死之罪仍然过重，徒增犯人苦楚，没有同意。后交付臣下重议。其后，弘献、房玄龄等反复与"八座"集议，终于创设了流三千里，居作三年的加役流制度，取代了断右趾等残酷的肉刑，为封建统治阶级提供了替代死刑的比较适当的手段，其后成为封建后世固定不变的制度。

3.《永徽律》及《律疏》

唐高宗永徽元年(650)又命长孙无忌李勣、于志宁等修订律、令、格、式。次年，完成《永徽律》。永徽年间最大的贡献，就是对律文的本身作出详尽的注疏。《永徽律疏》又称《唐律疏议》，是唐立法最高成就，也是中国封建制法律典型代表。永徽二年，唐高宗命长孙无忌、李勣、于志宁、柳奭、段玄宝等人以《贞观律》为蓝本制定《永徽律》12篇500条。

鉴于审判中对法律条文理解不一及每年科举考试缺乏统一标准，高宗又下令对《永徽律》逐条逐句进行统一而详细的解释，阐明《永徽律》的精神实质，重要原则制度的源流演变和立法意图，并设问答，解决法律适用中的疑难问题。这些内容称为"律疏"，附于律文之下。经皇帝批准，于永徽四年颁行天下，律文与律疏具有同等法律效力。当时称《永徽律疏》，元后称《唐律疏议》。元代废除了唐宋法律，把唐宋法律当做历史文献，故于律前标出其朝代之名。文泰定刻本将律疏题为"故唐律疏议"。

为什么将疏文叫"疏议"呢？律疏是集体编写的，书中见解均为集体商议定下来的，所以疏文每段都以"议曰"开头，由是定名为"疏议"。对此，应如何解释？一是阐明法理。律疏以封建伦理道德和礼法观念作为解释、阐明律意的依据，以此证明法律规定的正确与合理。比如引公羊传的"君亲无将，将而必诛"的说法，来论证法律重惩谋反罪的理由。二是解释词意。律疏对专门术语作了统一解释，使律文含意清楚，便于准确理解和掌握，如"称日者以百刻"，"称年者以三百六十日"。三是补充律意。比如唐律禁止老百姓私铸钱，但若是为了装饰或珍藏，拿金银铸钱又该如何处理呢？这点律文本身未作交代，律疏补充说"私铸金银等钱，不通时用者不坐"，这样就明确了。

4.《开元律》及《开元律疏》

开元二十二年开始，至开元二十五年完成，前后经历四年时间，则是开元时期对律令格式最全面的一次修改。最后唐玄宗命李林甫等刊定《开元律》十二卷，《开元律疏》三十卷，《开元令》三十卷，《开元新格》七卷，《开元式》二十卷。此外，又撰写《格式律令

事类》四十卷。所谓《格式律令事类》，是把同类律令格式条文放在一起，分类编合，便于览省。这种新的体裁，后来演变为刑统。

5.《大中刑律统类》

唐宣宗大中七年，左卫率府仓曹参军张戣将刑律分类为门，附以有关的格、敕、令、式，编成《大中刑律统类》十二卷一千二百五十条，也称《刑法统类》。《统类》在法典的编纂上是一种新的形式，对于五代和宋朝的立法技术有重大影响。

二、唐代的法律形式

唐代沿袭隋代制度，以律令格式为法律的基本形式，这也是唐朝法律体系的基本构成。《唐律疏议》规定：诸断罪，皆须具引律令格式正文。表明唐代规定的正式法律是律令格式。

《唐六典》说："凡律以正刑定罪，令以设范立制，格以禁违止邪；式以轨物程事。《新唐书·刑法志》说：唐之刑书有四，曰：律、令、格、式。令者，尊卑贵贱之等数，国家之制度也；格者，百官有司之所常行之事也；式者，其所常守之法也。凡邦国之政，必从事于此三者。其有所违及人之为恶，而入于罪戾者，一断以律。"由此可见，作为唐代法律基本形式的律令格式，是适应唐代封建专制集权统治需要而形成的既有明确分工，又是紧密协调的法律体系。从唐律十二篇五百条的内容看，都是关于刑法原则和各种犯罪科刑的法律规定。

"刑书"一词在古代主要有两种含义。第一种，特指中国古代最早公布的法典之一，即《左传·昭公六年》所载："郑人铸刑书。"杜预注云："铸刑书于鼎，以为国之常法。"第二种，泛指中国古代所有的法。因为古代"刑"、"法"同义，故一般法典也称"刑书"。此外，"刑书"一词在明清时期也是刑部尚书的简称。《新唐书·刑法志》的总负责人是欧阳修。欧阳修是唐宋时期古文运动的领导人，著名的唐宋八大家之一，欧阳修为文除了"平易自然，委婉曲折"之外，一个重要特点就是"力求简古"，他和宋祁等编著的《新唐书》就是力求简古的。可见，即使"刑"字到了唐朝只剩刑书和刑罚两种含意了，从欧阳修行文的风格来看，也不能排除他在《新唐书·刑法志》中因"力求简古"而使用"刑书"一词。

秦汉的律不完全是刑法，云梦睡虎地出土秦简表明，很多律如仓律、田律、金布律等等，不包含刑法的内容，而是行政管理方面的规定。汉承秦制，汉代也有很多律不是刑法，如上计律、钱律等。另一方面，秦汉的刑法也不单单规定在律里头，令里就有刑法的规定，科、比中更多。由此可知，秦汉时律还不专指刑法。律与令的区别不在内容，而在于律较正式，令则低一些，是律的补充。

到了魏晋，律开始变成专指刑法，令不再作为律的补充而成为另外一种法律形式。晋杜预《律注序》里说："律以正罪名，令以存事制"，这反映律令两词此时已有各自的含义，与秦汉不同了。此时，律已专指刑法。当然，魏晋也不是只用律来规定刑罚，律是最主要的刑法规范，但还有其他形式，如"故事"，相当于汉代的科、比。唐代也是如此，《唐六典》曰；"律以正刑定罪，令以设范立制"，与杜预的解释同。

令是国家政权组织方面的制度与规定，涉及范围较为广泛。令早在秦汉就有了，开始作为律之补充。令作为封建制国家有效的制度管理规范，一直为历朝所采用。如果从唐律疏议所引用的令来看，只有二十种左右，包括官品令、词令、户令、封爵令、禄令、宫卫令、军防令、衣服令、卤薄令、仪制令、公式令、田令、赋役令、厩牧令、关市令、狱官令、丧葬令、杂令、营缮令、捕亡令等。

格作为禁违止邪的官吏守则，始于北魏。三国两晋南北朝时期，封建法律形式逐渐趋向完备，于律令之外，又有科比格式。魏除曾经以科作为主要法律形式，起补充和变通刑律的作用。到北魏时期开始以格代科，将律为正文者编为《别条权格》，与律并行。到了东魏制定《麟趾格》时，将格升为独立的法典。在唐代把皇帝临时单行制敕加以汇编，则称为"永格"，具有普遍的效力。在唐朝国家机关政务范围内的法律规范，都可以用格的形式来干涉，因为格的渊源是皇帝的敕令，法自君出，具有至高无上的权威。所以其性质，往往以其修改补充的法律性质为性质。涉及吏部的就是官吏管理法；涉及户部的，就是户籍法、身份法；涉及礼部的，就是礼制。至于《刑部格》则属于"正刑定罪"的法律。格有时就补充了刑律所没有的新内容。

根据《唐六典·刑部》"后魏以格代科"的说法，则格作为一种法律形式，渊源于汉魏时代的科；[①]其时著名的有东魏孝静帝兴和三年(541)编定的《麟趾格》，[②]《魏书·孝静纪》记载：兴和三年冬十月癸卯，孝静帝"诏文襄王与群臣于麟趾阁议定新制。甲寅，颁于天下"。它是"正刑定罪"的刑事法典。及至隋朝，虽然律、令、格、式并行；但是，格的地位和作用远非唐朝可比。在唐朝，格已经成为学者所谓的"行政法规"。

唐代先后颁行过武德格、贞观格、永徽格、垂拱格、开元格、开元后格及格式律令事类等一些主要的格。格的篇目按国家机构名分类。如礼部格、户部格、礼部格等。在唐代国家机关政务范围内的法律规范，都可以用格的形式来干涉，因为格的渊源是皇帝的敕令，法自君出，具有至高无上的权威。所以其性质，往往以其修改补充的法律性质为性质。涉及礼部的就是官吏管理法；涉及户部的，就是户籍法、身份法；涉及礼部的，就是礼制。至于《刑部格》则属于"正刑定罪"的法律。格有时就补充了刑律所没有的新内容。

式是封建国家各级行政组织活动规则及上下级间的公文程式的法律规定。经过汇编的式，称为"永式"，具有普遍的效力。《睡虎地秦墓竹简》里面有封诊式，是对一些诉讼程序和公文程式等的具体规定。秦代的《封诊式》的主要内容是对案件进行调查、检验、审讯等程序中的注意事项和公文程式，其中也包括了各类案例，可能是供官吏学习的。式作为一种法律形式被适用是在西魏时颁布的《大统式》。《唐六典·刑部》记载，魏大统十年，命苏绰总三十六条，更损益为五卷，谓之《大统式》。但从其条文数量和所

---

① 关于"科"的流变的比较详尽的讨论，参见张建国：《"科"的变迁及其历史作用》，《北京大学学报》(哲学社会科学版)1987年第3期。

② 陈仲安先生认为《麟趾格》作为正式颁布的法律文书至东魏才形成。参见陈仲安：《麟趾格制定经过考》，《文史》第21辑。

谓“新制”的提法来看，其性质应该属单行特别法的范畴。唐代有《武德式》十四卷、《贞观式》三十三卷、《永徽式》十四卷、《开元式》。唐式以尚书省二十四曹和秘书、太常、司农、光禄、太仆、少府、监门、宿卫、计帐等官署为其篇目名称。。现存的唐式只有《开元水部式》残卷一百四十六行，藏于法国巴黎图书馆。比起令来，式的内容不是规定重大典章制度，而是一些关于制度实施在时、人数、物量等的细则。正因为这样，所以唐朝历代对令的复原整理都大大超过式。从敦煌吐蕃文书残卷及《唐律疏议》对式不多的引文中，可以看出式主要是正面制度的立法，不是定罪判刑的刑法条文。吏部作为官吏事务的管理机构，因而以吏部为名目的式文，都是官吏管理法律中的细则内容。唐的式“式以轨物程式”。当时式与律(或敕)、令、格等其他几种法律形式并称，具有重要的地位。

唐朝的封建法制空前完备，被称为“律令制国家”。唐的法律分为律令格式4种：令规定国家制度；式建立办事规章；违令、式者及其他刑事犯罪者依律处罚；格是针对律令式规定的不足，皇帝随时以诏敕形式加以修改补充，一段时间后汇编而成。这就是《唐六典》所谓的“律以正刑定罪，令以设范立制，格以禁违止邪；式以轨物程事”。律令格式四者组合，组成既有稳定性又有灵活性的法律系统，其内容涵盖大至国家体制，小至公文程式，使国家事务都处于有法可依的状态。① 在唐代的律、令、格、式，作为唐朝的基本法律形式和法律体系的基本构成，它们的内容和作用是既有明确的分工又相互协调配合。一切政务都按令格式的规范进行活动，凡违反令格式规范，及作恶构成犯罪的，则“一断以律”。这种法律形式和法律体系，反映出唐朝立法技术上达到的高度。所以日本学者冈野诚赞誉说：“律令格式可以说是秦汉以来中国古代法律文化的精华。”②

三、唐律的主要内容

唐律十二篇的排列为：《名例律》、《卫禁律》、《职制律》、《户婚律》、《厩库律》、《擅兴律》、《贼盗律》、《斗讼律》、《诈伪律》、《杂律》、《捕亡律》、《断狱律》。“卷”是唐律编写上文字篇幅的划分单位，共为30卷，即《名例律》第1～6卷，《卫禁律》7～8卷，《职制律》第9～11卷，《户婚律》第12～14卷，《厩库律》第15卷，《擅兴律》第16卷，《贼盗律》第17～20卷，《斗讼律》第21～24卷，《诈伪律》第25卷，《杂律》第26～27卷，《捕亡律》第28卷，《断狱律》第29～30卷。“条”是各篇(律)的条目，具体规定唐律的原则、制度、罪名、刑罚适用，等等。《唐律疏议》对条文没有按顺序编号，而是在每一条文之首，冠上一个“诸”字作为发语词。

唐律的篇目，从名称到排列顺序都是很有研究的。战国时期魏文侯李悝制定《法经》六篇，这是我国封建法律有篇目的开始。从那时起，历经一千多年，封建法律由繁而简，几经增删损益，移易变革，才成为唐律这样的篇章结构。以篇目之数来说，《法经》是六篇，秦律“繁如秋荼”，汉从《九章律》的九篇起，至最后为六十篇。《曹魏律》为十八篇。晋《泰始律》和北魏的《北魏律》均为二十篇，又有所回升。至《北齐律》“校正古今”才定

---

① 史彤彪：《中国法律文化对西方的影响》，河北人民出版社1999年版，第208页。

② ［日］冈野成：《日本唐律文献学上的研究》。

为十二篇。隋《开皇律》依《北齐律》仍为十二篇。唐高祖定《武德律》一准《开皇律》，也是十二篇，此后贞观、永徽修律都没有改变。

篇目之名和排列顺序也是千年沿革，屡经变化。《法经》设盗、贼、囚、捕、杂、具六篇。反映了李悝“王者之政莫急于盗贼”立法指导思想。这一立法思想一直为后来封建立法所重视。而从篇目内容的划分来看，讲各种犯罪加重减轻等一般原则的具法，虽未置之首而列于最末，但从整体看，已初步体现了类似现代刑法的总则与分则的分设结构，为封建法典创立了模式。汉代萧何制《九章律》，适应当时社会经济发展的情况，在法经六篇之后加上户、兴、厩三篇，这样，具律就由最后移到了中间。其后，魏改汉律，认为具律这种“罪条例”既不在始，又不在终，非篇章之义，乃把具律改为刑名，列于全律之首。这是我国封建刑法典体例上的又一进步。后来晋代虽然刑名析为刑名和法例两篇，但到《北齐律》制定时，又将刑名和法例合并为名例一篇，自此至隋唐皆沿用未改。

唐律十二篇内容，是封建法律经过漫长改革发展，陈陈相因历史而形成的。

名例之名乃“五刑之罪名”，例是“五刑之体例”。其内容涉及惩罚犯罪的刑罚名称与等级，以及刑罚适用的原则等。将《名例》列于律首，与下面十一篇分述各种犯罪的篇目相呼应，形成一个类似现代刑法总则、分则相结合的体例。如名例中关于“八议”“同居相为稳”等特权原则和伦理原则的规定，更是唐律礼法结合精神的重要体现，对其他各篇都有很强的制约作用。

名例篇包含三方面的内容：一是刑罚的种类，除笞、杖、徒、流、死五刑之外，还有除名、免官、免所居官、官当、赎，等等。二是适用刑罚的通则，其中有许多项目与现代刑法基本上是相同的，如故意、过失、共同犯罪、主从、自首、累犯、类推比附，等等。有些项目则名异而实同，如“二罪俱发”，实为今之并合论罪。“老幼残疾”，实指今之刑事责任年龄。至于区分公罪与私罪、同居相隐等原则，则是现代刑法所没有的。三是法律名词的定义，特别是对一些关键性名词术语的解释，颇具科学性。如解释“谋”字，疏文说“称谋者，二人以上”，但又指出“谋状彰明，一人同二人之法”。唐律的“十恶”重罪比之北齐的“重罪十条”，所增最重要的就是“谋”字，“十恶”中的一、二、三罪都用“谋”，特别强调了对此等重罪的预谋的打击，所以“谋”的解释与律文的内容就呼应起来。

职制律是关于官吏的设置、选任、失职、渎职、贪赃枉法以及交通驿传等方面的法律。户婚律是关于户籍、赋役、田宅、家庭、婚姻等方面的法律。保证国家赋役来源，维护封建家庭婚姻关系是本篇的重点。厩库律是关于养护公私牲畜、库藏管理、官物出纳等方面的法律，旨在维护官有资财不受侵损。擅兴律是关于军队征调、行军出征、军需供给和兴造工程等方面的法律。贼盗律，本篇严刑镇压谋反谋大逆、谋叛等罪，打击各类盗罪，是唐律十分重要的内容。斗讼律，包括斗殴和诉讼两个方面，是关于惩治斗殴、杀伤、越诉、诬告、教唆词讼、投匿名书告人罪等的法律。诈伪律是关于惩治欺诈和伪造的法律。杂律，凡是不便列入其他“分则”篇的犯罪，统归本篇，在唐律中起拾遗补缺的作用，故范围甚广。捕亡律，是关于追捕逃犯、逃丁、逃兵、逃奴婢的法律。断狱律，是关于审讯、判决、执行和监狱管理方面的法律，对于刑讯、审理、复审、死囚复奏报决、疑罪处理以及监狱管理的具体办法等做了规定。

1. 刑罚，笞、杖、徒、流、死。笞刑，即用法定规格的荆条责打犯人的臀或腿，自十至五十为五等，是五刑中最轻的一等，用于惩罚轻微或过失的犯罪行为。杖刑，即用法定规格的法杖击打犯人的臀、腿或背，自六十至一百分为五等，稍重于笞刑。徒刑，在一定时间内剥夺罪犯人身自由并强制其服劳役的刑罚，自一年至三年分五等，每等加半年，是一种兼具羞辱性和奴役性的劳动。流刑，将犯人遣送到指定的边远地区，强制其戴钳或枷服劳役一年，且不准擅自迁回原籍的一种刑罚，自二千里至三千里为三等，每等加五百里。加役流适用于免死罪犯，全流三千里，服苦役三年。

笞杖刑在宋代发生变化，折杖法就是将笞杖徒流四种刑罚折抵为一定数量的杖刑的刑罚制度。死刑除外。笞刑十到五十，分别折抵臀杖七、八、十。杖六十至一百，分别折抵臀杖十三、十五、十七、十八、二十。徒刑一至三年，折抵脊杖（击打背部，不是腿、背、臀部分受）十三、十五、十七、十八、二十。流刑，流二千里，折抵脊杖十七，在本地配役一年，流二千五里折抵脊杖十八，在本地配役一年，流三千里，折抵脊杖二十，配役一年，加役流折抵脊杖二十，配役三年。后人评价，流罪得免远徙，徒罪得免役年，笞杖得减决数。

唐律刑罚分为五级二十等，是中国古代刑罚形式主义和机械主义的突出表现。然而，这种严格规则的等级划分，不仅使得刑罚规定具体、明确，而且使司法实践中刑罚的适用简明、准确，可操作性强，有利于防止法官擅权弄法。

2. 十恶。作为封建法律的典型，唐律首要保护的社会关系是封建宗法等级制度和纲常伦理制度，因而在其《名例律》中首先提出了唐律打击的重点和其重点保护的社会关系，集中表现在唐律所规定的“十恶”之中，十恶为：“一曰谋反，二曰谋大逆，三曰谋叛，四曰恶逆，五曰不道，六曰大不敬，七曰不孝，八曰不睦，九曰不义，十曰内乱。”唐律将这十种严重危害国家政权和社会秩序、破坏封建国家赖以存在的伦理纲常关系的犯罪单独列出，并确定重惩原则，鲜明地表明了唐律所保护的社会关系的重点。

谋反，图谋、参加推翻政权的；谋大逆，图谋、毁坏皇帝宗庙、陵墓、宫殿；

谋叛，图谋背叛国家，投靠敌方；大不敬，危害皇帝人身安全和尊严的行为；

恶逆，殴打、谋杀尊亲属；不孝，子孙不能善待父母、祖父母；不睦，亲族之间互相侵害；不义，侵犯长官和夫权；内乱，亲族之间犯奸；不道，杀死一家非死罪三人、把人肢解、用蛊杀人；

十恶大致分为三类：违反君权为核心的封建统治；违反以父权、夫权为核心的纲常礼教；严重侵害人身权的行为。

案例一：贞观元年，左领军大将军、幽州大都督王君廓被征入朝，幽州大都督长史李玄道拖他带私信给房玄龄。王君廓疑心，乃于途中拆看李玄道的信，信用草书写就，王君廓不能识，更加疑心李玄道是在告发自己，遂谋叛逃到突厥，半途为人所杀。谋叛，高祖下诏削其爵位、封邑。

案例二：府中杜元掌造金玺，遂盗一枚，铸改酒器。断绞。不伏，云：玺未进，合准常盗，不合死……杜元一介庸琐，千载寒微……宜从绞坐，以肃朝章。

大不敬，处绞刑。

案例三：太宗贞观年间，大臣杨师道之子杨豫之娶了太宗之弟李元吉之女寿春公主。后杨豫之居母丧，与唐高祖之女永嘉公主通奸，被公主丈夫窦奉节捉获。

守丧期间，与妻子的姑姑通奸，且其姑是先帝之女，违背"不孝罪"。

3. 贵族官吏的特权。八议之制，是从"重亲贤故旧，尊宾贵，尚功能"的目的出发而设立的，因此，"犯法则在八议，轻重不在刑书也"。八议的对象是以下八种：

亲是指皇帝、太皇太后、皇后的有关亲属，议亲的对象是皇亲国戚。故是指皇帝的故旧，议故的对象是长久相处或长期侍奉过皇帝的故旧。贤是指有大德行的人，议贤的对象是所谓有封建德行的代表人物和为人楷模的贤人君子。能是指有大才艺者，议能的对象是有治国治军才能的那些人。功是指有大功勋者，议功对象是在治国平天下中立有大功的人。贵是指职事三品以上，散官二品以上及爵之一品者。议贵的对象是为封建贵族和大官僚。勤是指有大勤劳的人，议勤的对象是为封建国家日夜操劳，公而忘私的人。宾是指承先代之后为国宾者，议宾的对象是前朝去位和禅退的国君及其后裔。

请是指皇太子妃大功以上亲及应议者期以上亲及孙、官爵五品以上的官吏，犯死罪时，必须奏请皇帝裁决，一般可免除死刑；犯流罪以下，可以照例减一等处罚。减是指七品以上官及应请者的祖父母、父母、兄弟、姊妹、妻、子孙，凡犯流罪以下，可以照例减一等处罚。赎是指应议、请、减者及九品以上官之祖父母、父母、妻、子、孙，凡犯流罪以下，均可以铜赎罪。官当是指凡议、请、减以下的官员，犯徒以下罪，若是私罪，五品以上，一官可抵徒刑二年，五品以下九品以上，一官可抵一年。若是公罪，则可各多当徒刑一年。《名例律》(总 17 条)规定："诸犯私罪，以官当徒者，五品以上，一官当徒二年；九品以上，一官当徒一年。""以官当流者，三流同比徒四年。"即三等流刑均折合为徒四年来以官职抵当。

案例四：贞观元年，唐太宗召吏部尚书长孙无忌入宫。长孙无忌忘记解下佩刀便直接入皇宫，待其出宫时，守门校尉才发觉。在当时，臣子携带兵器入宫禁是很严重的事件，被视为对皇帝的不忠和威胁。援用"八议"之法，无忌和校尉皆免死。

4. 刑法原则。老幼废疾免刑：7 岁以下 90 岁以上，虽有死罪，也不判刑。10 岁以下 80 岁以上及笃疾，犯反逆、杀人应死者，上请，其他犯罪不加刑。70 岁以上，15 岁以下和废疾者，凡流刑以下罪的，可以用铜赎买。15 岁以上 70 岁以下，犯任何罪，均须承担刑事责任。

区分公罪和私罪，唐律规定官员犯罪要首先分清是属于公罪还是私罪，然后根据犯罪性质及主观恶性的不同适用轻重不同的刑罚，原则是公罪从轻，私罪从重。公罪，在执行公务过程中由于公务上的关系造成某些失误或差错，而不是为了追求私利而犯罪；私罪一种是所犯之罪与公事无关，如盗窃、强奸等。另一种是利用职权，徇私枉法，如受人嘱托枉法裁判等。

自首减免刑罚。《唐律疏议·名例》规定："犯罪未发而自首者，原其罪。"即犯罪行为尚未被发觉之前，就主动到官府坦白认罪，构成自首，可以免于追究刑事责任。如果犯罪已被人告发，才去自首，只能减轻刑事处罚。自首可以免除刑事责任，但赃物仍须如数归还物主或国家。对自首不实或不尽者，均有相应的处罚。

共犯处理：唐律规定，两人以上共同犯罪称为共犯，其中，“造意为首，余并为从”，即提议的主谋者是首犯，其他参加者为从犯。两罪从重处罚。

同居相为隐不为罪。唐律承其前朝的法制，在《名例律》规定了“同居相为隐”的原则，其在相隐的范围、相隐的内容和相隐的限制方面比汉以来至隋各朝的规定更系统、完备。(1) 相隐的范围。唐代相隐的范围由汉朝的三代扩大为“同居”。疏文云：“谓同财共居，不限籍（户籍）之同异，虽无服（指“五服”以外）者，并是。”同居的范围据疏文应是大功以上亲。另外，外祖父母、外孙及孙之妇、夫之兄弟及兄弟妻，“服虽轻，论情重”，也在相隐的范围内。最后，部曲奴婢，也法定“为主隐”。(2) 相隐原则的保证措施。为实施“同居相为隐”的原则，唐律规定，应相隐的人举告或对簿公堂，依亲等关系论罪。不遵守“同居相为隐”而告，告发人依规定处刑，被告者，即使确实有罪，也都以“自首”论处。(3) 相隐的限制。唐律中并不是所有的犯罪都可以相容隐的，凡犯谋反、谋大逆、谋叛这些直接对抗于统治阶级的大罪的不得相隐。

化外人相犯处理：化外人，同类自相犯者，各依本俗法；异类相犯者，以法律论。即统一国籍的侨民在中国犯罪，按其本国法律处断，实行属人主义原则；不同国籍侨民在中国犯罪，则按唐律处刑，实行属地主义原则。

类推原则，类推是对法律上没有明文规定的犯罪行为，可以按照法律上最相类似的条款与成例定罪量刑的制度。唐律作为中国古代封建社会的典型法典，类推制度已比较完备，其从类推的必要性、适用原则和适用方法都有较为明确而具体的规定。唐律中规定类推的律文是《名例律》（总 50 条）：“诸断罪而无正条，其应出罪者，则举重以明轻；其应入罪者，则举轻以明重。”以此规定，可以看出唐律中的类推是在“断罪而无正条”的情况下适用。疏文说“无正条”是指“一部律内，犯无罪名”。因而唐律实行类推的目的是为了对法无明文规定的行为作出处置，而不使犯罪行为逃脱刑律的制裁。

四、唐律的基本精神及历史地位

1. “一准乎礼，而得古今之平”

所谓“一准乎礼”，即完全以儒家礼教纲常作为立法的指导思想和定罪量刑的理论依据。(1) 从《唐律》的基本纲领看礼法结合。作为唐朝法律基本纲领的礼，主要表现在以下两个方面：其一，体现礼的宗法等级原则。其二，体现礼的仁义德治精神。(2) 从《唐律》的规范来源看礼法结合。首先，直接源于礼的法律规定。例一，关于“八议”的特权制度。例二，关于“七出三不去”的离婚制度。其次，间接源于礼的法律规定。例关于“不孝”罪。(3) 从唐朝法律的其他方面看礼法结合。其一，由“疏议”看礼法结合。以儒家经典来解释法律，即对法律的宗法社会基础和礼教精神气质的重新建构；法律规范虽然在表面形式上依旧，但是内容实质却已发生某种变化。《唐律》的“疏议”就是继其余绪而总其大成。“疏议”对于儒家经典广征博引，动辄子曰诗云；据粗略统计，

“疏议”引用的儒家经典约有十余种;[①]其二,由其他法律形式看礼法结合。唐朝的令、格、式同样与礼有着密切的关系,只是令、格、式原文已经散佚而已。日本的著名中国法制史学者仁井田升在复原“唐令”时指出:唐令不仅与古代典章制度,特别是与《周礼》有很深的关系;而且与唐朝的礼诸如《贞观礼》《显庆礼》《开元礼》也有很深的关系,上述礼中有与祠、仪制、衣服、卤簿、假宁、丧葬各令相当的规定。这表明:往往令中有礼,礼中有令,或礼和令两存;礼与令在发生冲突时,则不乏依令修礼或据礼变令的情况。[②] 而就礼与令的关系言,礼是源,令是流;礼为主,令为次;礼处重,令属轻。凡是礼有规定的,著为令;礼无规定的,令也阙。可见,唐令也是“于礼以为出入”和“一准乎礼”的。清代名儒纪昀在《四库全书总目提要》中认为“《唐律》一准乎礼”,是信而有据的。

2. 科条简要,繁简适中

唐律全篇仅为12篇,502条,宽简适中,具有高度的概括性。唐朝立法充分吸取前代经验,技术相当完善。名例篇与其他各篇之间的律条相互呼应,纲举目张,在同一篇中各条之间,以及同一条中各项之间,彼此关照。鉴于人们的行为千差万别,而律条毕竟有限,为了尽可能不放过任何犯罪,《名例》篇中关于“本条别有制”,“轻重相明”,以及《杂律》篇关于“坐赃”“违令式”“不应得为”等规定,在当时的条件下,都是比较可行、比较得当的。

3. 立法技术完善

唐律在继受前代立法成果的基础上,具有结构严谨,用语概括、规范等特点,律条的文字简要,概念比较明确,用语比较确切,疏议的理论深度和文字工夫等,在中国古代法典史上,无疑是空前的。进一步明确了公罪、私罪,化外人犯罪等原则和概念。

就唐朝法律在我国封建社会中的历史地位而言,有两个问题亟待解决:第一,什么是唐朝法律的真正贡献?或者说独创性的贡献?例如《唐律疏议》的意义和价值,在某种程度上是由于前朝法律散失而为后世统治当局和学者建构起来的;实际上,在我国封建社会法律史上真正具有独创性的时代,也许是魏晋南北朝。第二,对于唐朝法律的历史地位的评估,还应包括其他法律形式,例如,民间社会自发形成的习惯和习惯法等;唐朝以前的习惯和习惯法规则甚少,宋明以降则渐次增多,尤其是清代。这些规则对于社会生活秩序以及经济秩序非常重要,也是中国法律史研究的一个新课题。

唐律是中国传统法典的楷模和中华法系形成的标志。唐律在中国古代法历史上具有承上启下的作用,承袭了秦汉立法的成果,吸收了汉晋律学的成就,表现出高度的成熟性,并且深深影响了宋元明清的立法。

(一) 唐朝法律对于后世法律的影响

(1) 唐朝法律对于宋朝法律的影响。据《宋史·刑法志》说:“宋法制因唐律、令、

① 高绍先认为共有20余种,参见高绍先《〈唐律疏议〉与中国古代法律文化》,《现代法学》1997年第2期。

② 详细的讨论,参见[日]仁井田升:《唐令拾遗》,长春出版社1989年版,第840－841页,第858－864页。

格、式，而随时损益则有编敕。”这说明两点：一是宋朝法律大抵承袭唐朝；二是宋朝自身的法制特色在于编敕，但实际上也是沿用唐朝后期和五代以来的传统。两宋300余年时间，总计修订50余部法典，大多散佚；今存著名的《宋刑统》，其在篇目和内容方面大致抄袭《唐律疏议》，主要变化有：其一，法典命名的不同。《宋刑统》不称“律”而叫“刑统”，显然是沿用唐宣宗时期《大中刑律统类》的名称。其二，法典体例的不同。《宋刑统》将律、敕、令、格、式加以综合编撰，以律为体，把敕、令、格、式以及注、疏议、问答分编于后；又在12篇目以下分门别类，总计213门。其三，《宋刑统》虽然袭用“五刑”，但是，却将死刑以外的笞、杖、徒、流改为“折杖法”，执行时一律“用常行杖”；对于死刑，犯有“十恶”中的谋反、谋大逆、谋叛和恶逆四大罪名者，“准律用刑”，其余则“决重杖一顿处死，以代极法。”其四，内容方面的不同。一是在《名例》中增加“一部律内余条准此条”一门，总计44条；二是在《户婚》中增加户绝资产、死商钱物、典卖指当论竞物业和婚田入务4门。但唐朝法律对于宋朝法律的影响并非人们通常所说的那么深广，因为制敕和例都是根据宋朝自身的社会现实作出的法律回答；虽然名称或有继承，但是内容变化不小。

(2) 唐朝法律对于辽、金、元三朝法律的影响。根据《辽史·百官志》记载：辽建国以后，“大略采用唐制”，制定官制，颁行律令。后辽代制定的《重熙新定条例》和《咸雍重修条例》，名称虽然有所变化，但是内容大致参辽酌汉修订而成；所谓汉法就是《唐律》。据《金史·刑》的记载：金代在灭辽代与北宋以后，曾经多次修订法律，大抵均以《唐律》为归依；例如，熙宗时期著名的《皇统制》，就是“以本朝旧制，兼采隋、唐之制，参辽、宋之法，类以成书。”泰和元年(1201)编撰《泰和律义》，篇目结构与《唐律》相同；《金史·刑》称其为“实《唐律》也。”虽然元代自始至终没有完成统一适用于蒙古、汉、回回各族的法典，在它的法律系统中，包括有蒙古法、汉法和部分回回法在内的多元因素，不同民族适用法律之间的差异也非常鲜明；但是，元代法律的主体部分，还是施行于汉族臣民的传统封建法律。自13世纪初到元代建立，元代法制比较复杂；但是，它的一个基本倾向是为了逐渐适应于对汉族地区进行统治的需要，行用金代《泰和律》，《元史·刑法志》所谓：“百司断理狱讼，循用《金律》；从今存名著的英宗至治三年(1323)编撰的《大元通制》来看，篇目大致与《泰和律》相同；[①]上文提到的《泰和律》实即《唐律》。

(3) 唐朝法律对于明朝法律的影响。明初修律，受《唐律》影响较大，《明史·刑法志》说：“洪武元年(朱元璋)又命儒臣四人，同刑官讲《唐律》，日进二十条。”可见君臣上下对《唐律》讲求颇为认真，立法定制也是如此。洪武六年(1373)，《明律》“篇目一准《唐律》”洪武三十年(1397)颁行的《明律》，一改旧律的编撰体例，而以名例、吏、户、礼、兵、刑、工7篇构成，共460条，篇目和条文均有减损；内容于《唐律》也颇有损益，学者认为：

① 参见姚大力：《论元朝刑法体系的形成》，《元史论丛》第3辑，第125页；另见杨廷福：《唐律初探》，第159页；仁井田升认为：《大元通制》中的“条格”与唐令和宋令有很多一致的地方。参见仁井田升：《唐令拾遗》，第838页。

“《唐律》在《大明律》中仍然适用者，占 61%以上。”①

(4) 唐朝法律对于清朝的影响。清朝在入关以前就已开始注意吸收汉人的文化与法律制度。(参见张晋藩、郭成康:《清入关前国家法律制度史》，辽宁人民出版社 1988 年版)入关初期，一方面沿用《明律》，顺治元年(1644)摄政王多尔衮就曾下令“自后问刑，准依明律”;另一方面则本着“详译明律，参以国制”的原则措手制定《清律》。这部《大清律例》先后经过顺治、康熙、雍正和乾隆四朝，历时将近百年方才告成;这部法典的篇目结构与《大明律》相同，具体是名例、吏、户、礼、兵、刑、工等 7 篇，47 卷，436 条，附例 1049 条。

(5) 值得注意问题:《唐律》对于后来的影响逐渐消逝、减弱。唐朝法律，尤其是《唐律》之所以能发生久远的影响，主要原因在于我国古代社会某些基本不变的结构性因素的长期存在。换言之，这种不变的结构性因素的存在，使后世参照《唐律》来修订自己的法典成为可能;而变化则是渐进、缓慢的，尽管最终的积累总量非常惊人，每个朝代通过各种法律诸如制敕、例等来适应和满足这一渐进变迁的需要。唐朝的法律作为一种已经过去的、“死”的法律当然无法产生具有实质意义的影响。

作为万世之常经的“律典”，以下两个方面的原因也导致了它的不变:一是，就各个朝代本身而言，“律典”大多制定于开国之初，作为“祖宗之法”，子孙不敢轻易将其改变，这一点唐、宋、明、清各朝均有体现;二是，就整个封建时代来讲，我国古人崇尚权威、崇尚传统的心理结构，致使他们对于改变传统具有很大的犹豫，这种心理在面对唐朝法律尤其是像《唐律》这样一部伟大的法典时尤甚。②

(二) 唐律对亚洲周边国家产生了重大影响

对于以《唐律》为中心的中国法律对东亚各国的影响，前辈学者杨鸿烈《中国法律在东亚诸国之影响》和杨廷福《唐律初探》已有非常精湛的探讨。

(1) 唐朝法律对于朝鲜法律的影响。中朝两国交往的历史极为悠久，并且我国法律对于朝鲜的影响也较早。有学者认为，“朝鲜立国初期的法律制度源于周、汉”。

朝鲜半岛真正进入“律令”时代，是在模仿唐朝法律以后。公元 675 年，新罗统一百济、高句丽，时值唐朝盛世，也是“律令”时代的完备时期;当时中国与朝鲜两国的关系更为密切，不仅新罗商人足迹遍布各地，而且长安的新罗留学生多达 260 人。据此，学者认为，唐朝法律由此输入新罗是无可怀疑的事情。10 世纪初叶，王建重新统一全国，国号“高丽”，它的法制也渐次可考;在高丽王朝共计 474 年(918—1392)时间里，它的政

---

① 钱元凯:《〈大明律〉和前朝的法典有何关系?》，陈鹏生主编:《中国古代法律三百题》，上海古籍出版社 1991 年版，第 90 页。杨鸿烈指出:“中国法律到了明代可以说有长足的进步，明太祖朱元璋和其他一般立法家都极富有创造精神，所以那一部洪武三十年更定的《大明律》，比较唐代的《永徽律》更为复杂，又新设许多篇目，虽说条数减少，而内容体裁，俱极精密，很有科学的律学的楷模。”杨鸿烈:《中国法律发达史》(下)，第 746 页。

② 对于我国“律典”的变与不变，以及其他形式法律的变化原因，美国学者马伯良也曾论及，参见马伯良《〈唐律〉与后世的律:连续性的根基》，高道蕴等编译《美国学者论中国法律传统》，中国政法大学出版社 1994 年版，第 259 页。

治、经济、法律基本沿袭唐朝。《高丽史·刑法志》载曰:“高丽一代之制,大抵皆仿于唐。至于刑法亦采《唐律》,参酌时宜而用之。”

(2) 唐朝法律对于日本法律的影响。从文化交流史的角度讲,中日两国一衣带水,浮海相通历史悠久。考古学研究表明:早在日本弥生时代(公元前3世纪—3世纪),中国、朝鲜的铁、铜、陶器及其制造技术和水稻耕作方法等已相继传入日本。从法律接受的角度说,真正具有重要意义的是推古天皇(592—628)时期圣德太子的改革以及随之而来的“大化改新”(645);圣德太子执政时期制定的“冠位十二阶”与“宪法十七条”,深受我国政治制度和儒家思想的影响。为了摄取我国的先进文化,日本留唐学生络绎而来。自630年至894年,总共派出遣唐使19次,其中到达长安的有13次,多至500～600人,少则50～60人。值得注意的是,在留唐学生中不乏研究唐朝礼法者,例如大和长冈在长安学习唐朝法律,回国以后与吉备真备共同修订律令24条;吉备真备回国时曾带回唐礼,这对日本礼仪的制定颇有影响。“大化改新”则是日本法律接受史上首次全面输入唐朝政治、经济制度和“律令”体系。例如,仿照唐朝的三省六部制和州县里制,建立“八省百官”制和国郡里制的中央集权与天皇专制政治;又如,按照唐朝的“均田制”和“租庸调制”,废除部民制,建立“班田制”和“租庸调制”。这样,日本逐步过渡到封建社会。著名的《大宝律令》,据说这部法典是根据唐朝《永徽律令》和武则天垂拱元年《垂拱格式》制定的。从篇章结构看,《大宝律》12篇,次序与《唐律》完全一致;就具体内容讲,也是基本采取《唐律》而成的,不仅文辞相同或相近,而且内容也只是对《唐律》加以简化。例如《唐律》有“十恶”,《大宝律》则删去“不睦”和“内乱”,成为“八虐”;再如《唐律》有“八议”,《大宝律》省去“议勤”与“议宾”,构成“六议”;又如《唐律》有“五刑”,《大宝律》也有“五刑”,只是将“流刑”的道里数字去掉,改为“近流”“中流”和“远流”三等。有关司法组织、诉讼程序、刑罚适用和执行等,大多也是对《唐律》加以简化和减轻;其他的诸多罪名也与《唐律》相同或相近。对此,学界已有详尽讨论。

朝鲜的《高丽律》、日本文武天皇制定的《大宝律令》、越南李太尊时期颁布的《刑书》大都借鉴了唐律,唐律在世界法制史上也占有重要地位。

唐律对我国封建法律制度的发展有着深远影响。例如宋朝的“法制用唐律、令、格、式,而随时损益”。元朝的《至元新格》的二十篇,同唐律的九篇,其他八议、十恶、官当之制,都沿用唐律。唐律对明清律也有明显的影响。总之,唐律是我国封建法典的楷模,在中国法制史上具有重要的历史地位。

唐律其影响所及不仅限于中国境内,对亚洲许多国家封建法律制度的发展,也有重要的示范作用。唐律和唐朝高度发达的政治、经济、文化一样,在古代历史上曾大放异彩,在世界法律发展史上也占有重要的地位。

参考文献

1. 张晋藩主编:《中国法制通史》(第四卷),法律出版社 1999 年版。

2. 陈寅恪:《隋唐制度渊源略论稿》,商务印书馆 2011 年版。

3. 王立民:《唐律新探》,北京大学出版社 2010 年版。

4. 杨廷福:《唐律研究》,上海古籍出版社 2012 年版。

5. 岳纯之点校:《唐律疏议》,上海古籍出版社 2013 年版。

思考题

1. 唐朝前期的主要立法活动有哪些。

2. 唐朝的法律形式及其相互之间的关系是什么。

3. 唐律的主要特点及历史地位评价。

4. 唐律对宋元明清时期的法制有何影响。

5. 唐代法制对周边国家有何影响。

第四章
明清时期的法律文化

学习目的和要求：

掌握明清两代的立法指导思想及其主要立法活动包括《大明律》、《明大诰》、《大明会典》，《大清律例》制定及其主要内容，了解明清两代的刑事法律和民事法律的主要内容，了解明清时期重要法律形式律例之间的关系。

学习重点：

理解《大明律》、《大清律》的主要内容、明清时代的律例关系，以及明初的胡惟庸案、蓝玉案、空印案、方孝孺案。

一、明清时期的立法概况

(一)《大明律》的制定

1. 吴元年律：1367 年制定，以六部分篇。据《明史·刑法志》记载："明太祖平武昌，即议律令。吴元年冬十月命左丞相李善长为律令总裁官，参知政事杨宪、傅瓛，御史中丞刘基，翰林学士陶安等二十人为议律官，……十二月，书成，凡为令一百四十五条，律二百八十五条。"此书所记"律二百八十五条"就是《大明律》的雏形。

2. 洪武七年(1374 年)二月，重修《大明律》完成，以唐律为蓝本，其篇目 12 篇，606 条。

3. 洪武二十二年(1389 年)修订，但未正式颁行。洪武二十二年，明太祖采纳刑部奏言，命令翰林院同刑部官，将历年所增条例，分类附于《大明律》中，并改《名例律》于各篇之首。洪武二十二年所定《大明律》，共三十卷，四百六十条。具体篇次为《名例》、《吏律》、《户律》、《礼律》、《兵律》、《刑律》、《工律》。洪武二十二年《大明律》卷首已列有五刑图、狱具图和丧服图。

4. 洪武三十年(1397 年)颁行天下。朱元璋于在洪武三十年(公元 1397 年)颁行天下。《明史·刑法志》记述了《大明律》制定的整个过程,并总结说:"盖太祖之于律令也,草创于吴元年,更定于洪武六年,整齐于二十二年,至三十年始颁示天下。日久而虑精,一代法始定。中外决狱,一准三十年所颁。"洪武三十年《大明律》颁布之后,明太祖命令子孙世代遵守,"群臣有稍议更改,即坐以变乱祖制之罪"。①

《大明律》30 卷 460 条,它一改唐律体例,更为名例、吏、户、礼、兵、刑、工等七篇的格局。用以适应强化六部,取消宰相制度,集权皇帝的需要。《大明律》其律文简于唐律,其精神严于宋律,成为终明之世通行不改的封建大法,其体例和条文被清律所继承。这种新体例的优点是即包罗广泛,繁简得当,又便于官员掌握;在法律语言上,它言简意赅,通俗易懂,虽然条文少于唐律,但其内容的涵盖面却超过了唐律。在内容结构上,它脉络清晰,门类划分得当,便于进行检索。

另外,《大明律》在卷首增加了五刑图、丧服图等。五刑图共两幅,一幅列入笞、杖、徒、流、死等五种刑罚,但充军和凌迟、立法者认为并非正刑,未予收入;另一幅是有关狱具的图示,包括笞、杖、杖讯、枷、杻、索、镣等七种行刑工具和监禁的械具,对其质料、尺寸、重量及适用方式都有所规定。丧服图共八幅,是亲属之间相互犯罪时判断亲疏关系、并据以定罪量刑的准则,包括"丧服总图"、"本宗九族五服正服之图"、"妻为夫族服围"、"妾为家长服之图"、"出嫁女为本宗降服之图"、"外亲服图"、"妻亲服图"、"三父八母服图"等八种。

在内容上,《大明律》与《唐律》相比,量刑"重其所重,轻其所轻",即"大抵事关典礼及风俗教化等事,《唐律》均较《明律》为重;贼盗及有关帑(躺音)项、钱粮等事,《明律》则又较《唐律》为重。"一般而言,对于不直接构成威胁统治秩序的犯罪,处刑较轻;而对于严重威胁专制统治和政权安定的行为,如贼盗等恶性犯罪,《大明律》的处刑大都较重。在《吏律》中,为防止臣下结党营私,还特设奸党等罪名,以图整饬吏治。《明史·刑法志》则认为:"大抵明律视唐简核,而宽厚不如宋"。简核指条文数量减少,而宋代对士大夫的百般优礼,则是明律所不取的。后人比较唐律和明律时,得出了明律比唐律"重其所重","轻其所轻"的结论,即对以往的重罪加重了镇压,而对原来相对的轻罪却减轻了处罚,清代法律学家薛允升在《唐明律合编》中说:"贼盗及有关币帑钱粮等事,明律则又较唐律为重。"反映出明律重刑主义的特点。唐律对谋反大逆者处以斩刑,连坐处绞只限父与子(十六岁以上),其他都可以没官为奴。而明律对犯谋反大逆者,凌迟处死,连坐处斩扩大到祖父、父、子、孙及伯叔父等。可见,明律明显加重对政治性犯罪处罚。《唐明律合编》又说:"大抵事关典礼及风俗教化等事,唐律均较明律为重。"在"重其重罪"的同时明律实行"轻其所轻"的原则。凡属父母在,子孙别籍异财者,唐律列入不孝,判处徒刑三年,明律仅杖八十。子孙违反教令,唐律判处徒刑二年,明律杖一百。这体

① 《明史·刑法志》。

现出明律为突出“重其所重”，而对某些危害不大的“轻罪”从轻处罚的意图。

在中国法制史上，《大明律》是一部具有代表性的法典。在编撰体例上，它以名例与六部分篇，是中国古代法典编纂体例的一大变化。《大明律》，不仅在明代始终稳定、有效，而且直接为清代所继承。其影响还远及东亚邻国，如朝鲜李朝直接援用《大明律》，日本《在中御条目》《御刑法草书》《御刑法牒》等都以《大明律》为准据，直至明治维新时所编之《假刑律》和《新律纲领》等，其体裁仍以《大明律》为蓝本。安南阮朝的法典中的许多规定也多取自《大明律》。《大明律》成为继《唐律》之后中华法系的又一代表性法典。

（二）《明大诰》的制定

《大诰》是明太祖发布的特别文告的汇编，包括洪武十七年至十九年明太祖对臣民法外用刑的案例、新的重刑法令和对吏民的训导。其中第二种性质的内容具有普遍约束力，是典型的特别法。关于《大诰》产生的背景和性质，朱元璋说：“朕有天下，仿古为治，明礼以导民，定律以绳顽。刊著为令，行之已久。奈何犯者相继，由是出五刑酷法以治之，欲民畏而不犯，作《大诰》以昭示民间，使知所趋避。”

朱元璋在洪武十八年（1385）至洪武二十年（1387）间，亲手订立《御制大诰》《御制大诰续编》《御制大诰三编》《御制大诰武臣》等四编《大诰》，共 236 条，具有同《大明律》相同的法律效力。《大诰》在内容上，采辑洪武年间惩治臣民过犯的案例，及朱元璋发布的训令等。《明大诰》特点：第一，规定了一些《大明律》中没有的罪名，如“断指诽谤”“寰中士夫不为君用”等等。第二，在处罚同一犯罪上，《大诰》要比《大明律》为重。如“有司滥收无籍之徒”，明律规定罪止杖一百，徒三年，《大诰》则规定“族诛”。第三，《大诰》在五刑之外，增加了一些酷刑，如挑筋、去膝盖、剥皮、抽肠等等。第四，强调宣传，规定每户人家必须有一本。“一切官民诸色人等，户户有此一本《大诰》，若犯笞杖徒流罪名，有大诰者每减一等；无者每加一等。”

明太祖将其亲自审理的案例加以汇编，再加上因案而发的“训导”“著为条目，大诰天下”。说明朱元璋颁布《大诰》的目的主要是进行法制宣传教育，树立善恶标准，使人取吉避凶，以预防和减少犯罪。《大诰》共四编二百三十六条，其中，大诰 74 条；大诰续编 87 条；大诰三编 43 条；大诰武臣 32 条。诰文由典型案例、重刑法令和朱元璋对臣民的训诫组成，均由朱元璋亲自编订。

《大诰》在内容上涉及极广，而处罚的原则是比《大明律》普通加重量刑。如“有司滥收无籍之徒”，律中规定处杖一百、徒三年，而大诰则处以族诛。再如不愿出仕为官，律典不加处罚，而大诰中专设“寰中士夫不为君用”罪名，竟处以死刑。再如禁游食、市民不许为吏卒等等罪名，都为律所不载。在各种打击对象中，官吏首当其冲。据统计，大诰中有百分之八十以上的条目是针对官吏的。《大诰》中还充斥着各种法外酷刑。

另外，在语言表述上，由于有些内容很可能是臣僚对明太祖朱元璋口述所作的笔录，主要是《大诰武臣》，因此保留了相当浓重的口语化痕迹。如《大诰武臣·私役军人第二十七》是对一名军官非法役使军人的处罚，在裁判理由中说：“外面守御的军官，务要把军整点得齐整，如常要不缺少了，叫唤呵，使都在眼前。他而今多占在家里使唤，倘

或有些紧急，要军用呵，怎地好。这等人，所以都不饶他。”这显然是受到元代立法、特别是《元典章》中圣旨照录口语的影响。

为抬高《大诰》的地位和达到普及化的目的，并强化君主的权威，《大诰》中特别规定，“一切官民诸色人等，户户有此一本《大诰》，若犯笞杖徒流罪名，有大诰者每减一等；无者每加一等。”(《御制大诰·颁行大诰第七十四》)。而且，在科举考试中也列入《大诰》的内容。洪武三十年(1397)颂布《大明律》时，又将《大诰》的部分内容一百四十七条附载于律。明太祖死后，《大诰》基本上弃置不用了。

(三) 明清时代的例

明代的例是由典型判例，发展而成为单行成例，例经过汇编后成为通行法律。明初限制和不主张单独使用例。明宪宗成化以后，用例之风蔓延。明孝宗弘治五年(1492)，刑部删定《问刑条例》，使之成为正式法律。弘治十三年增《问刑条例》至297条，出现律、例并行的局面。至万历十三年(1585)，将律为正文，例为附注，合编为《大明律集解附例》，开创律例合编先例，并影响清代。

明在修订《问刑条例》的过程中，始终把握“立例以辅律，贵依律以定例”的原则，以《大明律》作为编纂条例的基础和出发点，根据社会形势的发展变化，补充、修正《大明律》的有关条款。如明中叶官僚贵族为获取暴利，倒卖盐引、盗掘矿藏，为此，《问刑条例》加强了对“兴贩官私盐引”、武装贩卖私盐和盗采金属矿藏行为的打击力度。针对当时农民起义和民变次数增加的现实，《问刑条例》新增了有关加强防守城池、要地的条款，加重对强盗打劫、官吏捕获不力等犯罪的处罚。

明朝的例又称条例，即包括作为判案依据的判例，也包括经过编纂而成的事例。例的作用在于补律之不足。与汉令、唐格、宋敕一样，主要是以君主命令的形式发布、补充和修订律典的特别法。弘治五年至弘治十三年(1500)，刑部删定《问刑条例》，经九卿集议，将经久可行的条例二百九十七条另编为《问刑条例》与《大明律》并用。这次编订的《问刑条例》后代得到认可，长期稳定有效。

明代对条例态度比较谨慎，并不轻易承认其稳定的效力，因此当时这类条例的数量与清代相比是相当有限的。嘉靖修订，将条例以附注的形式附于律典相关条文之后，正式确立律例合编的法典编纂新体例。著名的《大明律集解附例》就是这种编纂体例的一个代表。这是五代和《宋刑统》将律典正文与令、格、式、敕等其他法规合并编纂体例的延续。律例合编的体例为后来的清朝所继承。

清朝的第一部综合性法典《大清律集解附例》完成于顺治四年(1647)，是在“参酌满汉条例”，“广集廷议”，经过多次“增损裁量”的基础上编纂而成。其篇目体例一准《大明律》，分名例、吏律、户律、礼律、兵律、刑律、工律等七篇，30门，459条，律条之中则以小字夹注方式附加当时通行的注释，即集解，律条之后又附条例321条。因其内容大多抄自明律，与清朝的社会实际相去甚远，难以真正付诸实施。

康熙即位以后，以《大清律集解附例》的纂修为戒，对立法工作极为谨慎。康熙九年，刑部完成对律文的“校正”工作。康熙十八年，鉴于清朝律例之间、条例之间多有矛盾，乃命刑部对于律文之外的所有条例进行重新审定，对于“应去应存”者，本着“因时制

宜"的原则详加酌定。次年，刑部完成《刑部现行则例》二百六十余条。该《刑部现行则例》亦按大清律六部分目的体例分类编辑，对于一些律所不载的各类犯罪详加规定。康熙二十八年，根据臣僚"律例须归一贯"的建议，尚书图纳、张玉书等人奉命作为修律总裁对大清律及定例进行了大规模修订，并在每篇正文后增加总注以疏解律义。经过反复审核参详之后，终于在康熙四十六年完成将《刑部现行则例》分门并入大清律的工作。但康熙"浏览未发"，未予颁行。

清世宗雍正皇帝即位以后，对原有大清律例进行修改。雍正五年(1727)，由修律总裁大学士朱轼主持完成的《大清律集解》正式颁行。这部法典仍以康熙年间的修订为依据，将律文删、并、改、增后，定为436条。这次立法活动的重点是对律后所附条例进行分类处理。正式明确了例的法律地位高于律。

乾隆五年(1740)，《大清律例》修订完成，经乾隆审定后正式颁行。《大清律例》的篇目结构与明律相同，仍分名例律、吏律、户律、礼律、兵律、刑律、工律等七篇，法典前附有六赃、纳赎、五刑、狱具、丧服等图。全律共分30门，律文436条，附例1 049条。

《大清律例》是以《大明律》为蓝本制定的中国历史上最后一部法典。从顺治年间的《大清律集解附例》到乾隆五年颁布《大清律例》，经过近百年时间的精雕细琢后，清朝的基本法典才最终定型。自乾隆五年修订完成以后，《大清律例》一直作为"祖宗成宪"而代代遵行，成为有清一代的代表性法典。《大清律例》中的律文，自乾隆五年定型以后，终清之世没有改动。以后各代君臣，多将注意力集中于律文后所附条例。为了满足社会发展带来的法律需求，编例成为清朝中后期的主要立法形式。条例的数量逐年增多，雍正三年的《大清律集解》附例824条，乾隆二十六年已经发展到1456条，嘉庆六年达到1 603条，同治九年达到1 892条。

二、明清时期的律例关系

《明史·刑法志》说："(洪武)二十五年，刑部言，律条与条例不同者宜更定。太祖以条例特一时权宜，定律不可改，不从。"这说明其实条例既不系统，也不稳定。《大明律》编成以后，明太祖曾令子孙守之，大臣不得稍议更改。然而时代变化、社会发展，《大明律》已远远不能满足统治的需要。于是，条例作为一种法律形式，被广泛地运用于司法实践之中，以补《大明律》的不足。明朝的条例，就是刑事方面的单行法规。与律的区别在于"律者万世之常法，例者一时之旨意。"明代的条例往往来自于司法审判的真实案例。对某一具体案例的判决，经皇帝批准后，便可作为以后同类案件的审判依据，上升为可以普遍适用的法律形式。由此，条例的制定过程与律典的修订过程有所不同。明朝中叶，由于条例日渐繁杂，"一事三四例者有之"，以例代律，以例破律者亦有之。

例在清代的重要地位，与明清治国者对法典稳定性的过分追求有直接关系。这实际上是更加体现出例的必要性与古人的智慧。按照中国古代的传统，法典的权威性和稳定性密切关联，法典不仅具有调整社会关系、维护社会秩序的作用，而且还具有体现统治权威、昭示王朝稳固的象征意义。每一个朝代建立之初往往把编纂本王朝的法典作为治之要务。法典的内容也注重体现"先王成宪"、"祖宗遗命"，表明本朝法典师法先

王，合于古义，综承祖制的合理性。因此，中国历代法典具有较强的传承性，陈陈相因，成而不易。作为末世王朝的明清两代的治国者对此更是有刻意追求，而致“法典的固定性太过”。例如《大明律》颁布后明太祖就下《皇明祖训》，要求后世“一字不可改易”地遵守奉行；《大清律》乾隆定本后为未加改易。法典垂一定之制，而形势变迁，情伪无穷，准情而定的例则以其因时变通的特点，越来越多地发挥着其辅助与补充法典的作用，对法典随时酌定，以权其小大轻重之衡。

明清例属于国家的制定法，是臣僚奉上谕或直接就国家各方面问题及其如何解决所提出的“奏本”、“题本”，即所谓“臣工条奏”，经皇帝批准后而奉为法律的。例的特征，第一，例不同现在的案例，也不属于判例。第二，例经过法定程序之后，才能形成正式的法律规范。律者，常经也；条例，一时之权宜也。律垂邦法为不易之常经，例准民情因时以制宜。《清史稿·刑法志》称，“有例不用律，律既多成虚文，而例遂愈滋繁碎。其间先后抵触，或律外加重，或因例破律，或一事设一例，或一省一地方专一例，甚至因此例而生彼例。”

例包括条例、则例、事例三类。条例是单行刑事法典，从典型案例中概括出来，由刑部或其他行政部门就某个或某类案件先提出一项立法建议，经过皇帝的批准，指导以后类似案件的审判。有时皇帝也可直接指示将某一案件的处理办法著为定例。

则例是指某一政府部门或有关某项政务的单行法规汇编。是有中央政府各部门就本部门的行政事务编制，交由皇帝批准生效的单行法规。根据调整范围的不同，则例可分各部门则例和关于特定事物的则例两大类。则例为数众多，几乎每一中央政府部门都编有则例，作为本部门的行政活动规范。如《钦定吏部则例》、《钦定户部则例》、《钦定礼部则例》、《钦定工部则例》等。由于大多数中央部门是掌握各种行政职责的，因此则例也大多属于单行行政法规，但刑部则例则不同，具有刑事性质。

事例是朝廷处理各类政务的先例，包括皇帝发布的上谕及批准的大臣奏议等，既有刑事方面的，也有行政方面的。事例往往附着在会典之中或之后加以汇编，与会典形成一个共同的整体。事例积累后，刑事方面的一般编为条例，而行政方面的往往编制为则例，成为独立的单行法规。

例的产生主要来自三个途径：其一，臣工条奏定例，即各部门根据执行职务的需要拟定的办事细则，或臣下针对司法实践需要以及显露的法律漏洞等情况拟定的补充性规范，报皇帝批准后颁行；其二，臣下奉上谕定例，即臣下根据皇帝的有关命令、指示草拟出某类事件的处理规则，上报皇帝，经批准后颁行；其三，谕旨定例，即直接由皇帝拟定发布的单行法律规范。谕旨定例与奉上谕定例不同，前者是皇帝以命令的形式对臣下作出指示，再由臣下奉上谕提出臣工条奏，而后者则是皇帝以法律规范性语言直书其事，即直接定例。例之产生虽不一定都来自皇帝，但例之生效却必须经由皇帝批准，亦即取自上裁、著为事例。

例作为法律规范的一种，是对基本法律规范律的补充。例的原始来源有二，其一是皇帝的诏令，其二是刑部就具体案件所作出的并经皇帝批准的判例。这两种来源中，可能后一种更为普遍。据《明史·刑法志》记载，1492年，刑部尚书上奏皇帝，要求将零星

存在的例汇集成编。1 500 年，该书编成，取名《问刑条例》，共有 297 条。一份记录当时编纂过程的资料说明，自 1397 年《大明律》颁布施行之后的 100 年中，很多例都是由各朝皇帝为解决《大明律》的制定者预先不曾料及的特别情势所制定的，该资料说："例的作用在于补充律，发律所不及，而不是要废弃律。"①

在一个存续较久的法律体系中，从其第一次编纂法典开始，它就需要一种能够补充正式法律条文的辅助性法律形式，以适应变化中的社会环境。以皇帝诏令或法院判决为其实际内容的例最初可能只是针对某些非常具体的特定事项，它们必然要比它们所依附的律的适用面狭窄得多。在清代，普遍遵循这样一条原则：对于某一案件可以同时适用律和例时，通常以例为依据进行判决，而不是以律为依据；在例与律内容不相吻合，甚至互相发生冲突时，仍适用例而不适用律。显然，例的优势在于它能解决那些法典原则制定者事先没有能预料到的特殊事件。但与此相联系，例的存在又常引起法律适用上的混乱和困难。一方面，例通常仅适用于某些特定的事项，越此一步，即失去适用意义；但另一方面，例一旦被收入法典，它也会像律一样具有某种稳定性。结果有时例在其针对性已经丧失之后还保留在法典之中。②

只要皇帝就某一特殊情况作出了成文法上找不到或不同于成文法现行规定的决定，而且命令今后同样的案件都必须照此办理的话，则该决定即被照会所有关于周知。而且在对法条每隔几年进行一次的定期修订时，皇帝的上述决定以一定形式被记录下来，作为优先于刑律本身得到适用的"条例"正式载入法律。自乾隆五年(1740)《大清律例》刊行之后一直到清末，几乎没有对"律"本身进行修订。在此期间，正是通过上述步骤而产生的"条例"担负着法的变化以及将变化本身公之于众的功能。在这个意义上，可以说清代的"法"的整体包括：作为历代皇帝过去的意志集中体现在律里面的，皇帝过去关于犯罪和刑罚的对应关系而作出的判断；集积在"条例"中的皇帝最近的判断和最近的意志；以及皇帝现在就一个个具体案件作出的个别判断或体现在这些判断中皇帝现在的意志。构成清代"法"的这三个层次可以比喻为一种经历着不断变动或逐渐在加厚的地质结构；皇帝现在关于具体案件的个别决定不断地覆盖在表层上，而随时间经过现在的个别决定又会变为"条例"。官吏们有义务遵循皇帝最近和过去所表明的意志，在此基础上以成文法为根据的复审制度才得以维持和运转；同时，正因为存在上奏的程序和皇帝独占变通法律的权力，复审制也意味着成文法不断地产生和发展出新的内容来。③

律例两者之间，存在极为密切而且非常复杂的关系。第一，律例都是国家的重要法律规范，二者同时规定在国家的基本法典之中，同样对现实社会关系起到调节作用。

第二，律是国家最根本的规范，是法律的主体。而例是对律文的进一步的充实和补

---

① [美]布迪、[美]莫里斯：《中华帝国的法律》，江苏人民出版社 2010 年版，第 59－60 页。

② [美]布迪、[美]莫里斯：《中华帝国的法律》，江苏人民出版社 2010 年版，第 61－62 页。

③ [日]寺田浩明：《日本的清代司法制度研究与对"法"的理解》，载滋贺秀三等《明清时期的民事审判与民间契约》，法律出版社 1998 年版，第 119－120 页。

充。从清朝的实际情况看，律所规定的是法律的基本精神、大的原则。例的制定是以律为基本和依据的。虽然例的制定未必在每一细节上都与律一致，但是其基本价值取向、基本是非观念，不能且在实际上也没有超出律的原则框架。

条例的制定和修改须体会律的精神，以律为原则和指导。明清两代大量修例，其目的固然是为了适应社会的变迁而随时做出便宜处置。然而，顺应现实虽然是修例的重要原则，但并非唯一的原则。制定条例除了以现实为依据外，还必须以律的精神为宗旨，在律的基准上上下浮动，而不能彻底背离律的原则。

明万历十三年(1585)，刑部尚书舒化等在重修《问刑条例》题稿中指出，"盖立例以辅律，资依律以定例"。清廷修例同样遵循"依律定例"的原则。"律有一定，例则随时损益。有于律本重者，例或权其情节量为宽减；有于律本轻者，例特重其科。皆体会律意，参酌变通。断罪者当以改定之例为准，不比拘泥律文。"这段文字表明，依律定例，不在于拘泥律文，而在于从实质上把握律的精神。"律后附例所以推广律意而尽其类，亦变通律文而适于宜者也。故律一定而不可易，例则世轻世重，随时酌中之道焉。"考察《大明律》四百六十门所附《问刑条例》中之相关各条例及《大清律例》四百三十六门后所附条例，虽轻重与律文或有不同，但其基本的立法精神却是与律文相一致的。

第三，在不违背律所确立的大的原则和方向的前提下，例可以根据实际需要作出新的规定，以弥补律的不足。因为社会生活千变万化，单靠《大清律例》436 条律文是无法满足社会需要的。作为国家基本法律准则的律又需要具有一定的稳定性，不可能逐年逐月地修订法典。所以，就要靠条例这样灵活的规范来弥补律之不足。

第四，在一些具体问题上，也存在以例破律的情形，即例的规定与律文相出入，但大多仅是轻重之分，不是是非之别。清朝的条例是一种十分重要的法律形式。从清朝遗留下来的一些实际案例所反映的情况看，司法官在判决案件时，经常是引用律文在先，引用例文在后，最后的判决，则常常是以现行的条例的规定作为依据。应该说，明确时期形成的这种律例并举的形式，是一种比较成熟的方式。因为一方面可以由比较成熟和稳定的律文来确定一些基本的法律价值和道德价值，另一方面又可以运用条例这种灵活的、可以适应时变得规范来处理调解具体的社会关系。明清之际的律例关系，也反映出在中国封建社会后期，统治者已经越来越娴熟地运用法律手段来管理国家、调节社会。

三、明清法制的主要内容

明代惩治官吏贪污犯罪与以往相比有许多变化。其一，处罚从重。《大明律·吏律》规定：官吏监守自盗仓库钱粮，不分首从，并赃论罪，一贯以下杖八十，四十贯处斩。而元律规定三百贯才处斩。明律规定：官吏受财枉法，一贯以下杖七十，八十贯处绞刑。而元律一百贯以上杖一百零七。其二，实行常赦不原的原则。朱元璋洪武四年(1371)下令：凡官吏犯赃罪不赦。这成为明代定制。其三，用刑残酷。《明大诰》规定：官吏贪污，轻者罚苦役，戍守边疆，赃满六十两银以上者枭首示众，剥皮实草，以示警告。重典治赃吏虽有助于缓和社会矛盾，但不可能根除官吏贪赃犯罪。

朱元璋洪武年间创设“奸党”罪，用以惩办官吏结党危害皇权统治的犯罪。《大明律·吏律》规定：“凡奸邪进谗言左使杀人者，斩；若犯罪律该处死，其大臣小官巧言谏免，暗邀人心者，亦斩；若在朝官员交结朋党紊乱朝政者，皆斩，妻子为奴财产入官；若刑部及大小衙门官吏不执法律，听从主司指使出入人罪者，罪亦如之。”从规定上看，这样的法律显然是重判。如“交结朋党紊乱朝政”，没有具体标准，也没有讲具有什么明显的危害后果，这纯粹是为统治者镇压政敌，扫除异端打开方便之门。明代每逢内部出现危机，总是迭兴大狱，并以“奸党”罪杀戮臣下。朱元璋在胡惟庸奸党案中，先后处死三万余官吏，就是明证。有关“奸党”规定的实施，导致明代冤狱，激化统治阶级内部矛盾。

中央司法机构：刑部主审判，大理寺负责复核，都察院负责法律监督，也参与审判。上述三者，合称为“三法司”。刑部因主审判，故由原来的四个司扩充为十三清吏司，分别受理地方上诉案件和中央百官与京师地区的案件。审判结束，应将案卷连同罪犯移送大理寺复核，流刑以下案件，大理寺认为判决得当，刑部则具奏行刑，否则驳回更审。死刑案件，刑部审理，大理寺复核后，须报请皇帝批准才能执行。

明代把御史台改称都察院，扩大监察组织和职权，设立左右都御史及监察御史等官，负责纠举弹劾全国上下官吏的违法犯罪，并且参与重大疑难案件的审判工作，监督法律的执行。都察院附设监狱，关押皇帝直接交办的重要案犯。从宣德十年(1435)起，明代按省把全国划分为十三道，共设监察御史一百一十人，直属都察院，分掌地方监察工作。监察御史定期巡按地方，对地方司法审判进行监督。发现官吏违法犯罪，可以“大事奏裁，小事立断”。明代通过御史巡视监察，维护了君主专制统治。

明代地方司法机关分为省、府、县三级。省设提刑按察司，有权判处徒刑及以下案件，徒刑以上案件须报送中央刑部批准执行。府、县两级实行行政司法合一体制，由知府、知县掌管狱讼事务。明代还在各州县及乡设立“申明亭”，张贴榜文，申明教化，由民间德高望众的耆老受理当地民间纠纷，加以调处解决，有力地维护了社会秩序。

此外，还应指出，明代于普通审判机关之外，还建立了特务审判机构，如锦衣卫与东厂、西厂、内行厂等机构，用以维护专制皇权，监视臣民，防范犯罪。九卿“圆审”：明代重要的复审制度，凡是地方上报的重大疑难案件，罪犯经过二审后仍不服判决者，则由六部尚书、大理寺卿、左都御史、通政使九卿联合审判，最后报奏皇帝裁决。明代会审制度虽然存在着形式主义的缺陷，但对于减少冤假错案仍是有益处的。

明代皇帝为强化君主专制，强迫臣民就范，经常使用非法之刑(非法典规定的刑罚)，诸如枭首示众，剥皮实草，墨面文身挑筋，去膝盖等等。但最经常使用的是廷杖，即由皇帝下令，司礼监监刑，锦衣卫施刑，在朝堂之上杖责大臣的制度。朱元璋在位期间曾将工部尚书薛祥杖杀于朝堂之上。明太祖死后，“廷杖”之刑被愈益广泛地使用。明武宗正德初年，宦官刘瑾禀承皇帝旨意，“始去衣”，权责大臣，使朝臣多有死伤。嘉靖年间因群臣谏争“大礼案”，被杖责的大臣多达 134 人，死者竟有 16 人。至明亡崇祯皇帝也没有停止杖责大臣的制度。皇帝法外用刑，加深了统治集团内部矛盾，对法制实施造成恶劣影响。

厂卫干预司法始于太祖洪武十五年(1382)，太祖始令锦衣卫负责刑狱与缉察逮捕。

锦衣卫下设南、北镇抚司，其北镇抚司“专理诏狱”，按旨行事，并设法庭监狱，管辖“不轨、妖言、人命、强盗重事”，使“天下重囚多收系锦衣卫断治”。太祖后期曾加禁止，但成祖很快恢复，且建立宦官特务机构东厂，专司“缉访谋逆，大奸恶”。其权超过锦衣卫。明宪宗、武宗时又分别建立西厂、内行厂。内行厂权力又在东、西厂之上。到明后期，厂卫特务多达十余万，严重干扰司法。

其一，奉旨行事，厂卫作出裁决，三法司无权更改，有时还得执行。

其二，非法逮捕行刑，不受法律约束。厂卫无需事实根据，仅凭街谈巷议，片纸投入，可随意逮捕人犯执行刑罚。使得“天下皆重足屏息，嚣然丧其乐生之心”。加剧社会矛盾，导致明代统治加速灭亡。

地方司法机关，1. 州(县)为第一审级。州(县)作为第一审级有权决定笞杖刑，徒以上案件上报。一般而言，有关田土、户婚、斗殴诸般“细故”，均由州县自理。对于此类民事案件，一般均由州县或同级机关自行审理和作出判决，无须逐级审转。但命盗重案，州县初审后，应将人犯并案卷一并解赴上级机关审理。2. 府为第二审级。府负责复审州县上报的刑事案件，提出拟罪意见，上报省按察司。凡应拟判徒刑的案件，由州县初审，依次经府、按察司、督抚逐级审核，最后由督抚作出判决。3. 省按察司为第三审级。省按察司负责复审各地方上报的徒刑以上案件，并审理军流、死刑案的人犯。对于“审供无异”者，上报督抚，如发现有疑漏，则可驳回重审，或改发本省其他州(县)、府更审。4. 总督(或巡抚)为第四审级。总督(或巡抚)有权批复徒刑案件，复核军流案件，如无异议，定案并谘报刑部。流刑、充军等案，由各省督抚审结谘报刑部，由刑部有关清吏司核拟批复，由督抚向皇帝具题，最终由“三法司”核拟具奏。对死刑案则须复审，并上报中央。发生在京师的死刑案，则由刑部直接审理，题奏于皇帝，再经三法司拟核。死刑案最终须经皇帝勾决，才能执行。

九卿会审，凡全国性重大案件，由六部尚书、大理寺卿、都察院左都御史、通政司通政使九个重要官员会同审理，将结果报请皇帝裁决。“九卿会审”是从明代“九卿圆审”发展而来。秋审，号称“秋审大典”。审理全国上报的斩、绞监候案件，每年秋八月在天安门金水桥西由九卿、詹事、科道以及军机大臣、内阁大学士等重要官员会同审理。统治者专门制定《秋审条款》，作为进行秋审的基本规范。朝审，朝审是对刑部判决的重案及京师附近绞、斩监候案件进行的复审，其审判的组织方式与秋审大体相同，时间晚于秋审。

案件经过秋审或朝审复审程序后，分四种情况处理：第一情实：指罪情属实、罪名恰当者，奏请执行死刑；第二缓决：案情虽属实，但危害性不大者，可减为流三千里，或减为发烟瘴极边充军，或再押监候留，待来年秋审再审；第三可矜：指案情属实，但有可矜或可疑之处，可免于死刑，一般减为徒、流刑罚；第四留养承祀：指案情属实、罪名恰当，但有“亲老丁单”情形(所谓“亲老丁单”就是犯人的父母老病，又无其他子孙扶养者)，可以申请“存留(免死)奉亲(扶养父母)”，是否可以留养要奏请皇帝裁决。

清前期京师笞杖刑案件进行重审的制度，于每年夏天小满后十日至立秋前一日，由大理寺官员会同各道御史及刑部承办司共同进行，快速决放在监笞杖“轻刑”案犯，以体现所谓“恤刑”。清中叶以后因意义不大，废止热审。

案例一：胡惟庸谋反案。洪武十三年(1380)，朱元璋以“谋不轨”罪诛当时宰相胡惟庸九族，同时杀死御史大夫陈宁、中丞涂节等数人。此后追查不休，直至十年后杀李善长等三万多人才告一段落。

(1) 任丞相后，飞扬跋扈，擅权罔上；(2) 谋刺徐达，毒死刘基；(3) 定远老宅井里生出石笋，祖坟夜夜火光照天；(4) 与李善长结交；(5) 结费聚、陆仲亨；(6) 令李存义说李善长谋反；(7) 遣林贤下海招引倭寇；(8) 遣元降臣封绩为使者向残元请兵；(9) 胡惟庸之子在城中驾车飞奔，坠死于车下，胡惟庸杀驾车者，朱元璋大怒，令其抵死；(10) 阻占城贡使，被朱元璋怪罪；(11) 私给文官以入官妇女，按法律规定，胡惟庸及六部堂属皆当坐死；(12) 涂节见事不成，告发胡惟庸；(13) 云奇告变；(14) 林贤狱成；(15) 李善长被杀(16) 胡党株蔓数万人，功臣宿将几尽。

胡惟庸案是君权、相权斗争的必然结果；除掉胡后，朱元璋罢左右丞相，废中书省，其事由六部分理。胡惟庸是中国封建时代最后一个名至实归的丞相。

案例二：蓝玉案。洪武二十六年(1393)，明太祖朱元璋借口凉国公蓝玉谋反，株连杀戮功臣宿将的重大政治案件。

《明史》卷132：玉长身赪面，饶勇略，有大将才。中山、开平既没，数总大军，多立功。太祖遇之厚。浸骄蹇自恣，多蓄庄奴、假子，乘势暴横。尝占东昌民田，御史按问，玉怒，逐御史。北征还，夜扣喜峰关。关吏不时纳，纵兵毁关入。帝闻之不乐。又人言其私元主妃，妃惭自经死，帝切责玉。初，帝欲封玉梁国公，以过改为凉，仍镌其过于券。玉犹不悛，侍宴语傲慢。在军擅黜陟将校，进止自专，帝数谯让。西征还，命为太子太傅。玉不乐居宋、颍两公下，曰：“我不堪太师耶！”比奏事多不听，益怏怏。太子薨，燕王来朝，颇言：“诸公侯纵恣不法，将有尾大不掉忧”，上由是益疑忌功臣，不数月而玉祸作。

案例三：郭桓案。《明史·刑法志》记载：郭桓者，户部侍郎也。帝疑北平二司官吏李彧、赵全德等与桓为奸利，自六部左右侍郎下皆死，赃七百万，词连直省诸官吏，系死者数万人。核赃所寄皆遍天下，民中人之家大抵皆破。帝乃手诏列桓等罪，而论右审刑吴庸等极刑，以厌天下。

郭桓案是重典治吏的体现。郭桓贪污案的特点：(1) 贪赃舞弊时间上，手法拙劣；(2) 每盗官粮，郭桓总是上与六部要员联手，下与州府县官吏勾结，形成团体，合伙贪污。

案例四：空印案。空印就是在空白的文书上预先盖上官印。

《明通鉴·卷六·纪六·太祖洪武九年》：每岁布政使、府州县吏诣户部核钱粮、军需诸事，以道远，预持空印文书，遇部驳即改，以为常。及是，帝疑有奸，大怒，而空印之狱起。……一时主印吏及署有名者，皆逮系御史狱，凡数百人……时上方盛怒，丞相、御史亦知空印无他奸，莫敢谏。士利独叹曰：“上不知，以空印为大罪，诚得人言之，宜有悟。”……曰：“陛下欲深罪空印者，恐奸吏得挟空印纸为文移以虐民耳。”夫文移必完印乃可，今考校书册，乃合两缝印，非一印一纸比。钱谷之数，府必合省，省必合部，数难悬决，至部乃定。省府去部，远者六七千里，近亦三四千里，册成而后用印，往返非期年不可，以先印而后书。此权益之务，所从来久，何足深罪！……上览书大怒，下丞相、御史杂问，究使者。士利笑曰：“顾吾言足用否耳。吾业为国家言事，自分必死，谁为我谋！”

……而空印者竟多不免。

案例五：方孝孺案。《明史·方孝孺传》：成祖顾左右授笔札，曰："诏天下，非先生草不可"，孝儒投笔于地，且哭且骂曰："死即死耳，诏不可草。"成祖怒，命磔于市。诛方孝孺十族的根本目的，就在于用残酷的手段对于挑战皇权合法性的思想和行为进行严厉的镇压，以此来巩固王朝的统治。

案例六：东林党案。《明史·杨涟传》：其年六月，涟遂抗疏劾忠贤，列其二十四大罪…… 忠贤初闻疏，惧甚。其党王体乾及客氏力为保持，遂令魏广微调旨切责涟。先是，涟疏就欲早朝面奏。值次日免朝，恐再宿机洩，遂于会极门上之，忠贤乃得为计。涟愈愤，拟对仗复劾之，忠贤诇知，遏帝不御朝者三日。及帝出，群阉数百人衷甲夹陛立，敕左班官不得奏事，涟乃止。

自是，忠贤日谋杀涟。至十月，吏部尚书赵南星既逐，廷推代者，涟注籍不与。忠贤矫旨责涟大不敬，无人臣礼，偕吏部侍郎陈于廷、佥都御史左光斗并削籍。忠贤恨不已，再兴汪文言狱，将罗织杀涟。五年，其党大理丞徐大化劾涟、光斗党同伐异，招权纳贿，命逮文言下狱鞫之。许显纯严鞫文言，使引涟纳熊廷弼贿。文言仰天大呼曰："世岂有贪赃杨大洪哉！"至死不承。大洪者，涟别字也。显纯乃自为狱词，坐涟赃二万，遂逮涟。士民数万拥道攀号，所历村市，悉焚香建醮，祈祐涟生还。比下诏狱，显纯酷法拷讯，体无完肤。七年七月遂于夜中毙之，年五十四。

参考文献

1. 怀效锋点校：《大明律》，法律出版社 1999 年版。
2. 张荣铮等点校：《大清律例》，天津古籍出版社 1995 年版。
3. 张晋藩主编：《中国法制通史》(第七、八卷)，法律出版社 1999 年版。
4. 滋贺秀三等：《明清时期的民事审判与民间契约》，法律出版社 1998 年版。
5. 苏亦工：《明清律典与条例》，中国政法大学出版社 2000 年版。
6. 赵晓耕主编：《中国法制史案例教学》，北京大学出版社 2006 年版。
7. 吕丽等：《中国传统法律制度与文化专论》，华中科技大学出版社 2013 年版。
8. 赵晓耕主编：《罪与罚：中国传统刑事法律形态》，中国人民大学出版社 2012 年版。

思考题

1. 明朝立法的指导思想。
2. 明朝刑事立法的内容及特点。
3. 《大明律》与《唐律》相比有哪些变化？
4. 如何理解明清时期的律例关系？

第五章

中国传统刑法文化

学习目的和要求：

学习本章应着重了解中国古代的刑法的伦理原则和等级原则。同时了解中国古代刑法中几种主要罪名的发展变化。

学习重点：

古代刑法的伦理原则、等级原则及其古代主要犯罪。

一、伦理观念影响下的中国古代刑法

通常所说的“伦”就是关系、类别、辈分；“理”则专指道德和规则。“伦理”合意就是人们处理相互关系时所应遵循的道德和规则。伦理是一种人伦关系，表现为个人与家庭、与社会、与国家之间的关系，而道德则是一种品质、一种修养。在中国古代，任何人都身处一张人伦关系的网络之中，伦理观念作为社会的主导观念一直深深根植于每个人的生活中。

（一）刑罚轻重的伦理标准

在古代刑罚体系中，就一般常识而言，斩刑施于受刑人的痛苦较绞刑为短，其严厉性应轻于绞刑。然而在传统观念中，绞刑却轻于斩刑，受刑之人往往因其被执行绞刑而不是斩刑而感激涕零。原因在于，孝道的一个基本原则是善事父母，对于父母给予自己的一切都要倍加珍视，不能损坏。自己的身体是父母所给予的，自己不能任意处置，如因为个人的原因，而对之造成了损伤，就是严重的不孝行为。斩刑使人身首异处，是对身体的最大损坏，而绞刑却不断裂肢体，保存完尸，并没有使父母给予的身体受到损坏，因而绞刑轻于斩刑。

流刑对于犯罪之人的惩罚实际严厉程度并不一定重于徒刑。流刑渊源于人类社会早期将违反自我约束纪律成员逐出所属部落或氏族的强制措施。至北魏、北齐开始作为刑名的一种，为后代王朝所沿用。流刑犯除每月两次向流放地官府报告自身情况外，在日常生活中享有较大的自由。而徒刑是将犯人限制在一定的劳动场所，强迫其从事生产劳动，个人自由很少。但是徒刑的执行场所不会太远离家乡，服刑期满即可回原籍定居，这正是徒刑在人们的观念中比流刑轻的关键所在。流放把犯人流配至远离宗族的地方，同其所在的宗族完全分离，更无从祭祀自己的先祖，这对于具有浓厚宗族观念的古人来说，无疑是最严厉的惩罚。

（二）犯罪因伦理而成立

"百善之行孝为先。"在所有的伦理关系中，"孝"被视为古代中国一切伦理道德的根本。父为子之天，父子之间的绝对服从关系是绝大多数人际关系的蓝本，社会上一切人际关系的道理、准则，几乎都可以由父子间的关系准则——"孝"推导出来。在一个家庭中，子孙要绝对维护父祖的权威，给予父祖以物质上的赡养和精神上的尊敬，否则即为不孝，也是罪不容赦的。为人子孙者，应供养父祖，这是做人的根本，否则，便是禽兽不如。所以对那种不能供养父母的人，历代法律都以"供养有阙"对其定罪处罚。《唐律疏议·斗讼》："子孙对祖父母、父母供养有阙者，徒二年。明律对供养有阙的处罚为杖一百。"

在中国古代家族内部，每个成员的财产都被视为整个家族的财产，累世而居，通财合食被视为美德。法律为了鼓励这一美德，也对违背这一传统的行为加以惩罚。《唐律疏议·名例律》："七曰不孝，谓祖父母、父母在，别籍、异财。"《唐律疏议·户婚》："诸祖父母、父母在而子孙别籍、异财者，徒三年。若祖父母、父母令别籍及以子孙妄继人后者，徒二年；子孙不坐。诸居父母丧，……兄弟别籍异财者，徒一年。宋刑统继承，明律、清律改为杖一百。"

为父母服丧的三年期限内婚嫁作乐、释服从吉，冒哀求仕或匿不举丧，都是严重违反人伦的行为，不仅要受到道德的谴责，更要定罪量刑。对于居丧期间婚嫁，唐律规定的处罚是徒三年，而且婚姻必须解除。明清继承唐律的精神，但处罚上改为杖八十。在三年父祖丧期内，还严禁子孙正常的夫妻生活，因为丧期内进行夫妻生活就意味着寻求欢乐而忘却丧父母之痛，如因丧期夫妻性行为而致怀孕的，则要受到刑罚的处罚，唐律对这类行为的处罚是有官者免，无官的处刑一年。

在父母死亡时匿不发丧的，更是罪大恶极，理应严惩。唐律规定"闻父母丧匿不举哀者"，处以流放二千里。祖父母、父母死亡，对于子孙来说，是最应该谨慎关注的事，如有人胆敢在父母健在时诈称已死，或父祖死了很久而诈称新丧的，都是有亏人子之道的，法律对此也严加惩罚。唐律规定诈祖父母、父母死以有所企图的，徒三年；若父母已死诈称新丧者，徒一年。祖父母、父母犯法，对子孙来说是非常悲痛的事情，子孙在此期间追求个人快乐的行为，中国古代的刑律也要予以刑罚惩罚。如《唐律疏议·户婚》规定："诸祖父母、父母被囚禁而嫁娶者，死罪徒一年半；流罪，减

一等;徒罪,杖一百。”

在中国古代,不仅违反孝道可以致罪,而且扰乱宗法伦理秩序也可被刑法惩罚。立嫡事关家族秩序稳定,一般以嫡妻之长子为子,如不依照此制立嫡即为犯罪。立嫡违法在唐朝要处以一年徒刑。《唐律疏议·户婚》规定:“诸立嫡违法者,徒一年。即嫡妻年五十以上无子者,得立庶以长,不以长者亦如之。”收养贱民子女,也是扰乱宗族秩序的行为,也被定罪量刑。《唐律疏议·户婚》规定:“诸养杂户男为子孙者,徒一年半;养女,杖一百。若养部曲即奴为子孙者,杖一百。”

(三)犯罪因伦理而加重或减轻

古代刑法照顾伦理,同一行为及其所造成的后果,由于涉及的伦理关系不同,法律对其的处罚也有所不同。总的说来,刑罚的适用标准是,同常人相犯相比,卑犯尊,其刑重;尊犯卑,其刑轻。我国古代亲属间亲属远近和名分尊卑是通过五服关系表现出来的。晋《泰始律》曾规定,峻礼教之防,准五服以制罪。服制按服丧期限及丧服粗细的不同,分为五种,即所谓五服:斩衰三年,用很粗的生麻布做成,不缝边,像斧斩的一样,故名斩衰。齐衰,用缝边的生麻布做成。按照服丧期限的长短,齐衰又分为齐衰三年、齐衰杖期一年、齐衰不杖期(不持杖,一年)、齐衰五月和齐衰三月五等。大功九月,用粗的熟麻布做成。小功五月,用稍粗的熟麻布做成。缌麻是最轻的服,表示边缘亲属。五服之外,同五世祖的亲属为袒免亲,袒是露左臂,免是用布从项中向前交于额上,又后绕于髻。古人认为,人之去世,与死者关系愈近者,哀痛就越深,这种哀痛外在的表现即是穿粗糙的衣服,且与死者关系越近的,穿这种衣服的时间就越长。斩衰三年的情形包括:臣为君、男子及未嫁女为父母、媳对公婆、妻对夫,都要穿斩衰三年。齐衰包括夫为妻,男子为庶母、为伯叔父母、为兄弟及在室姊妹,已嫁女为父母,孙男女为祖父母,均服齐衰一年。大功包括为堂兄弟、未嫁堂姊妹、已嫁姑及姊妹,以及已嫁女为伯叔父、兄弟,服期九个月。小功包括:为伯叔祖父母、堂伯叔父母、未嫁祖姑及堂姑,已嫁堂姊妹、兄弟妻、再从兄弟,服期五个月。缌麻包括:男子为本宗之族曾祖父母、族祖父母、族父母、族兄弟,服期三个月。服制是亲属相犯时确定刑罚轻重的依据。服制越近,以尊犯卑,处罚越轻;以卑犯尊,处罚越重。反之,服制越远,以尊犯卑,处罚相对变重,以卑犯尊,处罚相对减轻。西晋时有这样一起斗殴事件,甲为乙的侄子,因家庭日常纠纷早已对乙怀恨在心。乙为商人,因生意往来,与丙结仇。一日,丙欲报复乙,遂劝说甲一同前往。后二人一同前往乙处,以同样的行为对乙施暴,造成乙重伤。结果甲所受处罚比丙重。

下表中唐律对亲属间杀伤行为的处罚,我们从中可以清楚看到服制对刑罚的影响。

唐律中亲属相杀处罚对照表

侵害对象	亲属关系 犯罪类型	殴	折伤	殴杀	谋杀 （未遂）	谋杀致伤	谋杀致死
卑幼犯尊长	斩亲	斩	罪无可加	罪无可加	罪无可加	罪无可加	罪无可加
	期亲	徒二年半 徒三年	徒三年绞	斩	斩	斩	斩
	大功	徒一年半	徒二年	斩	流三千里	绞	绞
	小功	徒一年	徒一年半	斩			
	缌麻	杖一百	徒一年	绞			
常人相犯		笞四十	杖一百	绞	徒三年	绞	斩
尊长犯卑幼	缌麻	勿论	杖九十	流三千里	流二千里	流二千 五百里	流三千里
	小功		杖八十	流三千里			流三千里
	大功		勿论	徒三年		徒二年半	三年
	期亲			徒一年半	杖一百	徒一年	一年半
	斩亲			（有过失）勿论	勿论	勿论	勿论

从上表可以看出，唐律对亲属相杀伤的处罚，以常人为基准，尊长犯卑幼，刑罚随服制的加重而递减；卑幼犯尊长，刑罚随服制的加重而递增。这些规定充分说明了亲疏、尊卑、长幼等名分差别对刑罚的影响，唐代以后各朝法律关于亲属相杀伤的处罚原则同唐律相同，但在量刑上稍有差异。

传统法律对于亲属相盗处罚一般也采用从轻原则，若仅为盗窃亲属财物，则不分尊卑长幼，依服制由轻到重，刑罚也渐次轻于常人相盗。唐律规定，诸盗缌麻小功亲财物者，减凡人一等；大功，减二等；期亲，减三等。如对缌麻以上尊亲属实施强盗和恐吓取财行为，以凡人论，即加窃盗罪一等。如是尊长对卑幼实施这一行为，则依窃盗罪减等处罚。这里的亲属相盗，仅指别居亲属之间的盗窃、强盗行为，不包括同居亲属相盗。同居亲属之间的窃盗，不按窃盗罪论处。

（四）刑罚因伦理而免除

从起源上看，复仇是在国家组织尚未发达的时期出现的，社会借助复仇这一自救方式得以维持内部的平衡。随着公共权力的出现，国家刑罚权逐渐排除私力自救，法律开始禁止复仇。西周时期法律开始禁止对复仇行为的限制，至迟至东汉末年，复仇已为国家法律所禁止。由东汉至明清，除蒙古统治的元朝外，法律一般都作如此规定。法律的文本虽然对复仇处以刑罚，但是法律实践却往往对之视而不见，对复仇者免除刑罚。自汉代以降，有关赦免复仇者刑罚的案例历朝皆有之，甚至有些审理官员不惜自己做出某种牺牲，以保全复仇者。

公元131年，陈留郡外黄县缑玉，为报父仇，杀死夫家族人，被捕至县衙。县令梁配打算依法判处死刑。当时年仅十五岁的儒生申屠蟠进谏："玉之节义，足以感无耻之孙，

激忍辱之子。不遭明时，尚当表旌庐墓，况在清听，而加哀矜！”梁配从其言，于是奏谳此案，缑玉得以免死。汉章帝时，《轻侮法》正式颁布，规定儿子因父亲受轻侮而杀死轻侮者可以减死宽宥。

东汉灵帝光和二年二月，也就是公元179年2月的一天，酒泉城里发生了一起惊天动地的“孝女复仇案”。她的事迹广为流传，成为中国历史上早期的一位女中豪杰，至今被人们所称道。《后汉书·列女传》载：酒泉庞淯母者，赵氏之女也，字娥。父为同县人所杀，而娥兄弟三人，时俱病故，仇乃喜而自贺，以为莫已报也。娥阴怀感愤，乃潜备刀兵，常坐帷车以候仇家。十余年不能得。后遇于都亭，刺杀之。因诣县自首。曰：“父仇已报，请就刑戮。”禄福长尹嘉义之，解印绶欲俱亡。娥不肯去。曰：“怨塞身死，妾之明分；结罪理狱，君之常理。何敢苟生，以枉公法。”后遇赦得免。州郡表其闾。太常张奂嘉叹，以束帛礼之。①

复仇之所以能在法律实践中免除刑罚，在于复仇行为迎合了传统伦理的价值追求。复仇是一个为人子者最基本的伦理义务，是基于伦理亲情的必然选择。一个人在其亲爱者遭杀害，而其所认为犯罪又没有收到应得惩罚时，产生亲手杀死罪犯是人之本性的自然流露。复仇虽然是对国家刑法来说是一种破坏，但其又是在维护家族伦理。因此，复仇虽为国家法律所禁止，但却为社会道德所认可，在强大的伦理法则下，国家也不得不在一定限度内容忍复仇行为，对复仇者所应受的刑罚予以减免。

二、中国古代刑法的等级制度

中国古代是一个贵贱亲疏有序的等级社会，位于各个层次的社会成员因其社会等级而在政治、社会地位上上下有别，这些差别又主要表现在法律上的权利义务的不平等。等级越高，享有的权利越多，承担的义务越少；等级越低，享受的权利越少，承担的义务越多。

等级森严是封建社会的显著特点之一。宝塔式的封建等级制度，是推“三纲”之义于人们的社会纽带，封建统治者以此来固定社会上每一成员的法律地位，别贵贱，分尊卑，使大家安分守已，服从于地主阶级的统治。中国封建社会的法律是赤裸裸的特权法，它公开确定不同等级的不同的法律地位。唐代是中国封建社会的巅峰，在其法律中更集中体现了这一原则。其表现在：一方面在法律上直接规定封建贵族享有法定特权；另一方面在法律上直接规定广大劳动人民有限的权利，甚至直接规定劳动人民无权利。有学者将这一特征概括为“尚特权性”，认为产生这一特征的原因在于：“在中国，自然经济、宗法结构和专制政体延续了几千年，从而形成了浓厚的等级特权观念。它支配着人们的思想和心理活动，同时也渗透到古代法律的各个领域。”②

1.“八议”。八议源起于周代的“八辟”，即是关于亲、故、贤、能、功、贵、勤、宾八种人的特殊处罚之法。《周礼·小司寇》中有“以八辟丽邦法，附刑罚”的记载。“八议”作

---

① 《后汉书·列女传》。

② 汪汉卿：《中国传统法律文化和现代法制建设》，《法学评论》1994年第1期。

为一项法律原则，于魏晋时期正式入律，并历代相承，魏晋以前的封建贵族的司法特权和儒家关于八辟的法律思想至此正式被确定为正式的刑法原则和法律制度。隋朝《开皇律》中规定得更加完备，唐承隋制，《名例律》对八议的适用对象、主要内容和执行程序都作了明确而严密的规定。

八议的对象是以下八种人："亲"是指皇帝、太皇太后、皇太后、皇后的有关亲属。即议亲的对象是皇亲国戚。第一，皇帝的袒免以上亲。第二，太皇太后、皇太后的缌麻以上亲。第三，皇后小功以上亲。"故"是指皇帝的故旧。故旧，即宿得侍见，特蒙接遇历久者。"贤"是指有大德行者，即贤人君子，言行可为法则者。"能"指有大才艺者，谓有大才业，即能整军旅，莅政事，盐梅帝道，师范人伦者。"功"是指有大功勋者，即能斩将搴旗，摧峰万里，或率众归化，济宁一时，匡救艰难，铭功太常者。"贵"指职事官三品以上，散官二品以上及爵之一品者。"勤"指有大勤劳者，即大将恪居官次，夙夜在公，若远使绝域，经涉艰难者。"宾"指承先代之后为国宾者，即前朝去位和"禅退"的国君及其后裔。

唐律规定八类具有特殊身份的人犯死罪时，司法机关不得直接审理，必须申报皇帝，说明他们本应处死的犯罪事实及应议的理由，请求交付大臣集"议"，议决之后，再上报皇帝，由皇帝考虑处理。"八议"者如犯流罪以下，通例减一等处理，不必"议"。犯十恶者，死罪不得请议，流罪以下也不得减罪。

2. 请权。不是享有八议特权者本人，而是八议者之亲属以及官爵五品以上犯死罪者。是低于"议"一等的法定优遇办法。唐律规定三种人犯罪是可以享有"请"的特权：一是皇太子妃大功以上的亲属；二是应议者期以上亲属及孙；三是五品以上官爵。这些人犯死罪，司法机关应就其罪状及身份，报请皇帝裁决。应"请"之人犯流罪，减一等处理；犯死罪则同样不按一般司法程序，而是上请皇帝裁决。可见"请"的法律特权是"议"的法律特权的延伸。

3. 减权。适用"减"的对象主要有二类：一是六品、七品官员；二是上述得"请"者的直系亲属以及兄弟、姐妹和妻。这两类人犯流罪以下，照例各减一等处理，死罪则不能减免。

4. 赎权。赎权的适用范围有三：一是享有议、请、减特权的人；二是九品以上官吏；三是七品以上官吏的近亲。赎权的内容是指上述享有赎权之人犯流罪以下，可以用铜赎罪。赎权的规定，使得贵族官吏在刑法上的特权更为完备，凡是依法享有议、请、减的人及其家属，犯罪后经议、请、减的特权程序减免刑罚后，还可按赎律赎免余刑。

从上述的封建贵族所享有的特权看，"议"权是封建特权法中最基本的、最重要的特权，也是封建社会中贵族官吏在刑法上享有的最高特权，而其他的请、减、赎等种种特权都是由此而派生出来的，这一以"八议"为中心的特权原则贯彻于刑法规范的始终，渗透于刑事立法和司法实践之中。

5. 官当。官当是南北朝以来形成的一项重要的官吏特权制度，此制度到唐代发展得更加完备系统。在唐律中，官当是指以撤停官员的官职来抵销其徒、流刑的刑罚制度。它避免了官员因犯罪而被实处徒、流刑，反映了官员的法律特权。

官当的内容主要是以官职抵当徒刑，故又称“以官当徒”。适用于一般官吏，即以其官品的等级抵罪。一般公罪比私罪加当徒刑一年。五品以上官，一官可抵私罪徒刑二年，公罪三年。九品以上官，一官可抵私罪徒一年，公罪二年。应当去官者，一年后可降原官一等任用。

《唐律疏议·名例》规定：“诸犯私罪，以官当徒者，五品以上，一官当徒二年；九品以上，一官当徒一年。”疏文解释说：“九品以上官卑，故一官当徒一年。五品以上官贵，故一官当徒二年。”如果官吏犯公罪，则“各加一年当”，即如因执行公务而过失犯罪，可以增加一年当，即“五品以上，一官当徒三年；九品以上，一官当徒二年”。

流刑也实行官当。《唐律疏议·名例》：“以官当流者，三流同比徒四年。”即三等流刑均折合为徒四年来以官职抵当。

在议、请、减、赎、当等诸种制度共同构成的特权制度体系中，官当制度相较于其他几类应当说是最具特权性质的一种。这首先表现在享有官当特权的主体上。官当特权享有者的范围严格限于官僚贵族阶层，即有官品、爵位或官员出身的人，与其他几种特权制度相比，议、请、减、赎等特权并不绝对地限于官僚贵族阶层，如八议中“议贤”“议能”“议勤”，而上请、例减制度所涉及的官僚贵族的亲属也不必然具有官僚贵族的身份，因此，从官当制度主体范围来看，其无疑是最具特权色彩的一类制度。其次，从刑事诉讼程序的角度来看，八议和上请制度是司法审判过程的特权，例减则主要是在确定刑罚时的特权，赎刑是一种“换刑“意味较强的特权制度，从严格意义上来讲，并无免除刑罚，而只有官当制度是直接用于免除犯罪官员相应处罚的。因此，从特权保护的方式和效果上看，官当制度作为对官僚贵族阶层法律特权的保护方式是最为直接的，效果也最明显。

清代科举，基本沿袭明制。童子幼龄入塾开蒙，习《四书》《五经》，十几岁经县试、府试、院试取得生员资格，俗称秀才，然后分往府学、州学、县学继续学习。生员分三等：由官府供给膳食的称廪膳生员，简称廪生；定员以外增加的称增广生员，简称增生；于廪生、增生之外再增名额，附于诸生之末，称为附学生员，简称附生。考取生员，就取得了参加乡试的资格。乡试每三年一次，逢子卯午酉举行，又称乡闱，考场设在省城，称为贡院，考试在秋季八月，故称秋闱，凡本省科举生员与国子监生均可应考。乡试考中者称举人，第一名为解元，中了举人便取得次年进京参加会试的资格。会试在乡试的次年，即逢丑辰未戌年在京举行，由礼部主持，会试考中者称贡士，第一名称会元。再经过保和殿的复试，然后参加皇帝亲自主持的殿试。殿试按成绩分为三甲：一甲三名，赐进士及第，其次序俗称状元、榜眼、探花；二甲若干名，赐进士出身。状元授翰林院修撰，榜眼、探花授翰林院编修，其余进士再参加朝考，挑选擅长文学书法的为庶吉士。庶吉士在翰林院内特设的教习馆学习三年，期满举行“散馆”考试，成绩优良的分别授翰林院编修、翰林院检讨，其余分发各部任主事，或分发到各省任知县。从年龄上说，科举制下中秀才的平均年龄一般在 18 岁左右，举人的平均年龄在 25 岁左右，进士则在 30 岁左右。按新学制，儿童自 8 岁入蒙至通过殿试，共 21 年，18 岁为附生，21 岁为廪生，25 岁为优贡、举人，28 岁为进士。

三、几种古老罪名及其处罚的变化

(一) 杀人罪

《唐律》和《大明律》贼盗、斗讼篇中根据犯罪人的主观意图区分了“六杀”,即“谋杀”“故杀”“斗杀”“误杀”“过失杀”“戏杀”。“六杀”理论的出现,反映了唐律对传统杀人罪理论的发展与完善,无论在立法技术还是适用法律的原则上都达到了一个很高的水平。

1. “谋杀”是指事前有预谋的杀人行为,或者预谋杀人未遂行为。张斐《晋律注》说,二人对议谓之谋。《唐律疏议·贼盗》:诸谋杀人者,徒三年;已伤者,绞。已杀者,斩;从而加功者,绞,不加功者,流三千里。造意者虽不行,仍为首。即从者不行,减行者以一等。疏议曰:谋杀人者,谓二人以上;若事已彰露,欲杀不虚,虽独一人,亦同二人谋法,徒三年。《大明律·刑律·人命》:“凡谋杀人,造意者斩,从而加功者绞,不加功者杖一百、流三千里,杀讫乃坐,若伤而不死,造意者绞,从而加功者杖一百、流三千里,不加功者杖一百、徒三年。若谋而已行、未曾伤人者,杖一百、徒三年,为从者各杖一百,但同谋者皆坐。其造意者,身虽不行,仍为首论。从者不行,减行者一等。若因而得财者,同强盗不分首从论,皆斩。”谋杀与故杀的区别是,“凡有仇嫌,设计定谋而杀害之者,俱是谋。谋与故字不同。商量谓之谋,有意谓之故。”(《明律集解附例》卷19《刑律·人命》“谋杀人”条纂注)

谋杀人犯罪中,被杀者和杀人者身份和关系的不同,将依据法律规定进行情节的加重或减轻。

关于谋杀罪加重处罚的情节有:

谋杀制使及本管长官。《大明律·刑律·人命》:“凡封制命出使而官吏谋杀,及部民谋杀本属知府、知州、知县,军士谋杀本管指挥、千户、百户,若吏卒谋杀本部五品以上长官,已行者杖一百、流二千里,已伤者绞,已杀者皆斩。”

谋杀祖父母、父母等尊亲属。《大明律·刑律·人命》:“凡谋杀祖父母、父母,及期亲尊长、外祖父母,夫、夫之祖父母、父母,已行者,皆斩,已杀者,皆凌迟处死。谋杀缌麻以上尊长,已行者杖一百、流二千里,已伤者绞,已杀者皆斩。……若奴婢及雇工人谋杀家人及家长之期亲,外祖父母、若缌麻以上亲者,罪与子孙同。”

关于谋杀罪的减轻处罚情节主要有:尊长谋杀卑幼。《大明律·刑律·人命》:“其尊长谋杀卑幼,已行者各依故杀罪减二等,已伤者减一等,已杀者依故杀法。”因犯罪者和受害者身份不同而对谋杀罪处以不同的刑罚,是封建刑法公开规定不平等原则的具体体现之一。

2. “故杀”是指事先虽然没有预谋,但是情急杀人时已经有杀人的意念。张斐的解释:“其知而犯之谓之故。”《唐律疏议·名例律》:“故杀人,谓不因斗竞而故杀者。”《唐律疏议·斗讼律》:“故杀人者,斩。虽因斗,而用兵刃杀者,与故杀同。”《大明律·刑律·斗殴及故杀人》中规定:“凡斗殴杀人者,不问手足、他物、金刃,并绞。故杀者斩。”为了贯彻因身份等级而不平等的原则,凡是以上犯下的故意杀人,一般都减轻刑罚。例如,“凡祖父母、父母故杀子孙,及家长无罪而杀奴婢者,律各止杖六十、徒一年。”“凡妻妾因

殴骂夫之祖父母、父母，而夫擅杀死者，杖一百。”凡是以下犯上的故意杀人，一般都加重刑罚。此外，有些犯罪情节十分恶劣的故意杀人，也要加重处罚。例如“杀一家三人”规定，“凡杀一家非死罪三人，及支解人者，凌迟处死，财产断付死者至家，妻、子流二千里；为从者斩。”“凡采生拆割人者，凌迟处死，财产断付死者之家，妻、子及同居家口，虽不知情，并流二千里安置。为从者斩。”

3.“斗杀”指的是当事人双方原无故意，因为在斗殴中过于激愤而失手将人杀死。张斐的解释，“两讼相趣谓之斗”，讼，就是争辩。这是争辩的双方相互殴打而杀伤对方，即“斗杀伤”。《唐律疏议·斗讼》：“斗杀人者，绞；以刃及故杀人者，斩。斗殴者元无杀心，因相斗殴而杀人者，绞。”《大明律·刑律·人命》：“凡因戏而杀伤人及因斗殴而误杀伤旁人者，各以斗杀伤论，期谋杀、故杀人而误杀旁人者，以故杀论。若知津河水深泥泞而诈称平浅，及桥梁渡船朽漏不堪而诈称牢固，诳令人过渡以致陷溺死伤者，亦以斗杀伤论。”“凡无故于街市镇店驰聚车马，因而伤人者，减凡斗伤一等；致死者，杖一百，流三千里。”

4.“误杀”是指由于种种原因错置了杀人对象。斗殴时误杀旁人。按照斗杀罪处理。

5.“过失杀”，是指“耳目所不及，思虑所不至”，即出于过失杀人；耳目所不及，假有投砖瓦及弹射，耳不闻人声，目不见人出，而致杀伤；思虑所不至，谓本是幽僻之地，其处不应有人，投瓦及石，误有杀伤。张斐的解释：“不意误犯谓之过失。”“过失”是“不意误犯”是指，行为人在主观上没有认识，对自己行为所造成的结果根本没有预料到。《唐律疏议·斗讼》对过失的解释：“耳目所不及，思虑所不到；共举重物，力所不制；若乘高履危足跌；及因击禽兽以致杀伤之属。”

6.“戏杀”是指“以力共戏”而导致杀人。张斐的解释为“两和相害谓之戏”，和，顺，睦。这是指双方在嬉戏过程中误将对方杀伤，即“戏杀伤”。《唐律疏议·斗讼》：“诸戏杀人者，减斗杀伤二等。戏杀人者，谓以力共戏，因而杀伤人，减斗罪二等。若有贵贱、尊卑、长幼，各依本斗杀伤罪减二等。”

北宋熙宁元年，登州女子阿云在母亲死后的服丧期间嫁给一个姓韦的男子。阿云见丈夫面目丑陋，很是讨厌，一天晚上趁丈夫熟睡，拿了刀想砍死丈夫，结果力气太小，没能砍死。当官府来调查时，阿云在被传讯问话时承认了丈夫是自己砍伤的。登州知州许遵认为阿云在服丧期间出嫁是“违律为婚”，所以算不上是韦姓的妻子，只是常人谋杀未遂，又有自首情节，应该按照故意杀伤罪减轻二等。当时朝廷宫中审刑院、大理寺都认为阿云是谋杀亲夫，即使未遂仍要处死，考虑到是“违律为婚”，应上请皇帝恩准免死罪。当时正值王安石主持开始变法新政，为打击反对变法的朝臣，他支持许遵的意见，按故杀罪处理，而司马光等守旧大臣支持大理寺的意见，按谋杀罪处理。最后宋神宗作出支持王安石的决定，并修改了有关自首的敕条，谋杀自首可以免原罪。

我国的 1997 年刑法中关于杀人罪的规定主要体现在两个条文中，即第二百三十二条规定的故意杀人罪和第二百三十三条规定的过失致人死亡罪，此外，在一些罪名中将犯该罪致人死亡的情形转化为故意杀人罪(如非法拘禁罪致人死亡的按故意杀人罪论处;刑讯逼供罪、暴力取证罪致人死亡的转化为故意杀人罪并从重处罚)或者作为该罪的法定加重情节(如故意伤害罪、绑架罪、强奸罪、暴力干涉婚姻自由罪、虐待罪等)。

我们应该注意到,《唐律疏议》中"六杀"的分类并没有一个统一的标准,各种"杀"之间并没有明确的界限,那么就必然的会导致各类之间的重合,比如"过失杀"就应该涵盖了"戏杀""误杀"的内容,虽然可以以"误杀""戏杀"是"过失杀"的特别规定应该优先适用来防止司法的混乱,但是从立法的角度来看不能不说是一个缺陷。反观我国现行刑法,将杀人罪区分为故意和过失两类,同时将特定罪行中致人死亡的情形采取或者转化罪名或者加重的处理措施,这么一来分类就显得清晰明确,各种罪行都会清晰地落入某一条款的规定之中。

(二) 盗罪

原始共产制时代是没有盗窃的。随着原始共产制变为邦人私有制,邦民享有食器,出现了限制,于是产生了违反限制的盗。盗字由次皿组成;次是贪欲,皿是食器。欲皿就是盗。窃表示虫私食米,引申为人类享有非份食物。盗与窃的共同点,在于乘人不知而取得非份财物。[①] 张斐注律中定义为"取其非物谓之盗","加威势下手取财谓之强盗",可见盗罪是指用公开或秘密的方式把他人财产据为己有的行为。

《左传·照公七年》:"盗所隐器与盗同罪",意即窃取他盗所隐藏的盗赃,也是窃盗罪。可见盗罪的成立,不须被盗人对于被盗财物享有正当权利。只要侵害了事实上的占有,就可成立盗罪。所以肯定这种盗罪,不仅为了保护所有权,而且是为了保护占有的事实。这是因为侵害单纯占有足以影响物归原主。保护占有,就是保护所有。[②]

1. 唐律中的"盗",是指以公开或秘密的方式非法取得他人财物的行为,具体分为强盗和窃盗。《唐律疏议·贼盗》:"诸盗,公取、窃取皆为盗。"从量刑上看,强盗罪重于窃盗罪。《唐律疏议·贼盗》规定:"诸强盗,不得财徒二年;一尺徒三年,二匹加一等,十匹即伤人者绞,杀人者斩。其持杖者,虽不得财,流三千里;五匹绞;伤人者斩。""诸窃盗,不得财笞五十;一尺杖六十,一匹加一等;五匹徒一年,五匹加一等,五十匹加役流。"

盗罪的既遂直到《唐律疏议》才有明文。《唐律疏议·贼盗》公取、窃取皆为盗条注:"器物之属须转移,阑圈系闭之属须绝离常处,放逸飞走之属须专制,乃成盗。若畜产伴类随之,不并计。即将入已,及盗其母而子随者,皆并计之。疏议曰:"器物之属须移徙者,谓器物钱帛之类,须移徙离于本处;珠玉宝货之类,据入手隐藏,纵未将行,亦是。其木石重器,非人力所胜,应须驮载者,虽移本位,未驮载间,犹未成盗。但物有巨细,难以备论,略举纲目,各准临时取断。阑圈系闭之属须离常处,谓马牛駞骡之类,须出阑圈及绝离系闭之处。放逸飞走之属,谓鹰犬之类,须专制在已,不得自由乃成盗。若畜产伴类随之,假有盗马一匹,别有马随,不合并计为罪。即因逐伴而来,遂将入已,及盗其母而子随之者,借并计为罪。"

强盗,唐律疏议的定义是以威若力,即以威吓或强力取得他人财物;包括使用药、酒

---

① 蔡枢衡:《中国刑法史》,广西人民出版社 1983 年版,第 141 页。
② 蔡枢衡:《中国刑法史》,广西人民出版社 1983 年版,第 144 页。

等使对方陷入迷乱状态而取得财物的行为。《唐律疏议·贼盗》规定:强盗不得财,徒二年;得赃一尺,徒三年,以上递加至赃十匹,绞。如果强盗伤人的,无论是否得赃,一律处以绞刑,杀人的处斩。持杖(持有武器)的强盗,即使不得财仍然处流,仍然处流三千里,赃满五匹者绞,伤人者斩。《唐律疏议·贼盗》:"谓以威若力,假有以威胁人,不加凶力,或有直用凶力,不作威胁,而劫掠取财者。先强后盗,谓先加迫胁,然后取财。先盗后强,谓先窃其财,事觉之后,始加威力。如此之例,俱为强盗。若饮人药、酒,或食中加药,令其迷谬,而取其财者,亦从强盗之法。即得阑遗之物,财主来认,因即殴击,不肯还物,及窃盗取人财,财主知觉,遂弃财逃走,财主逐之,因相拒捍。如此之类,是事有因缘,并非强盗,自从斗殴及拒捍追捕之法。"《大明律·刑律》中的"强盗"条规定:"凡强盗已行而不得财者,皆杖一百,流三千里。但得财者,不分首从皆斩。若以药迷人图财者,罪同。若窃盗临时有拒捕及杀伤人者皆斩。因窃而奸者,罪亦如之。"

窃盗,不得财笞五十,一尺杖六十,一匹加一等,五匹徒一年,五匹加一等,五十匹加役流。《唐律疏议·贼盗》疏议:"窃盗人财,谓潜行隐面而取。盗而未得者,笞五十。"得财一尺,杖六十,一匹加一等,即是一匹一尺杖七十,以此而加,至赃满五匹,不更论尺,即徒一年。唐代具体窃盗罪分为以下几种。第一,盗宝印等御用物品罪。《唐律疏议·贼盗律》规定:"诸盗御宝者绞,乘舆服御物者,流二千五百里";"诸盗大祀神御之物者,流二千五百里"。第二,盗官文书印罪。《唐律疏议·贼盗律》规定:"诸盗官文书印者,徒二年,余印杖一百。"同条律文疏议解释说:"印者,信也,谓印文书施行,通达上下,所在信受,故日官文书印。盗此印者,徒二年。"余印则指"给诸州封函及畜产之因","盗者,杖一百"。第三,盗宫殿门符等罪。《唐律疏议·贼盗律》规定:"诸盗宫殿门符、发兵符、传符者,流二千里,使节及皇城、京城门符,徒三年,余符徒一年,门钥各减三等。盗州镇及仓厨厩库关门等钥,杖一百,县戍等诸门钥杖六十。"第四,盗禁兵器罪。《唐律疏议·贼盗律》规定:"诸盗禁兵器者,徒二年,甲弩者,流二千里。若盗罪轻,同私有法。盗余兵器及旌旗、幡帜者,杖九十。若盗守卫宫殿兵器者,各加一等。即在军及宿卫相盗,还充官用者,各减二等。"第五,盗毁天尊佛像罪。《唐律疏议·贼盗律》规定:"诸盗毁天尊、佛像者,徒三年。即道士、女冠盗毁天尊像,僧尼盗毁佛像者,加役流,真人、菩萨各减一等。盗而供养者,杖一百。"疏议进一步解释:"凡人或盗或毁天尊若佛像,各徒三年。道士、女冠盗毁天尊像,僧尼盗毁佛像者,各加役流。为其盗毁所事先圣形象,故加役流,不同俗人之法。真人、菩萨各减一等,凡人盗毁徒二年半,道士、女冠盗毁真人,僧尼盗毁菩萨,各徒三年。盗而供养者,杖一百,谓非贪利,将用供养者。"

共同窃盗,《唐律疏议·贼盗》:共盗者,并赃论。造意及从,行而不受分,即受分而不行,各依本首从法。疏议曰:假有十人同盗得十匹,人别分得一匹,亦各得十匹之罪。若造意之人或行而不受分,或受分而不行,从者亦有行而不受分,或受分而不行,虽行、受有殊,各依本首从为法,止用一人为从坐。假有甲造意,不行、受分,乙为从行而不受分,仍以甲为首、乙为从之类。

唐律对监临主守盗规定更为严厉的惩罚措施。《唐律疏议·贼盗》规定:"诸监临主守自盗及盗所监临财物者,加凡盗二等,三十匹绞。"所谓监临主自盗即盗所主管的财物，而盗所监临是指，监临主守官盗所部内人财物。

2. 宋代的盗类犯罪。对于强盗罪，《宋刑统·贼盗律》规定，"强盗不得财，徒二年，一尺徒三年，二匹加一等，拾匹及伤人者绞，杀人者斩。"同条律文附敕进一步规定："擒获强盗，不论有赃无赃，并集众决杀。"此外，《宋刑统·贼盗律》对武装性集团性的强盗犯罪处罚更严，即"其持杖者，虽不得财，流三千里，五匹绞，伤人者斩"。同条律文附敕进一步规定："持杖行劫，不问有赃无赃并处死。"即便"同行劫赃有不持杖者，亦与同罪"，即重杖处死。"如同居骨肉内有同情并知情者，……并准显德五年七月七日敕条"，即与行劫者同样处死。《唐律》："诸强盗，不得财徒二年"、"十匹及伤人者绞，杀人者斩"。《宋刑统》规定："持杖行劫，不论有赃无赃，并处死，内有不持杖者，亦与同罪。"

为有效镇压强盗犯罪，律文附敕加重了首先创意的"造意者"的处罚。《宋刑统·贼盗律》规定："造意及从行而不受分，即受分而不行，各依各首从法"，"为首造意者，为从至死者减一等"。但律文附敕则规定"其造意之人，行而不受分，或受分而不行，并与行者同罪"，即重杖一顿处死。与律文规定相比，敕令对武装性集团性强盗犯罪的处罚有明显加重，不区分性质，不区分首从，不区分具体情节、后果，一并重杖处死，反映了"重典治盗贼"的明显倾向。

北宋仁宗嘉佑年间，为加强中央集权，稳定社会秩序，宋统治者开始对一些重要地区盗贼犯罪课以重法，以严惩窝藏盗贼的行为。随后，出于京畿地区安全的考虑，将京城开封及诸县划为"重法地"，规定凡在重法地内犯贼盗罪者，适用比《宋刑统》重的处罚。北宋仁宗嘉佑年间，有人在京城开封行窃时被捕。审讯时查明此人被捕前已成功入京城诸多家中行窃，且数额巨大，依当时法律，该人应施以比《宋刑统》更重的处罚。

3. 明代的盗类犯罪。强盗是以暴力威胁抢劫夺得财物的行为，对于强盗行为主要根据所得财物的多少和伤人程度来决定刑罚。《大明律·刑律》规定："凡强盗已行而不得财者，皆杖一百、流三千里。但得财者，不分首从皆斩。若以药迷人图财者，罪同。若窃盗临时有拒捕及杀伤人者皆斩。因盗而奸者，罪亦如之。共盗之人，不曾助力，不知拒捕、杀伤人及奸情者，止依窃盗论。其窃盗，事主知觉，弃财逃走，事主追逐，因而拒捕者，自依罪人拒捕律科罪。"

窃盗是秘密窃取，一般根据得财多少定罪。《大明律·刑律》规定："凡窃盗已行而不得财，笞五十，免刺。但得财者，以一主为重，并赃论罪。为从者，各减一等。初犯并于右小臂膊上刺窃盗二字，再犯刺左小臂膊，三犯者，绞。以曾经刺字为坐。掏摸者，罪同。若军人为盗，虽免刺字，三犯一体处绞。一贯以下，杖六十……一百二十贯，罪止杖一百，流三千里。"但以下几种窃盗行为要加重处罚。监守自盗、盗制书、盗印信、盗内府财物、盗城门钥等，情节严重者可以处死。《大明律·刑律》规定："凡盗制书及起马御宝圣旨、起船符验者，皆斩。盗各衙门官文书者，皆杖一百，刺字。若有所避者，从重论。"

4. 清代《大清律例》规定盗罪区分为普通盗罪和特殊盗罪。普通盗罪又分为强盗和窃盗。

强盗的基本特点是以暴力手段或威胁方式劫掠财物，由于这种犯罪比秘密窃取他人财物的犯罪情节恶劣、后果更严重，因此处罚非常严厉。《大清律例·刑律》第266条

规定:“凡强盗已行而不得财者,皆杖一百、流三千里。但得(事主)财者,不分首从皆斩。(虽不分赃亦坐。其造意不行又不分赃者,杖一百,流三千里。伙盗不行,又不分赃者,杖一百。)若以药迷人图财者,罪同。(但得财者皆斩。)若窃盗临时有拒捕及杀伤人者皆斩(监候。得财不得财皆斩,须看临时二字)。因盗而奸者,罪亦如之。(不论成奸与否,不分首、从。)共盗之人,不曾助力,不知拒捕、杀伤人及奸情者,(审确)止依窃盗论。(分首从,得财不得财。)其窃盗,事主知觉,弃财逃走,事主追逐,因而拒捕者,自依罪人拒捕律科罪。(于窃盗不得财本罪上加二等,杖七十。殴人至折伤以上,绞。杀人者,斩。为从各减一等。凡强盗自首,不实不尽,只宜以名例自首律内,至死减等科之,不可以不应从重科断。窃盗伤人自首者,但免其盗罪,仍依斗殴伤人律论。)”

律文又规定:“凡白昼抢夺人财物者,杖一百,徒三年;计赃重者,加窃盗罪二等。伤人者,斩,为从,各减一等;并于右小臂膊上,刺抢夺二字。若因失火,及行船遭风著浅,而乘时抢夺人财物,及拆毁船只者,罪亦如之。”

窃盗是指以秘密方式将他人财物据为己有的行为。《大清律例》规定普通盗窃罪根据窃取财物的多少确定刑罚:“凡窃盗已行而不得财,笞五十,免刺。但得财者,以一主为重,并赃论罪。为从者,各减一等。初犯并于右小臂膊上刺窃盗二字,再犯刺左小臂膊,三犯者,绞。以曾经刺字为坐。掏摸者,罪同。”律文规定了窃盗赃数及其相应的刑罚,从银一两以下到一百二十两以上,分别处于笞六十至绞监候的刑罚,共有 14 等。

(三) 奸淫

婚姻制度是起源最早的社会制度。结婚和奸淫本是一个现象的两个方面:有了婚姻制度,同时也就会有违反婚姻制度的奸淫现象。奸淫的特点在于合同性行为,即双方愿意而发生性行为。一方违反另一方意志,以强暴胁迫为手段,压制另一方的抗拒,达到性行为的目的,名为强奸。强奸的特点在于实行暴力压迫,藉以排除抵抗或表示要实行暴力压迫,使对方不敢抵抗。因之被奸人无罪。明清律注认为,必须强合强成始为强奸。所谓强合,当即指双方性器官结合;所谓强成,自即在性器官结合的基础上泄精遂愿。如果认为在强合之后,因绝望或无力而放弃抵抗,不同于心甘情愿的合奸。否则便会使不少强奸罪人脱免强奸罪责。一人捉住,一人强奸,自是一种共犯,律注未捉住被奸人的犯人是强奸未遂,理应比照未遂处罚。又律注谓因见妇女与人合奸而趁机强奸者,不以强奸论,当亦减轻其刑之意。①

明清律中还有刁奸,刁奸因财而奸,究极就是卖淫,因而是合奸的一种。理应买卖双方都有罪。可是随着商品经济的发达,妇女与男子地位不平等以及人格商品化,公许卖淫成了合法现象,秘密卖淫至多是违警罪。刁奸成为空文。刁奸和 2013 年李天一案有相似之处。李天一案件的判决结果,2013 年 9 月 26 日上午在北京市海淀区法院一审宣判:法院以强奸罪分别判处被告人李天一有期徒刑 10 年;王某(成年人)有期徒刑 12 年,剥夺政治权利 2 年;魏某某(兄)有期徒刑 4 年;张某某有期徒刑 3 年,缓刑 5 年;

① 蔡枢衡:《中国刑法史》,广西人民出版社 1983 年版,第 139 页。

魏某某(弟)有期徒刑3年,缓刑3年。

唐代规定奸淫罪分为和奸(通奸)和强奸两种,对其处罚,原则上不分首从,不在自首之例。具体又分为良人奸、良奸奸、亲属奸、主奴奸、监守内奸、居父母或夫丧奸、道冠奸等不等罪名,并以良人奸刑罚为标准,加重或减轻处罚。《唐律疏议·杂律》:"诸奸者,徒一年半;有夫者,徒二年。部曲、杂户、官户奸良人者,各加一等。即奸官私婢者,杖九十。奸他人部曲妻、杂户官户妇女者,杖一百。强者,各加一等。折伤者,各加斗折伤罪一等。疏议曰:和奸者,男女各徒一年半;有夫者,徒二年。妻、妾罪等。部曲、杂户、官户而奸良人者,并加良人相奸罪一等。即良人奸官私女婢者,杖九十。和奸亲属,自徒三年至绞死。小罪变成了大罪。又强奸徒二年,只比和奸重一年。但奴强奸良人或奸父祖妾、伯叔母、姑、姊妹、子孙妇、兄弟之女等者要处绞刑。"

《明律》规定和奸者杖八十,强奸处绞。奸十二岁以下幼女,虽和同强论。刁奸杖一百。

《大清律例·刑律》第366条犯奸罪规定:"凡和奸,杖八十。有夫者,杖九十。刁奸者,(无夫、有夫)杖一百。强奸者,绞(监候);未成者,杖一百,流三千里。(犯问强奸,须有强暴之状,妇人不能挣脱之情,亦须有人知闻,及损伤肤体,毁裂衣服之属,方坐绞罪。若以强合意和成,犹非强也。如一人强捉一人奸之,行奸人问绞,强捉人问未成,流罪。又如见妇人与人通奸,见者因而用强奸之,已系犯奸之妇,难以强论,依刁奸律。)奸幼女十二岁以下者,虽和,同强论。其和奸、刁奸者,男女同罪。奸生男女,责付奸夫收养。奸妇从夫嫁卖,其夫愿留者,听。若嫁卖与奸夫者,奸夫、本夫各杖八十,妇人离异归宗,财物入官。强奸者,妇女不坐。若媒合容止(人在家)通奸者,各减犯人(和、刁)罪一等。(如人犯奸已露,而代)私和奸事者,各减(和、刁、强)二等。其非奸所捕获及指奸者,勿论。若奸妇有孕,(奸妇虽有据,而奸夫则无凭。)罪坐本妇。"

随着民主、法治、自由、平等思想的输入,禁止婚姻外一切合意性行为遂为《大清新刑律》所摒弃。1935年《刑法》规定,(一)有配偶者和奸及其相奸罪;(二)直系或旁系三亲等内血亲和奸罪;(三)奸淫未满十六岁女子罪。对于已满十六岁而无配偶而又非直系或旁系三亲等内血亲男女奸的合意性行为,放任自由,不加干涉。未满十六岁的男女,也是合意猥亵罪对象。凡属于刺激性欲或满足性欲的行为,都是猥亵。强奸对象先对妇女,强制猥亵对象则不分男女。

捉奸杀人案:1919年,北京昌平县知事翁之铨受理了一起本夫杀死奸夫奸妇案件,因对法律解释有疑义,遂呈请京师高等审判庭转交大理院解释。大理院复文如下:"……查有甲与乙相友善。甲妻丙与乙通奸有半年。某日晚刻,乙托甲看守宅第而出,久候不归,甲迳返至家内。外门未闭,以有月光,窥见卧坑上丙与乙均裸体合抱睡着,枕旁并置一刀,甲愤极,立即入室,抽刀砍乙左肋一下,丙惊醒,均急起各以一手夺刀未得。丙急向外奔,甲续砍乙中脊背一下,转身追及丙于卧室外墙下,乙负痛尾追,及阈而倒,甲即猛向丙左肋腋砍扎,同时并将乙丙头颅斩下,装以口袋,负之自首。除验勘属实外,并验得乙丙无余精流出。对于本案,法律上判决之主张,其说有三。第一说:参照大理院统字第四十九号解释,本案甲见乙与丙合抱睡着,不得不谓之行奸,亦不得不谓之行

奸已毕，乙复带刀以防时。实无他法可排除行奸不正当之侵害，急抢刀而杀之。应依刑律第十五条前办，以紧急防卫论，不为罪。又杀死奸妇丙，应依第三百十一条论。负头颅自首，应依第五十一条减等处断。枕旁一刀之搁置，丙既与奸通有素，讵不知之于先？甲追丙杀之论情尤属大有可原。更依第五十四条再减本刑处断。第二说：谓甲返家见丙与乙裸体合抱而眠，愤持刀砍伤乙左肋，丙及乙均各惊起下坑，以手夺刀未得，而丙亦遂外奔，所谓受不正之侵害，至此时业已排除，此一段情形，固可谓为正当防卫。乃甲嗣后又复用刀扎损乙脊背，乙伤重肠且流出，已跑离奸所栽倒门外，尚未气绝。甲又续其刀斩下其头颅，以致身死。此种行为已属防卫过当故杀死乙一罪似应适用刑律第十五条但书之规定。又追及丙于门外，连砍其左腋肢等处，均深至骨。骨损，仍复斩下其头颅，以致身死，虽云捉奸，然而已跑出门外，既离奸所，又非奸时，追而杀之，亦究属过当。第三说：甲杀死奸夫乙奸妇丙，既据甲自首，关于此点，尚无疑义。惟乙与丙既已睡熟，无论是否尚未行奸，抑系行奸已毕，均非正值行奸之时。事实甚明。既枕旁置有刀一把，并非所谓紧急危难，甲入室即抽刀在手，将熟睡之乙左肋砍伤，复于腹痛走至门限跌倒之时，砍下头颅，更不能谓为正当防卫。至于丙逃至卧室外墙下，甲追而杀之，情节亦非甚轻。以上三说，究以何者为是云云。据此综合以上三说，本案情形，杀乙一罪，似以第二说适用刑律第十五条但书之规定论罪。并得斟酌情形依第五十一条减轻为正当。杀丙一罪，又似以第一说依刑律第三百十一条论。并得依第五十一条及第五十四条酌减为正当。事关法律解释，知事未敢妄为臆断，悬案待决，理合具文呈请钧厅转请解释示遵等情据此，事关法律解释，相应函请贵院俯予解释，以便转令遵照等因到院。本院查本夫于奸夫奸妇有现可行奸或续奸之情形，当场杀死奸夫者，皆应按照刑律第十五条以紧急防卫论。不专以将行奸或行奸未毕为标准。若奸夫奸妇之一方，已离奸所，奸夫复无其他侵害事实，即不得适用该条。其追杀奸妇，应论杀人罪，亦不待言。惟此种犯罪，究因不知法令，得依刑律第十三条第二项，并酌用第五十一条第五十四条减等问拟。至砍落人之头颅，如在被杀人已毙之后，系出于另项原因者，尚应负损坏尸体罪责，论杀人罪时，并应依第二十三条处断。相应函复贵厅转令查照，此复。”

（四）贪赃

在唐律中，针对各种不同情况，从官吏贪赃的情节、量刑适用等方面作出周密而详细的规定。《唐律疏议·职制》中主要包括如下：

受财枉法，即官吏收受当事人的贿赂而枉法裁判的，收受贿赂一尺（唐代计算赃物时先把它折算成绢数）杖责100下，一匹杖责加倍，15匹可判处死刑。受财不枉法，即官吏虽收受当事人贿赂但并没有枉法裁判，此种情况下，一尺杖责90下，两匹加倍，30匹要被遣送到指定的边远地区并强制服劳役3年，即“流”刑。虽然两者均为贪赃，但是因为前者产生了“枉法”的危害结果而受到严惩，严重的还要判死刑，后者的处理则相应较轻，最重的也只是判处遣送到边远的地区服劳役。

受所监临（财物），指主管官员收受其管辖范围内的钱财货物的行为。《唐律疏议·职制律》曰：“诸监临之官，受所监临财物者，一尺笞四十，一匹加一等；八匹加一等；五十匹流放二千里。与者，减五等，罪止杖一百。乞取者，加一等；强乞取者，准枉法论。”这相当于现行法律中的受贿；而“乞取者”即相当于索贿。

坐赃，即官吏利用不正当手段获取本不该属于自己的利益。《唐律疏议·杂律》曰：“然坐赃者，谓非监临司，因事受财，而罪由此赃，故名坐赃致罪。犯者，一尺笞二十，一匹加一等；十匹徒一年，十匹加一等，罪止徒三年。假如被人侵害，备偿之外，因而受财之类，两和取与，于法并违，故与者减取人五等。即是彼此俱罪，其赃没官。”

然而，在实践中，官吏贪赃的情况各有不同，对此，唐律在作出原则性规定之后，对在实践中如何适应有关“赃”的法律规定作出了法律适用性的说明，主要包括以下几种情况：

第一，身份不同的受财为请。《唐律疏议》载：“诸受人财而为请求者，坐赃论加二等；监临势要，准枉法论。”即一般官吏接受当事人钱财而为他人做请求之事的，以坐赃加二等处罚；而对于权势的人员则以枉法论处。

第二，事后受财。《唐律疏议》载：“诸有事先不许财，事过之后而受财者，事若枉，准枉法论；事不枉者，以受所监临财物论。”就是说，对于事后受财的，分情况而定，如果属于枉法而为，则以“受财枉法”定罪处罚；如果属于不枉法，则以所监临财物论。

第三，受财分求余官。《唐律疏议》载：“若官人以所受之财，分求余官，元受者并赃论，余各依已分法。”这种情况涉及共同犯罪的问题。就是说，如果一名官吏受赃后，如果分给其他官员，则初受赃者以全部财物定罪处罚，而其他的官吏以实际分到的财物定罪处罚。

第四，私役使所监临。指官吏因私无偿或不按市价使用其管辖范围内的财力与人力。《唐律疏议》曰：“诸监临之官，私役使所监临，及借奴婢、牛马驼骡驴、车船、碾硙、邸店之类，各计庸赁，以受所监临财物论。”即官吏私自使用所部人员及奴婢、牧畜、车船等，除各验日计雇赁钱外，还要以受所监临财物治罪。

第五，贷、买卖所监临财物。指官吏在自己所辖的范围内利用职权借贷或买卖财物，并从中非法牟利的行为。相当于今天所说的吃回扣或变相吃回扣的行为。《唐律疏议》曰：“诸贷所监临财物者，坐赃论；若百日不还，以受所监临财物论。强者，各加二等。若卖买有剩余者，计利以乞取监临财物论。强市者，笞五十，有剩余者，计利准枉法论。即断契有数，违负不还，过五十者，以受所监临财物论。即借衣服、器玩之属，经三十日不还者，坐赃论，罪止徒一年。”就是说，官吏于所部借贷财物，一律以坐赃论处；如果官吏以胁迫方式强行借贷，则加二等处罚；如果官吏以权势强行买卖财物，则以贪赃论处；如果官吏借用公家的衣服、毡褥、器玩之类，满三十日不归还，除了要求其将所借之物归还外，还要处以不超过一年的徒刑。

第六，出使受财。《唐律疏议》曰：“诸官人因使，于使所受馈及乞取者，与监临同；经过处取者，减一等。即强乞取者，各与监临罪同。”即《唐律疏议》将官吏借出差之机收受财物的行为视为与监临受财定罪相同。但是，如果是出使官吏在其经过地区接受财物，则减一等治罪。

第七，受旧属财物。《唐律疏议》曰：“诸去官而受旧官属士庶馈与，若乞取、借贷之属，各减在官时三等。”即官吏调离本职后，如果接受其在职时部属人员的馈赠，以及所

要财物、借贷买卖、财物等，亦属于贪赃行为。但是，在处罚上相对于在职时来说减三等处罚。

《唐律》规定：官吏受赃枉法，十五匹绞；不枉法三十匹加役流；无禄人犯赃，枉法二十匹绞，不枉法四十匹加役流。

《宋刑统》以“准”敕的方式分别将枉法赃改为二十匹，不枉法赃改为“过五十匹者，奏取敕裁”。

（五）奸党罪

朱元璋洪武年间创设“奸党”罪，用以惩办官吏结党危害皇权统治的犯罪。《大明律·吏律·职制》规定，凡奸邪进谗言、左使杀人者，斩。若犯罪律该处死，其大臣小官，巧言谏免、暗邀人心者，亦斩。若在朝官员，交结朋党、紊乱朝政者，皆斩。妻子为奴，财产入官。若刑部及大小衙门官吏，不执法律，听从上司主使出入人罪者，罪亦如之。若有不避免权势，明其实迹，亲赴御前执法陈诉者，罪坐奸臣。言告之人，与免本罪。仍将犯人财产，均给充赏。有官者，升二等；无官者，量与一官，或赏银二千两。

1. 周密：《中国刑法史》，群众出版社 1985 年版。
2. 蔡枢衡：《中国刑法史》，广西人民出版社 1983 年版。
3. 宁汉林、魏克家：《中国刑法简史》，中国监察出版社 1997 年版。
4. 马作武主编：《中国传统法律文化研究》，广东人民出版社 2004 年版。
5. 陈晓枫主编：《中国法律文化研究》，河南人民出版社 1993 年版。

思考题

1. 伦理原则在中国古代刑法中有哪些主要体现？
2. 等级制度在中国古代刑法中有哪些主要体现？
3. 盗罪、杀伤罪在中国古代刑法中是如何规定的？
4. 奸淫罪、贪赃罪在中国古代刑法中是如何规定的？

第六章 中国传统民法文化

学习目的和要求：

学习本章应着重了解中国有无民法的分析路径与中国古代民法的法律渊源。了解和掌握中国传统民法中的一些具体制度，包括财产的分类，所有权、用益物权、契约、继承、损害赔偿等具体规定。

学习重点：

古代民法的法律渊源、古代民法中的物权、契约、损害赔偿等规定。

一、中国古代有无"民法"探讨

中国古代有无民法，学界颇有争议。而学界的争议一定程度上又反映了研究和解释中国传统法律过程中，中西两种法律知识体系的矛盾。即作为一个现代学者，拥有的法律知识体系基本上是西方的、现代的；而传统的中国法律则是属于另外一种完全不同的法律知识体系，是中国固有的一种知识体系。归纳起来，学界存在两种思路：第一种是从国家制定法的层面讨论有无民法；第二种是从法社会学的视角讨论有无民法。本篇对这两种思路分别进行了探讨。

中国古代有无民法，确实是一个颇有争议的问题。

（一）第一种思路的探讨，从国家制定法的层面出发，学界的主要观点大致如下。

1. 肯定说

梅仲协先生认为，"我国春秋之世，礼与刑相对立。刑为镇服庶民之工具，礼则为贵族生活之规范。礼所规定之人事与亲属二者，周详至极，远非粗陋残酷之罗马十二表法

所敢望其项背者。依余所信，礼为世界最古最完备之民事法规也”。[①] 杨鸿烈、戴炎辉、胡长清、杨幼炯、徐道邻、林咏荣及浅井虎夫等法学名家主张民刑合一说。其论证大致为：以调整对象为界限，古代律典中存在民事和刑事之间的实质区别，尽管民事规范较简略，但仍可将中国古代的成文律典看作民刑合一的法律体系。其中，杨鸿烈先生认为："在现在应该算是私法典规定的事项也包含在这些公法典里面，从来没有以为是特种法典而独立编纂的。并且这些公法典里的私法的规定也是很为鲜少，如亲族法的婚姻、离婚、养子、承继，物权法的所有权、质权和债权法的买卖、借贷、受寄财物等事也不过只规定个大纲而已，简略已极。"陈顾远、史尚宽等先生以及潘维和先生认为礼所规范的对象就是私法关系，是实质民法，至此尚与梅仲协先生一致。然又提出，不仅是先秦，从周礼、《仪礼》到《唐六典》、《明会典》、《清通礼》这个一以贯之的中国古代礼制内都有民法。尚不能赅括者，则归之于礼俗惯例。总之，"吾人宁可认为民法与礼合一说，或习惯法（礼俗惯例）较能赅固有法系中民事法之形成、发展或其本质、作用。唯持此说之学者，在观察之角度上颇有出入，即所谓礼书为民法法源。"

2. 否定说

最早持否定说的是梁启超。"我国法律界最不幸者，私法部分全付阙如之一事也。""我国法律之发达垂三千年，法典之文，万牛可汗，而关于私法之规定，殆绝无之。""此所以法令虽如牛毛，而民法竟如麟角。"其后，王伯琦先生对这一论点进行了发展，认为：由于民法所规范的身份关系和财产关系在中国古代的农耕社会中不够发达，国家倾向以刑罚维持社会秩序。一些简单的社会关系则付与习惯加以调整，"观之唐律以至《大清律例》之内容，仍未脱政事法及刑事法之范围……公法与私法，民法与刑法等名词，原系来自西洋，如其意义在吾国未有变更，则谓吾国在清末以前，无民事法之可言，谅无大谬。"

（二）第二种思路是从法社会学的视角讨论"中国古代有无民法"。

1. 肯定说

黄宗智主要使用了清代地方诉讼档案证明，清代法律制度的实际运作与清政府的官方表达是背离的。从官方表达看，法律中似乎不存在民法，但从清代法律实践中看，却不能无视存在着大量民事关系和民事诉讼的事实。他提出三方面的证据：一是尽管在清代法律的表述上，处理民事案件可以使用刑罚；然而在实践中，几乎不用刑罚。二是清代法律在表达上缺乏民法的概念。但是在实践中，官府日常处理民事纠纷。三是在法律表达上，确实缺少个人独立的财产权和契约权；可是在实践中，民众的"权利"还是得到法律保护的，民众还是可以利用诉讼制度实现他们的"权利"的。由此，他得出结论：清代中国也有民法，是存在于清代社会实践中的民法。

梁治平全面考察了传统社会中包括买卖、典、佃、抵押、婚姻、继承等民事习惯及具体运作形态，其结论谓："习惯法乃是由乡民长期生活与劳作过程中逐渐形成的一套地

① 梅仲协：《民法要义》，中国政法大学出版社2004年版，第14－15页。

方性规范；它被用来分配乡民之间的权利、义务，调整和解决他们之间的利益冲突；习惯法并未形诸文字，但并不因此而缺乏效力和确定性，它被在一套关系网络中实施，其效力来源于乡民对于此种'地方性知识'的熟悉和信赖……官府的认可和支持有助于加强其效力，但是它们并非习惯法所以为法的最根本特征。"由此说明，中国古代存在着一种"内在的"或"自然的"民事规则。

2. 否定说

如滋贺秀三、寺田浩明等学者，在考察了中国古代特别是清代的民事纠纷的解决途径及契约的运作以后，一致认为，虽然存在着一些解决纠纷的惯例或惯行，但主要的解决途径是通过对"情理"的理解和平衡，而不是依据某种客观的规范，"能够作为一套具有具体内容、且在程序上得到了实定化的规则而被予以适用的实体规范本身，无论在国家还是在民间都是不存在的。"连"习惯法"层面的规则也没有真正在纠纷和民事案件审理中起过作用，"从当地民间风俗中去找出法学上称为'习惯法'即具有一般拘束力含义的社会规范，并明确地根据该规范作出判断的案例，实际上连一件都未能发现。"

二、传统民法的渊源

虽然不同历史时代的民法渊源是发展变化的，中国古代民法渊源又表现得相当复杂，但总的来说，中国传统的民法渊源主要体现在制定法、判例法和习惯法三个方面。

（一）制定法

中国古代的制定法如律、令、格式等，这些法律法令所包含的内容都涉及民事关系。

第一，刑律。汉代的《户》《厩》《兴》三篇包含了一些民事规范。隋唐以后的各朝代正律中，民事规范包含在《田宅》《婚姻》《钱债》《市廛》中。如《唐律疏议・户婚律》规定："诸盗耕人墓田，杖一百；伤坟者，徒一年。"即关于物权的民事规范。《宋刑统》卷13《户婚律》规定："诸许嫁女已报婚书，及有私约，而辄悔者，杖六十。虽无许婚之书，但受娉财亦是。若更许他人者，杖一百，已成者，徒一年半，后娶者知情减一等，女追归前夫。前夫不娶还娉财，后夫婚如法。""若亡人在日，自有遗嘱处分，证验分明者，不用此令。"即关于婚姻、继承的民事规范。再如《明律・户律・田宅》规定："凡典卖田宅不税契者，笞五十，仍追田宅价钱一半入官。"即关于买卖契约的民事规范。

第二，令。唐初《田令》有"田无文牒，辄买卖者，财没不追，苗子及买地之财并入地主。"即关于土地买卖的民事规范。《杂令》有："诸公私以财物出举者，任依私契，官不为理，每月取利不得过六分，积日虽多，不得过一倍……又不得回利为本。"即关于借贷的民事规范。

第三，行政法令。如元代条格规定："中书省奏：随路豪权势要之家，举放钱债，逐急用度，添算利息，每两至于五分，或一倍以上。……今后若取借钱债，每两出利不过三分。"

（二）习惯法

所谓地方自治及调处，就是由乡间耆老、绅士及家族首领管理和调处，其管理和调

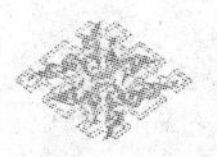

处的依据就是习惯法，包括礼、家族法规、民间习惯。也就是说，国家为了完善封建政治经济结构，维护社会秩序、民间秩序，必然会或主动或被动地承认或建立礼、家族法规、民间习惯的力量，承认礼、家法族规、民间习惯具有自身权威。在这种双重权威保障下，礼、家法族规、民间习惯在客观上具有法律的生命力，有了习惯法的效果。

在民间形成了许多优良的民事习惯和生活规则，如乡规、俗例。“乡规”“俗例”是民间社会经过无数次的交往行为，进而形成的在一定范围内具有约束力的行为规范。通常用固定的习惯用语来表达，比如典卖出去的土地需要回赎时，有“青地青赎，白地白赎”的规则，意思是典卖土地时若不带庄稼，回赎土地只能选在庄稼收割之后，反之亦然。如出租房屋，“大修归东”即出租人承担房屋大修的费用；“小修归户”即承租人负责小修小补。再诸如“欠债还钱”，再如乡约制度。王阳明创立的“乡约”规定：“皆宜孝尔父母，敬尔兄长，教训尔子孙，和顺尔乡田；死丧相助，患难相恤，善相劝勉，恶相告诫；息讼罢事，讲信修睦，务为善良之民，共成仁厚之俗”等规定，对违反乡约者，乡组织有一定的惩处权，显然乡约部分涉及民事法律问题并成为调处民事法律关系的手段。后来人们将乡约、俗例等这些约定俗成的规则、习惯加以搜集整理，成为具有指导意义的民事规范。

三、传统民法中的财产分类

中国古代法学没有从形形色色的财产形态中提炼出“物”的法律概念，也没有对各类财产不同状态提炼出“动产”“不动产”，以及“可分物”“不可分物”之类的抽象概念。但是古代法律显然已经注意到财产的不同性质以及形态，在法律上一般讲可以移动的财产统称为“财物”，而将不可移动的财产称为“物业”“产业”。

在规定财产转移、处分等程序时，一般将财产区分为田宅、奴婢、畜产，以及一般财物这样几个大类进行分别规范。

1. 田宅

耕地是中国古代农业社会最重要的生产资料，也是历代朝廷税收的最主要对象。历代法律都有对于耕地的特别规定。《唐律疏议·户婚》规定盗耕罪比一般窃盗罪为轻，理由在于，“田地不可移徙，所以不同真盗，故云盗耕种公私田者。”房宅是人类的栖身场所，是具有重要使用价值的财产。古代很长一段时期里，朝廷直接征收房屋税、或者以房屋的大小及质量为主要依据来评定户口等级，征收“户税”。因此房屋也是古代法律重点规范的对象之一。

耕地和房宅作为最重要的财产，以及所共同具有的不可转移性质，使得古代法律往往将其相提并论为“田宅”。《唐律疏议·户婚律》引《户令》“应分田宅及财物者，兄弟均分”；《贼盗律》对于谋反大逆等重罪适用没收财产，明确规定“奴婢、资财、田宅”全部都要没收。明清律专门设置《田宅》的篇目，集中有关土地房屋的条文。

历代法律对于田宅的取得、占有的规模以及田宅的转移，都设有专门的限制和特定的程序。如宋代江南地区的湖荡水面上，当地农民长久种植茭白、菱藕之类的水生植物，植物残茎败叶相缠，逐渐积累为一两尺厚的漂浮物，变为漂浮在水面上的浮岛。农民将之掺合泥土，在上面再加耕种，称为“葑田”。这种漂浮的农田相当肥沃，还可以割让转移出卖。有时也会被人盗窃，盗贼晚上偷偷割断下面的锚索，用几只小船牵引到别处。在处理时一般按照比窃盗耕地进行更为严重的处罚。

2. 奴婢

中国古代一般将丧失人身自由、受其主人控制的奴隶称为“奴婢”，男性为奴，女性为婢。秦朝将属于官府所有的奴隶成为“隶臣”(男)，“隶妾”(女)，属于私人所有的奴婢统称“臣”(男)、“妾”(妾)。后世一般称为“官奴婢”“私奴婢”。《说文解字》说，奴，称为奴婢，皆古之罪人也。中国古代文献中提到的“奴仆”“家人”有的并非法律意义上的奴婢。如隋唐时期的“部曲”、明清时期的“雇工人”是法律上的贱民，但并非奴婢，仍然被视为“人”而非财产。

(1) 奴婢的来源，大多为战争中的战俘，如《睡虎地秦幕竹简》有“降寇，以为隶臣”的条文。另一个主要的来源是罪犯及其被连坐的家属。张家山汉墓出土竹简“二年律令”中的《收律》规定：“凡是被判处完城旦舂、鬼薪刑罚以上的罪犯，或是因犯奸罪被判处宫刑的罪犯，一律收其妻、子、财、田宅，被收的罪犯家属统称收人。”“诸收人，皆入以为隶臣妾”，即补充到各地官府为隶臣、隶妾，为官府提供勤杂劳务。后世官奴婢的来源仍然是大多来自因反逆重罪而被缘坐的罪犯家属及其子孙。还有因债务纠纷被奴役的平民，以及奴婢的后代。

(2) 奴婢的财产性质。中国古代一般将奴婢视为官府或其主人的财产，而且是一种具有代表性的财产。《唐律疏议·名例律》疏：“奴婢同于资财”；“奴婢贱人，律比畜产”。奴婢是主人的财产，因此掠夺他人奴婢相当于强盗罪，诱拐他人奴婢则相当于窃盗罪。《贼盗律》规定：“诸略奴婢者，以强盗论；和诱者，以窃盗论。……若得逃亡奴婢，不送官而卖者，以和诱论；藏隐者，减一等坐之。”如果未通过其主人同意而私下向奴婢收买子女，也按照窃盗罪处罚，“即私从女婢买子孙及乞取者，准盗论；乞买者，与同罪。”宋代法典《宋刑统》关于奴婢的定义依然沿袭唐律的规定，而据《刑统赋解》卷下对于法律名称的定义的解释，女婢只有在被强盗杀伤、出庭作证这两种情况下可以视为人，其余情况一律作为财产处置：“称人不及于奴婢；解曰：奴婢贱隶，难同人比，《贼盗律》云：惟于以盗之际杀伤及为支证称人，其余俱同财物论。歌曰：奴婢贱隶，难同人比，因夜杀伤，或为对证，除此二者，权为人类，其余论之，俱同财例。增注：除于被盗之家称人，诸条之中，皆不称人。”

奴婢子女视为主人财产的孳息。汉《杂律》：“民为奴妻而有子，子畀奴主；主婢奸、若为它家奴妻，有子，子畀婢主，皆为奴婢。”男奴的妻子身份即使是平民，所生育的子女只能是主人的奴婢，归男奴的主人；如果是主人和婢女通奸，或者是婢女嫁给了别家的男奴，所生育的子女为婢女主人家的奴婢。《宋刑统·杂律》因唐《户令》：“诸良人相奸，所生育男女随父。若奸杂户、官户、他人部曲妻、客女及官私婢；并同类相奸，所生男女随母。即杂户、官户、部曲奸良人者，所生男女，各听为良。其部曲及奸主缌麻以上亲妻者，若奴奸良人者，各合没官。”

(3) 奴婢的法律地位。作为一类特殊的财产，古代法律一般也都规定奴婢的买卖

要经过特别程序，如唐代法律规定，买卖奴婢必须订立书面契约，还要经过“过贱”程序，由地方官府派人确认奴婢身份，在市场管理部门专门的文件上盖章才算有效。交易的情况还要报朝廷太常寺汇总。清条例规定：“凡买卖男妇人口，凭官媒询明来历，定价立契，开载姓名、住址、男女、年庚，送官钤印。该地方官预给循环印簿，将经手买卖之人等薄，按月缴换缉查。倘契中无官媒画押及数过三人者，即究其略卖之罪。”

法律规定奴婢如逃跑要受到官府的追捕和严厉的处罚。晋令规定：“奴婢逃亡，黥两眼，再亡，黥两颊；三亡，横黥目下。”清朝入关后发布《都捕则例》严厉督促各级官府追捕逃亡奴婢，凡隐藏旗下逃奴者处死刑，家产入官，两邻各责四十大板。奴婢逃亡三次则即处死。

奴婢虽被视同财产，但主人并不能随意刑杀。唐律规定，主人擅杀奴婢，处杖一百；无故残杀一般要处刑徒一年。

官奴婢可以通过朝廷的大赦而放免，如汉高祖五年诏：“民以饥饿自卖为人奴婢者，皆免为庶人。”东汉初年也曾多次下诏，规定因战乱被掠卖为奴婢者“一切免为庶民”。私奴婢也可以因朝廷的法令而获得自由。

一般而言，奴婢没有自己的姓氏，只能随主人的姓氏。

明代法律禁止一般人家豢养奴婢，但实施效果很差。《大明律》规定有“庶民之家存养奴婢者，杖一百，即放从良。”《大明会典》规定：“公侯家不过二十人，一品不过十二人，二品不过十人，三品不过八人。”

3. 马牛等大牲畜

春秋时期，牛马是国家的战略物资，称为特殊的财产，接受国家的严格控制，不得私人随意处置。商鞅规定，盗马者死，盗牛者枷。汉朝时：“法禁杀牛，犯之者诛。”

《唐律疏议·厩库律》中规定，私自屠宰马牛是应处徒刑的犯罪，“诸故杀官私马牛者，徒一年半……主自杀马牛者，徒一年。”马牛只能是在已经不堪役用的情况下，要经过官府验证，由官府批准后才能够屠宰。《宋刑统》规定：“故杀官私马牛者，脊杖二十，配役一年；故杀自己马牛者，脊杖十七。”耕牛伤病倒毙后，必须要报告官府，经核实才可以屠宰开剥，牛角、牛筋、牛皮都必须上交官府。出卖的牛肉，每斤限价二十文。告发屠牛者有赏，知而不告者同罚。明朝法律规定，故杀他人马牛，杖七十徒一年半；私宰自己马牛，杖一百。耕牛伤病死亡，不报官府私自开剥，笞四十。清朝又改为私自宰杀耕牛者，初犯杖一百、枷号示众两个月；再犯发附近充军。

唐律规定，转让牛马等大牲畜时必须要在政府市场管理部门的监督下订立书面契约，有第三方保人担保合法交易，否则要处笞二十的刑罚。

4. 财物

除了上述的田宅、奴婢、大牲畜外，其他的财产一般在古代法律中被统称为“资财”“财物”。

一般财产，强调经人力加工、或者能够被人们所控制的物件才能成为私人的财产。《唐律疏议·贼盗律》“山野之物”条律疏：山野之物，谓草、木、药、石之类，有人已经加工，或刈伐、或聚积。而辄取者，各以盗论。谓以各准积聚之处时价计赃，依盗法科罪。

货币财产。自秦朝开始，中国历代一直由政府垄断铸币权，朝廷法律对于民间交易所使用的货币一直有严格的规定。唐朝统一全国，将铜钱铭文改为“通宝”，不再直接表示重量，每十文铜钱应重一两。绢帛为价值尺度和主要支付手段，长度不得短于四丈。《唐律疏议·户婚》律疏，法定钱帛兑换率为五百五十文兑换一匹。唐开元二十二年敕规定凡土地、大牲畜以及价值在一贯以上的交易，都必须使用绢帛，宋元明实行“钱钞并行本位”的货币制度。北宋开始发行纸币。天圣元年益州发行“官交子”，后改称“钱引”，均可以代表票面值的铜钱流通，逐渐推广到北方，形成铜钱、纸币并行本位制度。南宋发行“会子”，规定公私支付及商业流通都必须使用会子。明中期至清末实行“银钱并行本位”的货币制度。白银以银块形式、以两为单位流通。白银的成色以“纹银”（白色熔铸后逐渐冷却时会在银锭表面形成细密的纹路，一般认为成色越高，纹路越细，因而得名）为标准，理论上官府所铸五十两一个的大银锭应含银千分之九百三十五点三七四，为标准纹银。

禁止私藏武器。唐律规定，私藏一张弩要判两年半徒刑；有五张就是死刑。即使拾得官府遗失的弩，三十天以内没有报官的，与私自持有同样处罚，私造的更要加罪一等。大清律例规定，私铸红衣大炮者，一律处斩，妻子家人入官，邻居、房东等人也要处死。私自持有鸟枪处杖一百。

四、传统民法中的所有权

1. 土地

土地所有权是封建时代的主要财产权利。隋唐所谓成熟的封建社会形态，其土地所有权具有典型性。

2. 相邻关系

至于土地、房屋的相邻关系，从现存的史料来看，古代法律没有明确的规定。主要依靠民间习惯调解，而发生纠纷也只能根据当地习惯来处理。在耕地的相邻关系上，一般而言，地广人稀的地区往往设置较为宽广的边界，反之则较为狭窄。如黑龙江龙江县习惯，在两家耕地垅顶接的地界上要留出二三尺的“礶牛地”，以供耕种时候牛马转头踩踏。而南方人多地少的地方地界往往以垅为界。如安徽蒙城习惯，如果相隔为水沟，即以水沟中心为界。

房屋的相邻关系，河南开封地区对于屋檐滴水是否应留距离并无习惯要求。山东平度县，有“借山不借水”的谚语，即允许“借用”他人房屋的山墙搭建房屋，但不允许檐口的滴水滴入他人的土地，也不得将阳沟排水入他人土地。而嘉祥县的习惯进一步规定，建造房屋必须留出滴水地二三尺。江西乐安县的民俗要求按照地契界限退二三尺滴水地。福建闽侯县的习惯，滴水原则只能在自己的地界之内，但是如果空地盖屋则可以伸至他人地面之上，对方在自行盖屋前不得提出异议，当对方盖屋时应缩回出檐。

3. 遗失物

私有财产、尤其是私有动产的一个重要来源是先占，但当私有制发展到某一阶段，就有必要对此加以限制。周礼说西周狩猎活动是，大兽公之，小兽私之。

《周礼·秋官·朝士》也称西周时，“凡得货贿、人民、六畜者，卫于朝，告于士，旬而举之，大者公之，小者庶民私之”。拾得遗失物应交官府公告十日，如无人认领，大的归官府，小的归拾得人。

汉代法律规定，在拾得走丢的小奴婢时，当无法找到其主人的情况下，拾得人可以将小奴婢收归已有。

秦汉时，“路不拾遗”成为一地风俗淳朴的标志性现象，更是“教化大行”的标志。司马迁在《史记·循吏列传》就已是把“道不拾遗”作为重要的教化成就的尺度，称颂子产治郑“三年，门不夜关、道不拾遗”。西汉宣帝时，黄霸为丞相，要求各地制订“条教”推行教化，在召见各郡上计吏时，规定“为民兴利除害、成大化者，条其对；有耕者让畔、男女异路、道不拾遗，及举孝子、弟弟、贞妇者为一辈，先上殿；举而不知其人数者，次之；不为条教者在后叩头谢。”可见“道不拾遗”是重要的教化指标。

唐朝将遗失物称为阑遗物。《唐律疏议·杂律》规定：“诸得阑遗物，满五日不送官者，各以亡失罪论；赃重者，坐赃论。私物，坐赃减二等。”即是拾得遗失物必须在五日之内送交官府，否则在遗失物为官物的情况下就构成“亡失官物罪”。唐《捕亡令》规定，遗失物送官府后公告三十日，无人认领，由官府保存；此后将遗失物的清单公告，一年后无人认领，即没官。

有关遗失物的法律到明代有了重大变化。《大明律·户律·钱债》“得遗失物”条：“凡得遗失之物，限五日内送官，官物还官，私物召人识认，于内一半给与得物人充赏，一半给还失物人。如三十日内无人识认者全给。限外不送官者，官物坐赃论，私物减二等，其物一半入官，一半给主。”无人认领的遗失物全部归拾得人；即使遗失物的失主在公告期内认领，拾得人仍然可以获得相当于遗失物价值一半的酬劳。因此也可以说所有权人只要一旦遗失财物，就必定要失去财物的一半。可见此时立法的重点已转移到了保护拾得人的利益。

清朝沿袭明代规定。《大清律例·户律·钱债》“得遗失物”条：“凡得遗失之物，限五日内送官，官物（尽数）还官，私物召人识认，于内一半给与得物人充赏，一半给还失物人。如三十日内无人识认者全给。（五日）限外不送官者，官物坐赃论，（罪止杖一百，徒三年。追物还官）私物，减（坐赃）二等，其物一半入官，一半给主。（若无主，全入官。）”

4. 埋藏物

在自己的土地中发现的埋藏物完全归自己所有。唐律规定，凡在自己及国有土地内发现的宿藏物均归发现人所有，但如果发现是古器钟鼎之类的形制特别的宿藏物，就应该送官。凡在他人土地上发现的宿藏物，发现人与土地所有各得一半。

《唐律疏议·杂律》“得宿藏物”条规定：诸于他人地内得宿藏物隐而不送者，计合还主之分，坐脏论减三等。律注又规定如果在自己及国有土地发现“古器形制异而不送者，罪亦如之”。最高刑为徒一年半。该条律疏对于出租土地房屋中发现宿藏物也有具体的规定，凡出租的国有土地房屋，发现人应与现承租人“中分”；而如果是出租的私人土地房屋，则由原业主和发现人“中分”。显然保护的是有权租赁国有土地房屋的权势阶层占有人的利益。

《大明律·户律·钱债》“得遗失物”条：“若于官私地内，掘得埋藏之物者，并听收用。若有古器、钟鼎、符印异常之物，限三十日内送官。违者，杖八十，其物入官。”埋藏物全都归发现人所有，无论所发现的地点如何，而“异常之物”又全都归官府所有，发现人也没有报酬。清朝沿袭这些规定。

5. 添附物

民国初年，奉天昌图县凡河岸新淤涨的土地，归先占人；如果此岸淤涨、彼岸冲刷，被冲刷者不得越河找地。

五、传统民法中的用益物权

明中叶以后，土地所有权发展的一个重要特点是出现了地权分化，即出现了“田面权”与“田底权”的分离现象，这就形成了“一田两主”的所有权形式。

赤心子编订的《翰府锦囊》载录了一份契约样式：

某里某人置有晚田某段，坐落某里某处，原计田若干种，年该苗若干桶，乡原有四至分明。今凭某人作保，引进某人出赔价银若干，当日交收足讫明白。自给历头之后，且佃人自用前去管业，小心耕作，亦不得卖失界至，移丘换段之类。如遇冬成，备办一色好谷若干，挑送本主仓使交纳，不致拖欠。不限年月，佃人不愿耕作，将田退还业主，接取前银，两相交付，不至留难。今给历头一纸，付与执照。

这是一份成立永佃关系的契约格式，契约中规定：佃主将田地交与佃户之后，除定期定量收租之外，其他一切事宜均由佃户自由营业。佃户享有对土地的永久自主经营权，直到佃户愿意放弃此段耕地时，还可以将其退还原主，并领回原佃田的质佃银。契约中提到的“前银”，显然是租佃时的质押金，类似典押。这实质上是从过去的典卖分化出来的一种新的租佃形式，即“永佃”。由永佃产生了永佃权。永佃权使永佃人可以永远行使田面使用权，如果他不想退还这个田面使用权，即永远归其所有。但田地的所有权仍属于原田主所有。① 田皮权，是一种土地承租人拥有自由处分所承租土地的特殊的“永佃权”。永佃权人有权自由处分其权利，可以买卖、出典、出租，这种权利称为“田面”“田皮”。底主可以自由处分期权利，出卖、出典，并承担赋役。真正的土地耕作佃户向底主缴纳底租，向面主缴纳面租。从现代民法的观点来看，底主的所有权实际上已经萎缩为土地部分的收益权及该部分收益权的处分权，他已不能真实占有该项田宅，如果要自行耕种或另行出租，就必须向面主或皮主收买田面或田皮，使“底面合一”或“皮骨合一”，才能够做到。②

这种一田两主所表示的是一种习惯上的权利关系，即把同一块土地本身分为上下两层，被分开的上地（称为田皮、田面、皮业、小业等）和底地（称为田跟、田骨、骨业、大业等）分别为不同的人所有。上地上的权利和底地上的权利相并列，也是一个永久性的独立物权。底地所有者享有的权利，是每年可以从享有土地使用收益权的上地所有者那

---

① 孔庆明等：《中国民法史》，吉林人民出版社 1996 年版，第 526－527 页。

② 郭建：《中国财产法史稿》，中国政法大学出版社 2005 年版，第 143－144 页。

里收取地租(规定的获利),但地租的拖欠一般不构成解约的原因。另外,上地、底地的所有者各自卖买处分其土地时,相互之间,既不给对方以任何牵制,也不受对方的任何牵制,这是通例。也就是说,即使将上地转让租借,也可以任意为之,底地所有者是否同意并不是转让租借的要件。而且上地、底地各自所有者的异同变化,也丝毫不会引起另外一方所有者权益的消长。总之在一田两主的场合,可以看到直接生产者的地位正在显著增强。无论是上地(皮业)还是底地(骨业),在其作为“业”这一点上都是等质的。所谓“业”这个概念,一般来说,是以具有用益权同时又具有卖买处分权作为其内涵的,又因其意指用益、卖买处分权的客体,所以也使用“产业”这个词汇(当然,也有像唐代的永业田那样的情况,即在买卖处分上虽然受到限制,但仍然是作为“业”的)。所以因为某种理由而失去业,便被称为“失业”。而通行这种一田两主的地带包括江苏、浙江、江西、安徽、福建等地,波及的范围无疑十分广泛。江苏通常称上地为田面,底地为田底。在江西,也因地方而异,很早以来就流行着田皮田骨、皮业骨业、大业小业、大买小买、大顶小顶、大根小根之类的名目。福建也将上地底地称之为田皮田骨、田皮田跟、皮田骨田,并将各自的所有者称之为皮主骨主等。不过,在福建,也有一些地方在上地底地的表述方式上正好和上述称乎相反。台湾也有称为地皮地骨或者大租主小租主的这样一种土地的双重所有关系。

这样一种一田两主习惯的形成,各地情况并不是一样的。首先江南地区,按照当地所通行的习惯,在开垦或者改良属于他人所有的土地时,其开垦者、改良者可以拥有独立于土地所有权的上地即田面权。比如江西,因其土地半数为山麓,从与其接壤的福建或者广东来到这里开垦山麓的人很多,开垦之际,这些开垦者根据与地主所订契约,可以有偿地取得所垦土地的田皮、小业的权利。又如当时江苏的崇明县,该地原本是由泥沙冲积而成的岛屿,其冲积的面积与年俱增,唯其如此,岸边由泥沙淤积而成的沼泽地即所谓“荡”在成为可耕地之前,政府便开始课征税粮,并承认税粮负担者的土地所有权。但这个地主并不一定直接去新开垦那块土地,有的是让佃户去开垦。佃户投入自己的劳动力和其他必要的经费,在荡的周围筑堤,以防止水侵入,如果土地高低不平,则平整土地。但在这种情况下,对于佃户为开垦土地所付出的必要经费,地主也有可能不予偿还,而是在“买价”(土地)本身的上部设置一个称为“承价”的层面,以此作为开垦土地的报偿,给予开垦者。这样的话,地主只不过拥有土地下层部分的产业管理权。在这里,就能发现所谓一田两主或者与之相近似的重复的支配关系。福建开垦土地,向来也是把田皮作为报偿给与开垦者,从而形成田皮、田骨二重所有关系,亦即皮主、骨主关系。但在遭遇变乱导致土地抛荒的情况下,这些荒地的开垦者与地主之间也会产生皮主骨主关系,而道光某年以来,因为连续十几年的太平天国动乱,导致广泛的地域内出现了那样一种农田抛荒的情形,于是双重所有关系的成立史,可以追溯到远比太平天国更早的时代。土地所有权的双重归属也就是土地本身区分为上下两层,并将它们各自看作一个独立的不动产,当二者中的任何一个地主单方面处分其田产时,所谓“皮骨分卖"也就产生了。①

"租随地转"的说明,在一些土地交易的文书中出现。例如光绪廿年正月廿九日(1894)的一则土地交易中,同族刘继有"因手乏亲",将老祖地的一段计六亩兑与刘玉祥名下承种,兑价东钱五百一十五吊整。交易说明"租随地转",由刘玉祥自便处理,卖家不得干涉。在《中国土地制度史》一书中,研究者赵冈认为,契约型的租佃关系到了明清已是彻底制度化了,普遍行于全国各地。业主出卖田地时,往往请求新业主继续让原佃户耕种,并在买卖契约中正式注明。②

六、传统民法中的契约

《说文解字》:契,刻也。从刀。约字本义为"缠绕"。反映古代人们"刻木记事"、"结绳记事"的遗风。周礼记载,"听称责以傅别",即在竹木简上书写协议内容,然后在字行中剖开,双方各持其一,要合券才能读通这个协议。"质剂",在竹木简的两面都写上相同的协议内容,在从侧面剖开,双方各持其一。这种契约有两种,长的叫质,用于田土、牛马、奴婢的买卖;短的叫剂,用于珍奇异物的买卖。

汉语中的"契"或"约"是抽象的、类的统称概念。"合同"是一种契约,也可称"合同契";"单契"也是一种契约。《说文》中说:"契,大约也。"也就是说,"契"就是"约"的一种,只是更为正式而已。"约","缠束也"。当事人订立一个"约",表示他们愿意服从一种加于自己的约束。"契"和"约"的基本涵义只是"约束",并不必然引申出"同意"或"平等"的意思。"契""约"二字连用就最大限度地为当事人的地位和意思留出了空间。这样,一个当事人平等的关系上缔结的"合同"是一种契约,而不平等的"单契"关系仍是一种契约。因此,"合同"是"契约"的一种形式,但绝不是与"契约"具有同等层次的形式。③

秦汉时受"破券成交"习惯的影响,大多数契约都采用一式二份的复本契约形式,而到了普遍使用纸张书契的两晋南北朝,大多数契约开始采用单本契形式。借贷、租赁等仍然采用复本契券形式的契约,沿袭过去在竹木简上刻划记号的习惯,往往将两张契纸并拢骑缝划上几道记号、或骑缝写上"合同大吉",便于将来合对证明确属原件。这种记号称为"合同"。唐宋时法律仅规定凡典、当契约必须为"合同契",对于其他契约的形式则并无规定。明清时的商业交易都使用这种有骑缝几号的"合同文书",简称合同。而民间的契约大多数还是单行本,习惯上仍称"契"或"券"。凡民间一式几份、并具有骑缝记号的书面文件都称之为"合同文书",并不限于契约文书。

唐代称契约为市券。当事人订立契约时强调"两和"或者"和同立券"。可见契约之债是建立在双方当事人的"和同"意志之上的。根据《唐律疏议》和《唐令拾遗》的记载,

---

① [日]仁井田升:《中国法制史》,上海古籍出版社 2011 年版,第 222 - 224 页。

② 刘薇:《18 份"地契",200 年家族土地史》,《南方周末》2014 年 2 月 13 日。

③ 俞江:《"契约"与"合同"之辨——以清代契约文书为出发点》,《中国社会科学》2003 年第 6 期。

可将唐律所规定的契约之债分为如下类型。

（1）卖买契约之债，唐律规定，凡买卖田地房产、女婢、马牛驴骡等物必须立契，官府有专门的管理机构，以法严加管理。《唐律疏议·杂律》规定："诸买女婢、马牛驼骡驴，已过价，不立市券，过三日笞三十；卖者，减一等。立券之后，有旧病者三日内听悔，无病欺者市如法，违者笞四十。""疏议曰：买奴婢、马牛驼骡驴等，依令并立市券。两和市卖，已过价讫，若不立券，过三日，买者笞三十，卖者减一等。若立券之后，有旧病，而卖时不知，立券后始知者，三日内听悔。三日外无旧病，故相欺罔而欲悔者，市如法，违者笞四十；若有病欺，不受悔者，亦笞四十。令无私契之文，不准私券之限。"

（2）《唐令拾遗》杂令"公私以财务出举"条规定：诸公私以财物出举者，任依私契，官不为理。每月取利不得过六分，积日虽多，不得过一倍。若官物及公廨，本利停讫，每计过五十不送尽者，余本生利如初，不得更过一倍。家资尽者，役身折酬。役通取户内男口，又不得回利为本（其放财物为粟麦者，亦不得回利为本及过一倍）。若违法积利、契外掣夺，及非出息之债者，官为理。收质者，非对物主不得辄卖，若计利过本不赎，听告市司对卖，有剩还之。如负债者逃，保人代偿。

"出举"指的是有息借贷，根据令文规定"公私以财物出举者，任依私契，官不为理"，"官不为理"即"官府不介入，不干预"。当然"公私以财物出举者，任依私契"，并不表明国家对这种情形放任不管，"每月取利不得过六分，积日虽多，不得过一倍。若官物及公廨，本利停讫，每计过五十不送尽者，余本生利如初，不得更过一倍。家资尽者，役身折酬。役通取户内男口，又不得回利为本（其放财物为粟麦者，亦不得回利为本及过一倍）"，表明国家对有息借贷和利息总量有禁止性规定，当事人不得违反这一规定。而对于"违法积利、契外掣夺，及非出息之债"的情形"官为理"，此处的"理"可解作"受理"。"非出息之债"指的是无息借贷。可见，此令文对基于无息借贷和有息借贷所形成的债的关系有着详细的规定。

（3）雇佣契约之债和租赁契约之债。《唐律疏议·名例》"以赃入罪"条疏议云："庸，谓私役使所监临及借车马之属，计庸一日为绢三尺，以受所监临财物论。赁，谓碾硙、邸店、舟船之类，须计赁价为坐。"《唐律疏议·职制》"役使所监临"条疏议云："人、畜、车计庸，船以下准赁"。可见佣的范围是人、车、马等动产；赁所适用的范围是碾硙、邸店、舟船等不动产和特殊的动产。《唐令拾遗》田令记载开元七年一条令文："令其借而不耕，经二年者，任有力者借之。即不自加功转分与人者，其地即回借见佃之人。若佃人虽经熟讫，三年之外不能耕种，依式追收改给他。"这条令文表达了租田契约关系，租种土地或转租他人都是允许的，但在三年之内必须耕种，否则按照式的规定追收改给。

南宋时，刘宰担任泰兴县知县。邻县有一个人十年前将自己的耕牛出租给了泰兴县农民。承租人和出租人原是姻亲，在出租人去世时，承租人前往参加丧事仪式，乘机偷偷拿走了原来租赁耕牛的契约。丧事结束后，出租人的儿子前往讨还耕牛，承租人谎称耕牛早就卖掉了。出租人的儿子到官府起诉，可是又无法提供租赁契约作为证据，累次败诉。刘宰到任后，出租人的儿子又来起诉，刘宰说："耕牛已失十载，安得一旦复之?”将出租人的儿子打发回去。刘宰暗中嘱咐好两个乞丐,然后故意将他们关入监狱,公开提审,乞丐供称是盗牛犯,偷盗的耕牛都放养在承租人处。刘宰于是拘捕承租人,承租人赶紧辩称牛是租赁来的,并拿出偷来的租赁契约作证据。刘宰乘机传唤出租人的儿子,承租人只得还牛,并付清租赁费用。

(4) 保管契约之债。《唐律疏议·杂律》“受寄物辄费用”条规定:“诸受寄财物,而辄费用者,坐赃论减一等。诈言死失者,以诈欺取财物论减一等。疏议曰:受人寄付财物,而辄私费用者,坐赃论减一等,一尺笞十,一匹加一等,十匹杖一百,罪止徒二年半。诈言死失者,谓六畜、财物之类,私费用而诈言死及失者。”“以诈欺取财物论减一等,谓一尺笞五十,一匹加一等,五匹杖一百,五匹加一等。”根据律文规定,受人寄付财物,保管人不得私自使用消耗,假如发生此种情况,按照坐赃论减一等处罚。

私人之间的土地交易,中人起到至关重要的作用。有资格从中作保的人,多为村中有头有脸的士绅族长。在民间私契的订立和执行中,中人除了履行说和义务,还要承担日后矛盾调解的责任。“如有舛错,自有中人一面承担。”如定于嘉庆十八年十月十二日的一张退地文书,上书王型因欠下钱粮缴纳不上,烦中人借刘金贵东钱一百二十吊整。当面笔下付清。“使此钱交完钱粮同中人当面公议言明情愿退与钱粮地八亩刘金贵承种纳粮不与王姓相干。”

署名或画押:画押就是当事人在契约后部自己的名字下面或与名字重叠,亲手划上自己的一根手指长度的线;段,并画出指尖、指节的位置。

土地买卖合同:绝卖,即一次性推收过割,所有权完全转移。活卖,就是出典,把房产典卖出去,典价略低于实价,保留回赎、索贴的权利。

立当地契人许高寿,今将祖遗化字三千三百三十八号,地税四分,土名下塘坞,凭中立契出当与许荫祠名下为业,三面议定得受当价九色银四两正。其银当即收足。其地即交收租挂税管业。言定以十年为满,听凭取赎。恐口无凭,立此当地契存照。

乾隆二十八年四月　日

通常情况下,活卖最终都要转化为绝卖。从活卖到绝卖,一般经历三个阶段,即活卖、招贴、卖断,分别形成三种契约,活卖契约、招贴契约、卖断契约。

《大清律例》规定:嗣后民间置买产业,如系典契,务于契内注明回赎字样;如系卖契,亦于契内注明绝卖,永不回赎字样。

立加添田契人堂叔丁世臣,情因先年将田种一契,卖与荣宗为业,已经加添订定,永不言加,只许赎取。今见年歉,情愿永不归赎,托中加到侄声扬弟兄名下,比日得受加添纹银二十五两。自加之后,其田永听声扬掌管,叔永不得饰说。立此加添,永远存照。乾隆十五年十月初八日。①

① 孔庆明等:《中国民法史》,吉林人民出版社 1996 年版,第 640 页。

七、传统民法中的继承

1. 身份继承

现代汉语中“继承”一词与古代汉语的“继承”或“承继”并无完全对应，古代所称继承，主要是指直系亲属从长辈获得家族内的或社会上的身份。长辈遗留下的财产则在卑亲之间分配，称之为“分析”或“析产”。《唐律疏议·明例》律疏引唐《封爵令》“王、公、侯、伯、子、男，皆子孙承嫡者传袭。”《唐律疏议·户婚》“立嫡违法”条：“诸立嫡违法者，徒一年。即嫡妻年五十以上者，得立庶以长，不以长者亦如之。”律疏解释：“立嫡者，本拟承袭，嫡妻之长子为嫡子……谓妇人年五十以上不复乳育，故许立竖子为嫡。”本条律疏引唐户令：“依令：无嫡子及有罪、疾，立嫡孙；无嫡孙，以次立嫡子同母弟；无母弟，立庶子；无庶子，立嫡孙同母弟；无母弟，立庶孙，曾、玄以下准此。无后者户绝。”这条律文宋元明清均沿用，明清将刑罚减为杖八十。

按照儒家总结的西周的“礼制”，凡人都必须要有后，将来在死后可以得到后人的祭祀供奉，免得在阴间成为冻饿之鬼。这是家族内部传递祭祀义务的重要法则，所谓“不孝有三，无后为大”。当没有亲生儿子为后，要考虑以法律拟制亲子来传承这项义务，称为“立嗣”。《唐律疏议·户婚律》引《户令》：“无子者，听养同宗昭穆相当者。”“昭穆”是辈分的意思，这条法令规定的是收养对象必须是同宗亲属中的下一辈分。如果收养异姓为子孙，算是一项犯罪，要处徒一年的刑罚。法律只允许收养三岁以下的异姓“遗弃小儿”。

宋代以前的法律仅仅允许无子贵族、官僚为自己立嗣，以继承家族的爵位和宗祧。至于平民能否立嗣并没有规定。宋代法律则允许无子的平民立嗣，并建立了相当具体的制度。法律允许的立嗣方式主要有两种：户主生前立嗣；户主死后，家属或家族为之立嗣。户主生前立嗣是通过收养同宗或异姓子孙来完成的。被收养人称为养子，养同宗子又叫过继子。立嗣讲究昭穆关系，收养人与被收养人要相差一个辈分。在年龄上，被养人不能大于收养人。同宗内的嫡长子和独子不能为人继嗣。收养同宗子孙为养子，必须申报官府，改正户籍，由官府发给公据。只能收养不超过三岁的异姓子。养子被收养后，即负有承续宗祧、赡养养父母的义务，不能舍弃养父母，否则构成不孝重罪。养子的身份和地位和亲生子相同，得到国家法律的承认和保护。宋代法律对于被继承人死后的立嗣又加以细分，区别“立继”“命继”两种情况。“立继者，谓夫亡而妻在，其绝，则其立也，当从其妻；命继者，谓夫妻俱亡，则其命也，当惟近亲尊长。”即选嗣的第一顺序是死者的妻子，由她选定同宗侄辈中的一人为嗣子，称为“立继”；如果夫妻都已去世，由其族人来选择嗣子的称为“命继”。

案例：有个叫张养直的人死后，他的妻子阿陈守寡把儿子养大。想不到儿子张颐翁长到 24 岁就病死了。阿陈就为张颐翁立继，收养了一个不满三岁被人遗弃的小孩子，取名张同祖，作为自己的孙子来扶养。而张养直的弟弟张养中想把自己的第二子张亚爱立继为张养直的孙子，叔嫂之间由此发生了纠纷，告到官府。法官叶岩峰首先指责说：“嫂叔相争，族义安在哉？”然后一一援引当时的法律：“户绝命继，从房族尊长之命”；

“夫亡妻在，则从其妻”；“诸遗弃子孙三岁以下收养，虽异姓亦如亲子孙法”。指出阿陈在张养直身故之后长期守寡，扶养儿子，现在儿子死了，“以祖母之命，尽可以立幼孙；以寡嫂之分，岂不尊于乃叔！”而且张养直打算以次子张亚爱为张颐翁的嗣子，而张亚爱是张颐翁的堂弟，以弟为孙，则天伦紊乱，根本不符合法律立嗣要昭穆相当的规定，因此裁判阿陈可以收养张同祖，驳回张养中的起诉。

2. 财产继承

中国古代财产继承时大体上的顺序是：第一顺序为诸子及诸孙（包括嫡子、庶子、婢生子、嗣子、奸生子），第二顺序为在室女及赘婿，第三顺序为出嫁女，寡妻作为特别顺序。

在财产继承中所言的嫡子和身份继承中所言的嫡子有所不同，后者只是一人，没有当然的嫡子就要在其他的儿子及孙子中“立”；而前者是指正妻所生养的所有的儿子。而且在财产继承上，嫡子并不分长幼。庶子是指妾所生的儿子。没有妾地位的婢女和主人私通生子，就是婢生子。与人通奸所生之子，为私生子。嗣子是指被继承人生前已经收养的儿子。

财产分配的原则是诸子均分。《宋刑统》卷十二《户婚》“卑幼私用财”引唐《户令》：诸应分田宅及财物，兄弟均分（注：其父祖亡后，各自异居，又不同炊，经三载以上；逃亡经六载以上；若无父祖旧田宅、邸店、碾硙、部曲、奴婢见在可分者，不在分限）。妻家所得之财，不在分限（注：妻虽亡没，所有资财及奴婢，妻家并不得追理）。兄弟亡者，子承父分（注：继绝亦同）。兄弟俱亡，则诸子均分（注：其父祖永业田及赐田亦均分。口分田即准丁中老小法。若田少者，亦依此法为分）。其未娶妻者，别与聘财。姑姊妹在室者，减男娉财之半。《大明令·户令》规定：凡嫡庶子男，除有官荫袭先尽嫡长子孙，其分析家财田产，不问妻、妾、婢生，止依子数均分。奸生之子，依子数量与半分。如别无子，立应继之人为嗣，与奸生子均分。无应继之人，方许承绍全分。

民国七年十月一日，一户刘姓人家完成了“诸子均分”的遗产继承。据俗称分家单的“折居文约”记载，刘玉祥将家族百年积累的家业分与三个儿子刘清泉、刘清泰和刘清源。中华民国三十七年十月初四，三个胞兄弟刘清泉、刘清泰和刘清源在父母作古以后再次将父母养老地十八亩立分家契。

3. 户绝者依照遗嘱处分遗产

《宋刑统·户婚·户绝资产》引唐《丧葬令》：“诸身丧户绝者，所有部曲、客女、奴婢、店宅、资财，并令近亲。转易火卖，将营葬事及量应功德之外，余财并与女。无女均入以次近亲，无亲戚者官为校检。若亡人在日，自有遗嘱处分、经证验分明者，不用此令。”该条规定的遗嘱继承的前提条件是“诸身丧户绝者”，即在死者无儿孙的情况下，可以按照法律的规定安排遗产的分配，但“若亡人在日，自有遗嘱处分、经证验分明者，不用此令”，可以依照遗嘱进行继承。换言之，如果死者有儿孙、未户绝，并不一定需要按照其遗嘱来进行遗产的处分。

在司法实践中遗嘱并不得到重视，法官可以随意地解释遗嘱的含义。北宋时期的一个案例具有典型意义。杭州有富民，儿子才三岁时自己就将病死，嘱咐女婿代管家务

财产，写遗书给女婿："他日欲分财，即以十之三与子、七与婿。"儿子成年后要求和姐夫分家，女婿持遗书到官府请求按照遗书处理。张咏见了遗书，肃然起敬，将酒洒在地上，祭奠这位富民，对女婿说："汝之妇翁，智人也！时以子幼，故此嘱汝，不然，子死汝手矣。"判决财产的十分之七归子，十分之三归婿。

八、传统民法中的损害赔偿

古代的法律没有真正意义上的损害赔偿之债，在法律上凡侵损财产及人身的行为都被认为是犯罪，必须使用刑罚处罚，赔偿只是一种附带的或代替刑罚性质的处罚方式。

唐律规定，凡略奴婢者，以强盗论；和诱者，以窃盗论。其赃并合被备(赔)。

即可以处以笞、杖、枷等薄刑，也可以不用刑来调处息讼。

凡斗殴以手足或他物殴人，不成伤者笞二十至三十；致伤(青赤而肿)者笞四十；殴人吐血、出血者杖八十。

凡偷窃未遂者笞五十，窃一两以下杖六十；十两以下杖七十；至四十两杖一百。

单方悔婚约笞五十，一女两嫁杖八十，良贱为婚杖八十并离异。

产业典卖不清，混行争告，照不应重律杖八十。凡典卖田宅，不税契笞五十。

父母在世、子孙别籍异财杖一百。

立嫡子违法者杖八十，收养异姓义子以乱宗族者杖六十。

凡欺隐田粮(阴田瞒产漏税)笞四十至杖一百。

子孙盗卖祖产五十亩以下或盗卖义田，照盗卖官田律，每一亩杖七十。

凡脱漏户口杖一百，隐匿成丁者杖六十。

举人、生员欠应纳粮杖六十至一百；夏秋两季收粮拖欠限期，不足税额者，里长、户长杖六十至一百。

买卖把持行市(欺行霸市)杖八十。

借贷取利，月息不过三分，长年息不过十分，违者笞四十至杖一百。

清律中还有一些规定，不用刑，类似单纯的民事法律规范：

分家析产立"分书"已定，不许重分，高词立案不行。

卖产立有绝卖文契，不准找赎；文契未载绝卖，可以回赎。

父母健在，许令子孙析产者(但不得别籍)，听(即允许)。

凡民人争告坟山，应以印契、山地字号亩数等为凭证。

无子者，可以选同宗昭穆相当之侄儿继承。

定婚应两家情愿，写立婚书，依礼聘嫁；男娶女嫁皆应由父母主婚。

参考文献

1. 叶孝信主编:《中国古代民法史》，上海人民出版社 1993 年版。

2. 孔庆明等:《中国民法史》，吉林人民出版社 1996 年版。

3. 郭建:《中国财产法史稿》,中国政法大学出版社 2005 年版。

4. 吕丽等:《中国传统法律制度与文化专论》,华中科技大学出版社 2013 年版。

5. 马作武:《中国传统法律文化研究》,广东人民出版社 2004 年版。

6. 赵晓耕主编:《身份与契约:中国传统民事法律形态》,中国人民大学出版社 2012 年版。

思考题

1. 中国古代有无民法这一问题的分析路径有哪些?
2. 中国古代民法的渊源有哪些?
3. 古代民法中"物"是如何分类?
4. 古代的契约有哪些主要类型?
5. 古代民法中的继承制度是如何规定的?

第七章

中国传统婚姻法律文化

学习目的和要求：

学习本章应着重了解中国各个主要时期的婚姻法律制度，以及主要婚姻制度的发展变化，具体包括婚姻的分类、婚姻的原则、结婚的条件与程序、离婚的条件、妾的地位等等内容，以及汉族地区的一些特殊婚俗。

学习重点：

六礼、七处、三不去的内容及其对后世的影响。

婚姻是通过男女相爱而结合的生活载体。这个载体就是家庭，它是人类社会赖以发展繁衍的基础。婚姻是人类的自然行为，也是社会行为。近代社会学上的婚姻是指男娶女嫁正式结合为夫妻的法律行为。正如魏斯特马克所说，婚姻乃经过某种仪式之男女结合，为社会所许可者，此种制度比以社会之许可为其特征，到处皆然。① 即它必须是经过法律的许可和社会的承认，否则谓为同居或姘居，没有法律的保障。《易序卦》所说，有天地然后有万物，有万物然后有男女，有男女然后有夫妇，有夫妇然后有父子，有父子然后有君臣，有君臣然后有上下，有上下然后礼义有所错。说的就是婚姻应该合乎礼制，社会秩序才稳定。

周代是中国婚姻制度的形成时期。《礼记》云："婚姻者，将合二姓之好，上以事宗庙，而下继后世矣，故君重之。"可见此时的结婚不以男女个人相爱为前提，而以家庭续嗣为目的。周代把男婚女嫁看作人生重要里程，终身大事，规定男子"二十而冠"女子

① 转引自陈顾远：《中国婚姻史》，商务印书馆 2014 年版，第 3 页。

“十六及笄”的成年礼，和“男子三十而娶，女子二十而嫁”的结婚年龄。周代形成了正式的聘娶婚仪式，即“六礼”，标志着生产力发展已达到相当水平。

唐代时中国古代婚姻家庭继承法律制度已进入成熟时期，无论是调整手段、法律内容，还是法律形式、立法技巧，都代表着中国古代婚姻家庭法律制度的一个高峰。一方面是调整婚姻家庭关系的法律制度以系统化的形式定型，另一方面是礼的精神充分为法所吸收，并渗透到具体的法律制度中。礼与法的融合在唐代婚姻家庭领域尤为典型，表现为：(1) 法律直接移用礼教的某些规范，如礼有“无子则为之置后”“同宗则可为之后”的规定，唐令则有“无子者，听养同宗昭穆相当者”的规定；礼有“娶妻不娶同姓”，律有禁同姓为婚条；礼有“七出”“三不去”，唐律有七出三不去。(2) 法律制度的建立与罪名的设立直接发源于礼的规定。法律关于妻的地位、子孙违反教令及供养有阙、禁居丧嫁娶等规定，无不体现了礼关于嫡妻、服制、孝道、妇道的规定。(3) 律疏的解释以儒家礼的精神为准则，往往直接援用儒家经典。如户婚篇“许嫁女辄悔”条疏议言：“婚礼先以聘财为信，故《礼》云，聘则为妻……”；同篇“有妻更妻”条疏议：“依礼，日见于甲，月见于庚，象夫妇之义。一与之齐，中馈斯重。”援礼释法这一形式，用儒家伦理来阐释立法原理，将法律规范纳于礼教伦理的价值范围内，法律的有效调整也就意味着礼教规范的实现。

一、古代婚姻的种类

(一) 掠夺婚

是以强力手段“掠夺”成婚的一种婚姻形式。男方参与掠夺者，往往是一个大家庭的一群青年人，这些人傍晚出发，身着黑衣，蒙面或面部涂染，使女家不易认出。最初的掠夺婚是真正的掠夺，后来掠夺变成了一种形式，也就是在男女双方达成婚约之后，把假抢作为男方迎亲的一种取代仪式。《左传》记载楚王发兵灭息国的抢婚事件：蔡哀侯因为莘地的战役，在楚文王面前赞美息妫(息侯夫人，姓妫)，楚文王入息国借口设享食致祭，灭了息国，掳息妫归，立为夫人，妫生二子，但仍终日不语。楚文王问之，对曰：吾一妇人，而事二夫，纵不能死，又有什么说的！楚文王因为是蔡国叫他灭息国的，为了取悦息妫又去征伐蔡国。《列女传·贞顺传》曰：夫人者，息君之夫人也。楚伐息破之，虏其君使守门，将妻其夫人而纳之于宫。楚王出游，夫人遂出见息君，谓之曰：“人生要一死而已，何至自苦。妾无须臾而忘君也，终不身更二醮，生离于地上，岂如死归于地下哉！”乃作诗曰：“生则异室，死则同穴，有如不信，视于皦日。”遂自杀。息君亦于同日俱死。楚王贤之，乃以诸侯之礼合而葬之。这段故事正是春秋时期战争中灭其国，役其君，妻其妾的典型事例。

(二) 聘娶婚

是西周婚姻的主要形式，娉娶婚成立的要件是男方向女家缴纳聘金。聘金的多寡，因妇女的身份不同而有差异。一般平民聘金为束帛；士大夫阶层嫁娶门当户对的女子，身价要高一些，有黑红色的帛，及两张鹿皮等。

(三) 自由恋爱婚

是对聘娶婚的一种补充形式。《周礼·媒氏》:“仲春之月,令会男女,于是时也,奔者不禁。”周人认为仲春之月为万物复苏季节,农耕开始,种子下地,秋季将结硕果。婚姻也是一样,仲春之月应当是婚礼已经办完到了祈子的时候,如果有人至此时还没有婚配,必将影响传宗接代和宗祧继承,这和周人的婚姻观念是相悖的。于是国家的法律不禁止私奔,这就意味着法律对自由恋爱婚的认可。但是自由成婚,女子只能处于妾的地位,无法进入“聘则为妻”的行列。妾比奴仆的地位高不出多少,婚后常为丈夫所遗弃。《诗经·卫风·氓》说,“送子涉淇,至于顿丘。匪我愆(qian)期,子无良媒。将子无怒,秋以为期。”这是讲一对在淇水边相恋的男女,男子因为女子拖延婚期而发怒,女子却忧心忡忡地说,你没有媒氏啊。无媒氏则不能聘请为妻。一旦为妾,随时都有被丈夫遗弃的危险。

二、古代婚姻的原则

第一,同姓不婚,是一项传统的古老禁忌。《礼记·曲礼》:“娶妻不取同姓,故买妾不知其姓则卜之。”《礼记·大传》:“百世而婚姻不通者,周道也。”这说明周人娶妻不能同姓,买妾也一样,首先必须卜问清楚其姓,然后才能通婚。姓代表有共同血缘关系,同姓之人,在远古时曾是同一个氏族的人,有一定的血缘关系。同姓不婚的主要理由在于,第一,当时人们已经认识到族内婚会造成生殖力下降,《左传》所谓,同姓不婚,其生不蕃(fán),《国语》所谓同姓不婚,恶不殖也。这显然是远古禁忌的反映。第二,倡导族外通婚是为了加强与其他部落或种族的联系。《礼记》所谓“娶于异姓,所以附远别厚也。”第三,同姓不婚也是严格男女关系的一个重要举措,使血缘亲密的男女之间的应有所回避。

《唐律疏议·户婚律》:诸同姓为婚者,各徒二年,缌麻以上,以奸论。问曰:同姓为婚,各徒二年,未知同姓为妾,合得何罪?答曰:买妾不知其姓则卜之。却决蓍龟(注:比喻德高望重的人),本防同姓。同姓之人,即尝同祖,为妻为妾,乱法不殊。户令云,娶妾仍立婚契。即验妻、妾俱名为婚,依准礼、令,得罪无别。《唐律疏议·户婚》“为祖免妻嫁娶”条曰:诸尝为祖免之妻而嫁娶者,各杖一百;缌麻及舅、甥妻徒一年;小功以上,以奸论。妾,各减二等。并离之。祖免亲是指高祖亲兄弟,曾祖堂兄弟,祖再从兄弟,父三从兄弟,身四从兄弟,三从侄孙,并缌麻绝服意外,即是祖免。祖免亲属于同宗同姓,而在五服之外,不得互相嫁娶。

清律规定,凡同姓为婚者,主婚与男女各杖六十,离异。同姓又同宗者,区别有服亲和无服亲,娶同宗无服亲者杖一百;娶缌麻以上亲,各以奸论,处刑自徒至绞。

第二,外姻尊卑之禁婚。外姻包括母族及女系血族、妻族之间的婚姻关系。若外姻有服属而尊卑共为婚姻,及娶同母异父姊妹,若妻前夫之女者,亦各以奸论。《唐律疏议·户婚》“同姓不婚”条规定:“若外姻有服属而尊卑共为婚姻,及娶同母异父姊妹,若妻前夫之女者,亦各以奸论。其父母之姑、舅、两姨姊妹、若堂姨、母之姑、堂姑、已之堂姨及再从姨,堂外甥女,女婿姊妹,并不得为婚姻,违者各杖一百。并离之。”这主要从尊卑混乱，人伦失序的角度而禁忌之。如外祖父母与外孙孙女，岳母与女婿，母舅与外甥女，母姨与外甥等。至于同母异父或前夫之女，妻所生者，亦禁娶，这也是因血缘关系，在禁婚之列。

清律从三方面作出规定：首先，尊卑不婚。无论有无服制的尊卑亲属均不得结婚。其次，禁止同辈亲属结婚。最后，禁娶亲属妻亲。

第三，居丧不婚。这是婚姻关系的暂时障碍。周人强调家庭内部的尊尊、亲亲关系，于是在父母丧期之内，子女不准嫁娶，以示哀伤。

居父母丧时或父母囚禁期等特殊时期禁婚。《唐律疏议·户婚》规定：诸居父母及夫丧而嫁娶者，徒三年；妾减三等。各离之。知而若为婚姻者，各减五等；不知者，不坐。若居期丧而嫁娶者杖一百，卑幼减二等；妾不坐。

第四，士庶不婚。等级身份不同，不得嫁娶。这是婚姻关系的永久障碍。奴隶主贵族为了维护自己的等级特权地位，不仅"礼不下庶人"，就是嫁娶也只能在本阶级内进行，贵族与庶人之间无通婚的可能。一般官与民，士与庶，良与贱不为婚的。《新唐书·高俭传》："王妃主婿，皆娶当世勋贵名臣家。"

第五，良贱不婚。唐代在民间也有良民和贱民之分。而贱民层又有官贱和私贱。属于官贱者包括官奴婢、官户、杂户、工乐户、太常音声人等。属于私贱者有私奴婢、部曲、部曲妻、客女、随身等。这些贱民在唐律中的地位各有高低，其顺序为太常音声人——杂户——随身——部曲妻——工乐——部曲——官奴婢——私奴婢。

《唐律疏议·户婚》："诸与奴娶良人女为妻者，徒一年半；女家减一等。离之。其奴自娶者，亦如之。主知情者，杖一百；因而上籍为婢者，流三千里。即妄以奴婢为良人而与良人为夫妻者，徒二年。各还正之。"《唐律疏议·户婚》："诸杂户不得与良人为婚，违者杖一百。官户娶良人女者，亦如之。良人娶官户女者加二等。"

清代娼优、皂隶、奴婢，均属"贱民"，不能应考、出仕，甚至不能与良人通婚。凡家长为奴婢娶良人为妻，杖八十；奴婢自娶者同罪；倡优乐人以良人为妻妾，杖一百，知情家长并同罪。若良人娶乐人为妻，庶民不坐，而官吏和应袭之子孙有辱体统，杖六十。

第六，五不娶。《大戴礼·本命》："逆家子不取，乱家子不取，世有刑人不取，世有恶疾不取，丧妇长子不取。"逆指叛逆朝廷，这是为了保证国家的安全。乱指淫乱，为了维持家庭伦理纲常。刑人是指因犯罪受刑的人，出于统治阶级的人身安全考虑。恶疾，指聋、盲，秃、瘸等疾病。关系后代的健康，故列为不娶的对象。丧父长女列为不娶对象，因为这种人自幼便得不到家庭妇德的正规教育，缺少为妇的道德。所谓五不娶，带有明显的阶级烙印和男尊女卑的不平等思想，但其中也混杂有一定的合理成分。五不娶作为婚姻障碍提出，其主要目的是为了使人们忠君、重家族和重祭祀，有浓厚的君权、族权色彩。

三、古代婚姻成立的条件

1. 婚龄

西周法定婚龄，男三十，女二十。《周礼·媒氏》，"令男三十而娶，女二十而嫁"。

《礼记·内则》记载:“男子二十而冠,始学礼;三十有室,始理男事。女子……十有五年而笄,二十而嫁;有故,二十三而嫁。”不过,这里所说的都是虚岁,实际上是男二十八岁,女十八岁。现实生活中常常出现低于法定婚龄的现象。不少男女,以男子行冠礼、女子及笄为男女成年的标志,此后即可以成婚。唐代贞观年间,婚龄为男年二十,女年十五;开元年间,男年十五,女年十三。李白《长干行》:“十四为君妇,羞颜未尝开。低头向暗壁,千唤不一回。”《大清通礼》规定清代的适婚年龄为男16岁,女14岁,民间往往依照地方习惯或宗族法规,浙江归安嵇氏宗族条规“男子二十以上皆可婚,女子十六以上皆可嫁”,因婚姻有年龄上的限制,任何“指腹割衫襟为亲者”都是法律绝对禁止的。

2. 父母主婚

这是婚姻成立的必要要件之一,家父是家庭的民事权利主体,有完全民事权利能力,必然是子女婚姻权的主婚人。西周法律规定,没有父母的同意,婚姻便不能成立。“娶妻如之何,必告父母。”失去父母的子女,兄长也可以充当他们的主婚人。“岂敢爱之?畏我父母。……岂敢爱之?畏我诸兄。”兄长主婚,是家长制特权在婚姻关系中的扩展和延伸。唐代婚姻制度突出“父母之命,媒妁之言”。婚姻必须由尊长主婚,父亲已不在的,由伯叔父主婚;伯叔父也已不在的,由兄长主婚。

清代结婚必须以“父母之命,媒妁之言”的合法形式。按照清律,只有父母和其他尊亲才有权决定婚事,“嫁娶皆由祖父母、父母主婚,祖父母、父母俱无者,从余亲主婚。其夫亡携女适人者,其女从母主婚。”男女私定终身不仅被视为伤风败俗之事,还要被迫离异并受到惩罚,即使卑幼已经成年,或仕宦买卖在外,因客观原因无法请求尊长,自行决定婚姻,“未成婚者从尊长所定,自定者从其别嫁,违者杖八十,仍改正。”

3. 媒氏认可

媒氏管理上自天子,下自百姓的婚配。男女二姓只有经媒氏介绍才能相互知名。《周礼·地官司徒·媒氏》说,媒氏,掌万民之判,凡男女自成名以上,皆书年月日名焉,令男三十而娶,女二十而嫁,凡娶判妻入子者皆书之。中春之月,令会男女,于是时也,奔者不禁,若无故而不用令者罚之。司男女之无夫家者而会之。凡嫁子娶妻,入币帛无过五两,禁迁葬者而嫁殇者,凡男女之阴讼,听之于胜国之社,其附于刑者归之于上。这段话写出了媒氏的主要职责。首先是掌握婚礼男女生年姓名和再婚者的情况,进行户籍登记留档;其次是使尚无婚配之男女青年或已丧偶的鳏寡者,会于仲春,并亲自为媒,合两姓之好;再次是宣传当时婚姻政策、统划礼俗标准,进行礼制教育。无故逾期不婚者罚之;聘礼过奢者限之;夫妻反目者教之;搞迷信的冥婚禁之;遇有婚姻不谐,行政处分先于司法裁判,也是有序进行的。①

四、古代的婚姻仪式

(一)西周的婚姻程序

凡正式婚姻的成立,必须经过严格的婚姻仪式,即六礼,纳采、问名、纳吉、纳征、请

① 汪玢玲:《中国婚姻史》,武汉大学出版社2013年版,第72页。

期、亲迎。前四礼是定婚礼，是婚姻关系的主要程序。经此四礼，买卖婚约即告成立。后二礼为成婚礼。六礼称谓自周初开始，汉代沿袭。宋以后因六礼过于烦琐而并为四礼：纳采、纳吉、纳征、亲迎。问名并在纳采之内，请期合在纳征之中。到了近代，又简化为订婚和结婚两仪。

六礼是西周礼制所要求的婚姻成立所必须经过的六道程序，始见于《礼记·士昏礼》。《礼记·士昏礼》规定"六礼"的程序为：一、纳采，二、问名，三、纳吉，四、纳征，五、请期，六、亲迎。纳采，是男家请媒人到女家提亲，获准后备彩礼前去求婚；问名，是男家请媒人问女方的名字、生辰、卜于宗宙，请示吉凶；纳吉，是男家卜得吉兆后通知女家决定定婚；纳征，又称纳币，是男家送聘礼到女家；请期，是男家择定吉日为婚期，商请女家同意；亲迎，是新郎至女家迎娶。女婿手执大雁拜奠女方祖先。亲迎新妇到门，出舆，升堂，交拜，行交杯共食之礼，举行交拜之礼，而成正式夫妇。至此，"六礼"完毕，婚姻成立。用雁有三层意义：1. 取其顺阴阳往来，取妇人从夫之义。2. 雁是候鸟，不失时信，象征男女信守不渝。3. 雁阵成行，行止有序，象征嫁娶之家长长幼有序，互不越礼。[①]

（二）唐代的婚姻程序

唐代婚姻的具体程序要件有"报婚书""有私约""受聘财"。所谓"报婚书"是指双方尊长以书面形式提出和答应订立婚姻。"有私约"是指男方应事先说明男方的一些特殊情况：比如年龄偏大、身有残疾、身为养子或庶子、妾生子、婢生子等等。"受聘财"是指女方尊长已接受男方作为聘礼的钱财。这是最关键的要件，无论聘财的种类、数量（亲朋宴饮的酒食不视为聘财），女方尊长一旦接受，即使以前没有"报婚书"，仍视为婚约成立，女方不得反悔。《唐律疏议·户婚》称之为"聘礼先以聘财为信"。反悔者作为犯罪处罚，处杖六十；若女方尊长将女儿另嫁他人，已成婚者尊长要处徒一年半的刑罚，知情的后婚也要徒一年。

《唐律疏议·户婚》许嫁女报婚书条规定："诸许嫁女已报婚书，及有私约，而辄悔者，杖六十。虽无许婚之书，但受娉财亦是。若更许他人者，杖一百，已成者，徒一年半，后娶者知情减一等，女追归前夫。前夫不娶，还娉财，后夫婚如法。"疏议曰："许嫁女已报婚书者，谓男家致书礼请，女氏答书许讫。及有私约，注云，约，谓先知夫身老、幼、疾、残、养、庶之类。老幼谓违本约，相校倍年者；疾、残谓状当三族，支体不完；养，谓非己所生；庶，谓非嫡子及庶孽之类。以其色目非一，故云之类。皆谓宿相谙委，两情具惬，私有契约，或报婚书，如此之流，不得辄悔，悔者杖六十，婚仍如约。若男家自悔者，无罪，聘财不追。"

（三）清代的婚姻程序

定婚乃双方收受聘礼，交换婚书，立定具有强制履行效力的婚约的法律行为。定婚必须以诚实为原则，"若有残疾、老幼、庶出、过房、乞养等，务要两家明白通知，各从所愿"，不得隐瞒、欺骗，或以兄弟姊妹妄冒，否则，不仅婚约得以解除，主婚人还要受罚。

---

① 汪玢玲：《中国婚姻史》，武汉大学出版社 2013 年版，第 80 页。

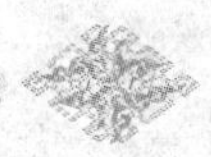

婚约具有法律效力，一旦立下就必须履行，不得翻悔，更不得立下婚约后再与别人定婚，“若许嫁女已报婚书及有私约而辄悔者，笞五十。虽无婚书，但受聘财亦是，若再许他人，未成婚者，杖七十，已成者杖八十，男家悔者罪亦如之，不追财礼。”且婚约履行有时间上的限制，婚书中规定的聘娶日期，期约未至男方强娶和期约已至女方故意拖延的，主婚人笞四十；若期约超过五年男方无故不娶，及夫逃亡三年不还者，经官府出具证明，允许另行改嫁，财没不追。

婚约可以因一方犯罪而解除，清律在婚约不许翻悔条文后又书：“……其未成婚男女有犯奸盗者，不用此律”，并且“男子有犯，听女别嫁，女子有犯，听男别娶”。

聘财是婚约成立必不可少的要求，《大清通礼》上详细列举了不同身份等级的当事人应纳聘财的种类、数量：“一品至四品，币表里各八两，容饰合八事，食品十器。五品至七品，币表里各六两容饰合六事，食品八器。八九品及有顶戴者，币表里各四两，容饰合四事，食品六器。庄人，细绢四两，容饰四事，食品四器。”《大清通礼》还规定了结婚的仪式和新郎新娘的服饰，各级人等各循其礼，不得僭越滥用。

婚礼在时间上要有选择，在尊亲属丧期、帝王丧期及直系亲属被囚禁期间嫁娶，都是法律严禁的，但仅对违反者进行处罚，不废止其婚姻关系。婚礼之后，新妇还要行苗和觐见舅姑之礼，才算成为夫家一员。

五、婚姻关系的终止

1. 七出，俗称休妻

《仪礼·丧服》：“七出者，无子一也，淫佚二也；不事舅姑三也，口舌四也，盗窃五也，妒忌六也，恶疾七也。”无子，指妻子不能给夫家生育后代，这和周人的婚姻“上以事宗庙，下以继后世”相背。淫佚，指女子不贞节，导致家族内部辈分颠倒，家规混乱。不事舅姑，就是不孝顺公婆，违背亲亲尊尊的伦理道德，只要子妇孝顺公婆，即使儿子不喜欢妻子，也不得离异；反之，得不到公婆的欢心，无论夫妻多么恩爱，也要休弃。盗窃，实际上是为了不使子妇有私产，按照礼制规定，子妇不能有私货，甚至连母家赠送的财物都要归夫家所有。女子多口舌，会影响家族内部的和睦和团结，妒忌也一样。恶疾，有恶性传染病会遗传后代。

2. 义绝是又一离婚条件

义绝者包括夫对妻族、妻对夫族的殴杀罪或奸非罪，及妻对夫的谋害罪，如有上述犯罪事实出现，则夫妻双方恩义已绝，法律规定必须离异，不离者杖八十。七出和义绝不同的是前者作为夫方离婚的理由，离与不离，取决于夫方；后者是当然法定的离婚理由，无论双方愿不愿意，有犯必得强制离异，权力在法律。义绝，是夫或妻对对方亲属犯有殴杀或殴詈(lì)等刑事罪，官判离婚。唐令规定应“义绝”的情况包括：(1) 丈夫殴打妻子的祖父母、父母，杀死妻子的外祖父母、伯叔父母、姑母兄弟姐妹，与妻子的母亲通奸。(2) 妻子企图谋害丈夫，殴打谩骂丈夫的祖父母、父母，杀伤丈夫的外祖父母、伯叔父母，与丈夫缌麻以内的亲属通奸。(3) 丈夫和妻子双方祖父母、父母、外祖父母、伯叔父母、兄弟姐妹之间有杀伤行为。三是和离。和离，是双方自愿达成离婚。和离必须要

有丈夫亲手书写的文书,妻子持有这样的"休书""离书",以及官府判决离婚或义绝的文书,才可以改嫁。

唐代离婚的条件:一是妻犯"七出"而无"三不去"者;二是义绝:诸妻无七出及义绝之状,而出之者,徒一年半;虽犯七出,有三不去,而出之者,杖一百。户婚律规定:诸有妻更娶妻者,徒一年;女家减一等。若欺妄而娶者,徒一年半;女家不坐,各离之。

在离婚上,清代沿袭前代的七出、义绝和三不去之制,将离婚的决定权赋予夫及夫的家庭,以女方的过错作为主要理由,凡女方"无子、淫佚、不事舅姑、多言、盗窃、妒忌、恶疾",丈夫都有权将其休弃。《大戴礼·本命》:"尝更三年丧不去,不忘恩也;贱取贵不去,不背德;有所受,无所归不去,不穷穷也。"也就是说,妻与夫一同曾为公婆守孝三年的,因为尽过孝道,有权拒绝离婚;夫家在贫贱时娶妻,娶妻后家族富贵发达者,妻子有权拒绝离婚。娶妻是女子娘家人在,如果待到娘家人父兄俱无,丈夫提出离婚,妻子可以拒绝。清代所谓三不去是指妻曾为公婆服丧,有所娶而无所归;先贫贱后富贵者。

3. 妾的地位

妾,尽管是作为闺房伴侣陪嫁的,并且一般认为在日常生活方面具有作为家族一员的地位,但是,却是没有取得所谓宗族观念秩序之家中地位的女性。妻者何谓,妻者齐也,与夫齐体,自天子下至庶人,其义一也;妾者接也,以时接见也。娶妾不能用鼓吹迎送,并坐花轿,犯者族中提议罚款,以示与正式婚姻有别。聘则为妻,奔则为妾。是否按照婚礼的正规程序,这是决定为妻或为妾之终身身份的原因。七出、三不去是关于妻的规定,对妾却不适用。承认妾有遗产的管理权,但不允许处分。妾负有受妻监督的义务而妻负有扶养妾的义务。①

道光二年(1822)广西司现审案:《刑案汇览》卷七,《户婚》男女婚姻。

提督咨送张雪儿聘定赵氏之女二妞为妻,乃于未过门之前私下通奸。待赵氏将二妞另配,又复相约私逃。

律无未婚之妻同逃治罪明文。即比照女家悔盟另许、男家不告官司而强抢例,亦罪止拟笞。

张雪儿、贾二妞应仍照男女定婚、未曾过门、私下通奸,比依子孙违犯教令律,杖一百。

道光二年(1822)广东司现审案:《刑案汇览》卷七,《户婚》。

提督咨送胡六五儿聘定戴张氏之女妞儿为妻,过门童养。该犯辄与妞儿行奸。

惟妞儿究系已经过门童养,与未经过门者有间。将胡六五儿依男女定婚、未曾过门、私下通奸比依子孙违犯教令杖一百律,酌减一等,拟杖九十。

嘉庆三年(1798)通行本内题准案　娶部民妇女为妻妾。

《刑案汇览》卷八,《户律》吏部查刑部审办大兴县民妇王石氏诱令籍隶广东之武举徐朝泰之妻徐谢氏、捏称孀妇、卖与孙怀汾为妾一案。

吏部对此案之所以表示关注,是因为本案犯孙怀汾是一名官员。又,本案发生地为

① ［日］滋贺秀三:《中国家族法原理》,法律出版社 2003 年版,第 444-454 页。

北京。在清代，北京在行政上分为两个县区，大兴县即是此两个县区中东部的一县。

查律载：官员娶部民妇女为妾者，杖八十；定例：官员犯私罪杖八十者，降三级调用等予。

此案：孙怀汾凭媒买徐谢氏为妾。追询系有夫之妇，即赴坊呈送。惟该员系新补顺天府粮马通判，虽非府州县亲民官可比，究由本属置买，应酌减为降一级调用。

因为顺天府是首都所在地，故在顺天府任职的官员与其他地方的府州县官员多有不同。本案孙怀汾娶部民民妇为妾，却从轻发落，仅降一级调用，由此可见对于顺天府官员的优待。奇怪的是，本案另外两名关系人——徐朝泰和王石氏均未受到任何惩罚。应该看到，没有徐朝泰本人的默许，将其妻徐谢氏卖给他人为妾，是不可能的；而王石氏则在这项人口买卖中，起着重要的中间人作用。《大清律例·户律·娶部民妇女为妻妾》条并未规定应对被娶妇女之丈夫及中间人给何种处罚。但在《大清律例·刑律·纵容妻妾犯奸》条中，则规定：丈夫纵容妻妾与他人通奸，杖九十；丈夫因财而将妻妾让与他人，杖一百；中间人杖七十。本案中，徐谢氏被卖给孙怀汾，但据案情记载，我们并不知道买徐谢氏的这笔钱给了什么人。总之，案件本身的真实情况似乎并未在官方的案情记载中完整反映出来。

嘉庆二十四年(1819)案　《刑案汇览》卷八，《户律》　抢占良家妻女

福扶奏：詹锦等由詹、叶两姓械斗，有嫌。追见叶陈氏在伊村经过，该犯主令詹叶氏将叶陈氏拦回家内致被奸污。惟奸污并非该犯意料所及，而究由主使拦回所致。

将詹锦于"抢夺妇女、奸污"律上量减一等，满流。詹叶氏并无主使强奸情事，惟听从拦留，应于詹锦流罪上减一等，满徒。

根据法律规定，共犯一般减主犯一等处罚。如果詹叶氏确实是詹锦的妻子，那么她所被处罚的行为，也是她迫不得已所为：一方面，服从丈夫的意愿，将叶陈氏拦截回家；另一方面，服从自己父母家族的意愿，证明自己的丈夫对叶陈氏实施了强奸行为——虽然叶氏宗族是自己丈夫所在的詹氏宗族的敌人，但自己毕竟出自叶氏宗族。至于刑部为什么对詹锦"量减一等"，由绞监候减至流三千里，其原因不得而知。刑部在作出这项判决的时候，忘了像在其他很多场合那样比照法律作出判决，而是直接引用了原律。

道光八年(1828)案　《续增刑案汇览》卷三，《户律》娶乐人为妻妾。

提督咨送宗室德英额买娶沿街卖唱之来姐为妾，即与乐人、妓人无异。将德英额比照"官吏娶乐人、妓者为妾"律，杖六十；实行责打，不准折罚。

本案对宗室成员实际执行体罚，由此可见，法律加于统治集团内部成员的义务实行起来何等严格，尤其是在涉及性道德方面。本案处理为比照原律，而不是直接适用，其原因可能是被告虽然为宗室成员，但他本人并无官职；而该律显然是针对官吏而制定。①

---

① ［美］布迪、莫里斯：《中华帝国的法律》，江苏人民出版社 2010 年版，第 217 - 221 页。

六、近代中国婚姻法

(一) 1930 年民国《民法·亲属编》规定

《民法·亲属编》第 972 条规定,婚约由男女当事人自己订定。这一规定从法律上肯定了男女双方在决定自己的婚姻方面地位是平等的,并排除了他人干涉,对自古以来的"父母之命、媒妁之言"的封建婚姻是一种强有力的抵制。

第 980 条规定,男满十八岁,女未满十六岁都不得结婚。这里,从下限规定了结婚的年龄,虽然限制得较低,但对古代流传下来的早婚现象有抑制作用,也从法律上禁止了娃娃亲、童养媳等婚姻恶俗。

第 981 条有配偶者不得重婚。这里肯定了一夫一妻制,禁止纳妾恶习。

这部《民法》还规定,由夫妻关系再产生亲子关系和亲属关系以及家属关系。妻子有法定的平等地位,夫妻双方关系大体上是平等的。

《民法》还规定男女离婚问题。一方有下列情况之一者,包括重婚;与人通奸不堪同居之虐待;妻虐待公婆或公婆虐待妻致不堪为共同生活;恶意遗弃他方;有精神病;生死不明已逾三年或被判处徒刑,另一方向法院请求离婚。

姓名权,妻以其本姓冠以夫姓。居住权,妻以夫之住所为住所。财产权,妻子应将自己原有财产交丈夫统一管理。继承权,财产由直系血亲继承,直系血亲亲属为第一顺序继承人,妻子不能代位继承。家庭管理权,家设家长,家务由家长管理。教养子女权,对于未成年子女名义上父母共同行使教养,但父母意见不一致,由父亲作出决定。

《民法》还把父母亲等法定代理人的同意作为未成年人订婚、结婚的必要条件,否则婚约无效,婚姻也可以依有同意权的人请求而撤销。这些条款,在一定程度上为父母、家长包办和干涉未成年人的婚姻提供了法律的依据。

到了 19 世纪末,随着中国社会发展变化和西方婚仪东渐,中国也开始参酌中西礼法,既吸收西式婚仪的隆重、热烈、简便的优点,又抛弃其在教堂举行等宗教习俗,创造了一套中国式的婚礼仪式。1928 年,南京国民政府礼制服章审定委员会拟订《现行婚礼草案》,其主要内容为:(1) 定婚年龄,依照法律之规定,定婚信物为双方交换定婚帖,各种聘礼一概免除。(2) 通告:结婚一月前,由男女两家同意,订定结婚日期,双方只具名帖,所有礼品一概革除。(3) 结婚。结婚地点在公共礼堂或在家庭举行。结婚关系:介绍人,双方父母或保护人为当然主婚人,无父母或保护人者,各就亲长中推定一人主婚;双方公推本地有声望者一人为证婚人,男女傧相各二人,由双方邀请;由双方公推一人为司仪。结婚时,应着礼服。(4) 结婚历届依此为,司仪人席,奏乐,来宾入席,各就各位,全体肃立,向党、国旗及总理遗像行三鞠躬礼;证婚人读证书;证婚人分别问讯新郎、新娘是否同意。新郎、新妇随后盖章或签字;证婚人、介绍人、主婚人依此盖章或签字;新郎、新妇相向立,互行三鞠躬礼,并交换戒指;证婚人、主婚人致词;来宾致贺词;新郎、新妇谢证婚人、介绍人以及来宾;奏乐,礼成。

该礼草案基本上是以旧式婚礼的程序为蓝本,革除了旧式婚礼的烦琐,吸收了新式婚礼的简朴和热闹。而在结婚仪式上,基本上采用了新式婚礼的程序,它是当时新旧婚

俗调和的产物，既是对旧式婚礼的一种改良，也是对新式婚礼的一种变通。

(二) 1934 年中华苏维埃共和国《婚姻法》

第一，男女自由，废除一切包办、强迫和买卖的婚姻制度，禁止童养媳。结婚必须禁过双方同意。第二，实行一夫一妻制。一切公开或变相的一夫多妻，均属违法。有妻还有妾者，以重婚论。第三，规定了结婚的条件和程序。男 20 岁，女满 18 岁。结婚的程序是，男女双方须同到乡苏维埃或市区苏维埃办理登记，并领取结婚证书。还规定废除聘金、聘礼及嫁妆。第四，规定离婚原则。确定离婚自由，凡男女双方同意的，即行离婚。第五，着重保护妇女利益。

(三) 1950 年《婚姻法》

第一条　废除包办强迫、男尊女卑、漠视子女利益的封建主义婚姻制度。实行男女婚姻自由、一夫一妻、男女权利平等、保护妇女和子女合法权益的新民主主义婚姻制度。第二，禁止重婚、纳妾、童养媳。第三，强调结婚须男女双方本人完全自愿，不许任何一方对他方加以强迫或任何第三者加以干涉。第四，夫妻为共同生活中的伴侣，在家庭中地位平等。第五，夫妻双方均有选择职业、参加工作和参加社会活动的自由。第六，男女双方自愿离婚的原则。

七、汉族地区的特殊婚俗

(一) 童养媳

童养媳是女童未成年，稚龄时即为人家预聘为子媳，并娶至家中待嫁的一种畸形婚俗。童养媳有两种，多发生在贫困的家庭。第一种是家有男孩，担心儿子长大无钱娶妻，早为之计，在几岁时收养或买进别家幼女为养女，待适龄期与本家儿子成婚，养女转为儿媳；第二种是婚后并无子嗣者，买女或抱养别家女孩，以待生子长大婚配。这种童养媳成为“等郎妹”。

这些童养媳，自幼被父母以极廉价的米谷换取或减价卖出，离开爹娘，去未婚夫家担负繁重的劳务，幼小的心灵受到摧残，经常受家长打骂，有不待婚即被折磨死者；有不堪虐待自寻短见者；万幸等到郎时，自己老大，常是被抛弃的对象，亦无幸福可言。河南一支《小女婿》民歌说：

十八大姐七岁郎，夜夜困觉抱上床；
说你丈夫岁数小，说你儿来不叫娘；
等到郎大姐已老，等到花开叶又黄。

(二) 赘婿婚

俗称“养老女婿”，即男嫁女，入女家为婿。赘婿大多是有女无子之家招赘以延续其血统。然招婿之家多富有，入赘者多家贫，因贫富差别，亦受歧视。顾颉刚先生引例，抗日时期藏族昌都地区，招婿为普遍现象，察其心理，主要是偏重女家经济利益。女家亦纳采，送牛于夫家，到婚期新郎家偕家族来行礼。婚后，新郎即喂猪、拾粪、畜牧。及衰老被其夫人开除婿籍，或为子女开除父籍，生活毫无保障。云南大理、保山一代上有保

存古代赘婿的卖身契约。成婚之日，赘婿必立一字据，上书“祖宗无德，小子无能”，如今“改名换姓，重新做人”，愿婿于某某门下，不仅卖身，连姓名也卖掉。

（三）招养婚

在东北个别酷寒山区，男多于女，或男子患有特殊疾病，生活艰难，有一女二夫的现象，称招养婚，俗称“拉帮套”或“招夫养子”。已婚妇女或因子女多，夫妻无力抚养，或因丈夫有特殊疾病丧失劳动力，故当地男多于女，大多数男子找不到对象，或是贫困不能娶的单身汉，便和一家已婚女人有婚姻关系，夜宿其家或女来就宿，劳动收入全部交给女家，帮助女家生活。“拉帮套”分拉者和被拉者，被拉者有妻室子女，拉者都是单身汉。被拉者有的因年纪大或身有残疾，无劳动能力和经济收入甚微，无法维持家庭生活；拉者多是身强力壮的男子，或虽有粮米而无力成家。招养夫之人如居女家并以自身劳动赡养女家，这一切需要得到本夫的默许、认可或同意，但并无书面契约或字据。女方和本夫一般都维持原来的夫妻生活，亦有中止性关系者，不管是何种生活方式，招养来的拉帮套者的存在，与女方的夫妻关系却是公开的事实。电影《木帮》就是描写20世纪40年代末至50年代初，发生在长白山林区的一个畸形家庭中的残酷爱情故事，主人公魏大山、妻子云凤、徒弟黑塔，很能说明拉帮套婚姻形态产生的复杂原因。

（四）典妻婚

旧时百姓由于家境贫寒或因疾病、债务所迫急需一笔钱用，民间形成一种典妻的风俗，而那些经济条件略好，又无家室，无力娶妻生子的男人，则向贫困家庭的妇女租妻。典妻的男子把自己的妻子出典给别人时候，一般也有媒证和契约。契约一式两份，一份交受典人，一份交出典人。在契约中写明出典的价格，出典的年限。典期满后，妻子仍回到原来丈夫家里。在受典期间所生子女都归受典人。

典妻婚分为典妻与租妻两种形式。典妻，期限较长，价格较高；租妻带有暂时性质，期限较短，租金较低。招夫养夫，这种典妻协议达成，必须有三个条件：一是招夫来家居住必须征得前夫同意，并收取典金，作为抚养费用；二是招夫期限内所生子女都归后夫。三是招夫期限内，妻子不能与前夫同居。

案例一：杨月楼“诱拐”案

杨月楼（1849—1890），安徽潜山人，幼年与其父杨二喜来京卖艺于天桥，后偶被张二奎所发现，深得真传，工老生兼武生。20岁出头就已在京城梨园界声名大震，更颇得慈禧太后的赏识，慈禧太后经常点名让杨月楼进宫献艺。杨月楼多演猴戏，但其所演《四郎探母》中杨延辉还是最为擅长。

同治十一年（1872），杨月楼离京赴沪（当时十里洋场是艺文盛地），受聘于上海租界著名戏园金桂园演出，倾倒沪上男女，震动上海戏剧界。

杨月楼在金桂园连演男女之情的《梵玉宫》等剧，广东香山籍茶商韦姓母女前往连看三天。韦女名阿宝，年方17，对杨月楼心生爱慕，归后便自行修书一封，“细述思慕意，欲订嫁婚约”，托其奶妈王氏交付杨月楼。在情书后所附红纸庚帖，上写韦阿宝生辰八字。

韦阿宝父亲长期在外做生意，经年不归。韦母顺遂女意，派人告知杨月楼，“令延媒妁以求婚”，月楼见阿宝痴情，韦家人大义，心中对阿宝也有些爱慕，便应允“倩媒妁，具婚书”。杨月楼母亲知道此事后，也同意此婚事。但韦阿宝在上海有一个亲叔叔，据说叫韦天亮，有着根深蒂固的传统观念。韦天亮知道此事后，以“良贱不婚”之礼法坚予阻拦，谓“唯退婚方不辱门户”。杨月楼与韦家计划采用上海民间“抢婚”旧俗来完成婚事，韦天亮等人阻婚失败，立即写状子送到县衙，以杨月楼“拐盗”罪公诉于官。正当杨、韦在新居行婚礼之日，县衙的当差及巡捕抓走了他们。两人到堂后，知县叶廷眷对两人刑讯逼供，据当时的外文报刊记载：“杨月楼于问供之先，已将伊拇指吊悬几乎一夜，甚至膀肩两骨已为扭坏，后皆不能使动……又用架以困之，架口最狭，将胫骨紧压，几至不能呼吸。”杨月楼初时坚称自己明媒正娶，叶廷眷当即施以严刑，“敲打其胫骨百五”，后受刑不过，只能供认早已与阿宝私通，并行贿串通乳母拐走阿宝，在官府的供词上画了押。韦女不仅无自悔之语，反而称“嫁鸡遂(随)鸡，决无异志”。而被“批掌女嘴二百”。

此后，二人均被押监，待韦父归来后再行判决。几天后，韦阿宝的母亲主动投案，称自己和丈夫都同意女儿婚事，证明杨月楼与韦阿宝确有婚约在先。但叶知县刚愎自用，不准翻案，继续关押杨月楼。

杨月楼是红极一时的名优，此案一出，立即轰动了整个上海滩。围绕这个案件，社会上展开了激烈的争论。争论各方迅速分成了重惩派与同情派两个对立的阵营。金桂戏园的人和爱好杨月楼戏的观众联名作保，试图解救杨月楼。这一时期的上海受到西方商业文化的大力冲击，关心个人实际生活状况的常人情理已经开始重于良贱之间身份的差异，因而出现了杨月楼的众多同情者。他们为杨月楼案奔走呼号，以至达到了“匿名揭帖遍贴于法租界内”的地步。韦父回到上海后，抛弃亲情，选择了拒绝承认杨、韦婚姻的做法，并与韦阿宝断绝父女关系。

于是叶知县重判杨月楼，以“拐盗”罪(“私拐良家妇女、诱骗钱财”)定案，已经超出了“良贱不婚”“贱男娶良女”的定罪惩罚标准，拟判充军刑。判决韦阿宝行为不端，发至善堂，交由官媒择配(善堂就是专门收容那些无家可归之人的暂住地。官媒许配就是将那些无人认领的女犯由衙门作主任意许配给愿意娶她们的男人为婚，无论这些男人是残疾还是老朽)。协助杨、韦完婚的乳母也受酷刑，被判在县衙前枷号示众十天。

杨月楼不服上海县判决，案件被送到松江府复审。据说叶廷眷行贿松江知府王少固、江苏按察使马宝祥、江苏巡抚丁日昌，打通了所有关节。臬司马宝祥将此案发至松江知府复审，以示公正。松江知府王少固接到此案后，草草发到下属的南桥县，命王知县秉公复审。

南桥县知县又下令责打杨月楼二百，逼迫他不得再行翻供，并维持以诱拐良家女子论罪。

案件争论的激烈程度引起了中外媒体的注意。各方人士围绕此案展开了争论，这些争论反映出当时人们在社会生活方式的变动中，关于良贱等级身份观念、乡党关系与宗族观念以及法律公正观念的变化。当时上海发行量最大的《申报》仗其创办人美查是英国人的背景，首开近代中文报纸对官府公开批评的先例，并延请外国人到报馆专门点评案件，刊出《中西问答》，公布洋人对此案的看法。远在英国伦敦的著名报纸《泰晤士报》也加入报道和讨论此案中来。

此案就如此经松江府复讯，仍维持上海知县所定的“拐盗”之罪，判杨月楼流配四千里到黑龙江服刑。几天后，杨月楼被解往南京定案（判处徒、流刑以上的案件，需省级衙门决定，故此案须臬司定案），等待刑部批文。

光绪元年（1875），正当杨月楼要起程服刑时，光绪皇帝登位，实行大赦。杨月楼被确定为“虽罪有应得，但可得援免之例”，被杖八十之后而释放。杨月楼被释放后，先是被押解回原籍安徽，继而又到上海重操旧业以维持生计。

本案例根据同治十二年十月至十二月《申报》的相关报道，以及《中华名伶传奇丛书——杨月楼》整理。

1. 法律评析

本案涉及的最关键的法律问题就是传统婚姻法律的相关规定及原则。

早在西周时代规定有婚姻“六礼”，但程序太繁琐，因此宋朝以后又合并成为了纳采、纳吉、纳征和亲迎“四礼”。其时就规定了严格的等级特权制度，通婚一般限于等级内，如王室与诸侯、诸侯与诸侯、贵族与贵族通婚，而一般百姓只能与一般百姓结婚。中国现存最早、最完整的法典《唐律疏议》就明确规定“良贱既殊，何宜配合”，禁止良贱为婚。犯此条款，除追究“违律为婚”刑事责任外，还要“离之”“正之”，即撤销其婚姻。

等级制度历经千年之后，到清代仍十分严格。不仅有贵族官吏与平民之间的贵贱之别，平民之间还有法律意义上严格的良贱之分。清代户籍制度规定：良民有民、军、商、灶四种。民即是一般的平民，军即是世代为兵打仗的人户，商即是从事商业活动者；灶籍为一般人所不熟悉，就是在盐场煮盐为生的人。“四民为良，奴、仆、倡、优、隶、卒为贱。”而优就是演戏的人。杨月楼虽然靠演戏赢得了盛名，也得到了很高收入，但他贱民的身份并未因此而改变。

而反观韦阿宝的家庭背景，清代商人的地位有所提高，韦阿宝家庭位列良民。且清廷为了解决财政困难，捡起了自秦汉以来许多朝代都实行过的捐资纳粟、谋取官爵的办法，实行“捐纳”，即通过向官府捐银而买官衔和职位。先花钱买得个贡生或监生的资格，再凭此资格谋得实职。到康熙、雍正朝后，更是专门制定了《捐官之例》《捐纳条例》等法规，把捐纳变成了常例。韦阿宝父亲做生意赚钱后，也花钱买了个官衔，虽没充任实职，也算是个“有职人员”，其地位较杨月楼就更高了。因此，按清律规定，杨月楼是不能和韦阿宝通婚的。

韦父回来后，拒绝承认杨月楼与其女的婚姻，其原因首先是面对家族与乡党的巨大压力，更重要的是害怕清律关于良贱通婚的惩罚。与以前各朝惩罚规定相比，清律的一个重大变化就是加重对主婚尊长的处罚。《大清律例》“嫁娶违律主婚媒人罪”规定：“凡嫁娶违律，……父母主婚者，独坐主婚。”

但在清末的上海，社会生活方式和社会观念的变革使得有些开明人士反对县官以私意代替国家法律，要求对身份低贱的杨月楼也公正定罪。他们认为：杨月楼虽然身份低贱，但有良家不嫌弃其身份而愿意以女许之，他当然会乐意接受。因此杨月楼与韦阿

宝的婚姻是合乎情理的。这实际上是对良贱不婚原则的合理性提出了挑战,具有初步的现代婚姻自由的理念。

2. 参考结论

轰动一时的"杨月楼案"及其引发的社会大争论揭示了社会平等观念、家庭独立观念及依律执法观念等社会伦理观念的衍生轨迹。其中,对于法律观念的改变表现在以下两点:

一是对杨月楼和韦阿宝应定什么罪。韦阿宝的叔叔控告的是"拐盗",遍查《大清律例》,也找不到"拐盗"一罪。上文提及的"同情派"指出,量罪当以律例为依据,而律例者,国家之所定也。在他们看来,如果说杨月楼和韦女有罪的话,也只是犯了清律所定的"良贱为婚"或"和奸"之罪。清律载明,犯良贱为婚之罪者男予杖责一百,女则离异归宗。如按"和奸"之罪,则与此案同时,有一"和奸"案,男被杖一百而释放。而诱拐良家女子是重罪,清律规定:"凡设方略而诱取良人,及略卖良人,皆杖一百,流三千里;为妻妾子孙者,杖一百,徒三年。"后来还颁布《条例》加重惩罚,规定"凡诱拐妇人子女……为首者,拟绞监候,被诱之人不坐"。他们指责重惩派以义愤代法、以感情代法的做法,批评重惩派拟为"拐盗"重罪并无法律依据,体现了当时的进步开明人士要求在司法实践中以法律代替情感,依律定罪的呼声。

二是对于杨月楼施以严刑重惩是否适当。《申报》发表评论指责府、县官员执法不公,文中指出:"审人莫有不公于此,残忍之事从未闻有如此之甚也。"同情派认为,杨月楼所犯并非抢盗,不能用敲击胫骨这样对待强盗的重刑来处理他,县官对杨月楼和韦女施以严刑,是站在韦党一边逞其私意,滥施刑罚,是"刑罚不中",并责问县令究执何例以办。体现了同情派对刑讯逼供的批评。他们认为为官者只有按律办案,才能体现社会公正。因此杨月楼案不仅是杨月楼一个人的事,而是关系到更广大范围的民众能否得到司法公正的问题,反映了当时的人们要求法律公正的愿望。

案例二:

1920年安徽某县有某甲,"甲有子乙丙两人。丙于完婚后染精神病,迄今(1920)四十年未愈。甲于二十年前,将所有家产,分给乙丙各执。因丙有精神病,所分之产,历年以来,俱由甲为之管理。又因丙妻丁,前生一子夭亡,为丙纳孀妇戊为妾。戊过门之后,丁复生一子己,戊亦生一子庚。现己已成年,庚仅五岁。甲因年逾九旬,丙既丧失精神,丁又长厚,虑戊照护其前夫子女,丁不能制,危及丙之财产。趁自己生存时,请凭亲族,书立遗嘱,将前分给丙之家产,作为十一股,以六股分于己,四股分于庚。余一股作为丙生养死葬之费。令丙与己合度,由己扶养,丙故之后,所余膳产,即归己有,至庚所分之产,因庚系幼童,防戊滥用,甲仍照旧管理,言明每年凭族结算帐目一次。戊不遵遗嘱,赴县告诉。经县传同甲戊,及族证等讯明,判令照甲所立遗嘱办理,驳回戊之请求。戊仍不遵,乘县令更换之后,复行具诉该县,再为判决。认甲之遗嘱无效,断令平分,且以甲年老,不准管理庚之财产。某甲不服,声明控诉。查一事不能再理,该县第一次判决,无论是否确定,其第二次判决,俱属根本无效。惟若第一次判决,应认为未确定时,则应以戊为控诉人。戊为丙妾,与丙并无夫妇关系,丙因患精神病,无处分及管理财产之能力,依大理院三年八月十八日上字第六六九号、三年八月三日上字第六零三号等判例,类推解释。系争财产,应由丁依法管理,惟丙之父甲尚在,财产向为甲管,则丁之管理权,不无限制。兹甲继续管理,丁亦同意,戊以妾之身分,自无否认之理,又依民事法理,祖若父就所有家财,有自由处分之权,并得以遗嘱为死后之处分。至兄弟分析遗产,系在直系尊亲属死亡之后,则无论为嫡子,或为庶子,只应按人数均分,嫡子不能无故主张多分,自无可疑。若其祖于生存时,以遗嘱为嫡庶不平均之分析,并已得其母之同意,应否依直系尊亲属得自由处分财产之原则,认遗嘱为有效?如应认为无效,则庚既系幼童,丙丁俱存,戊为丙妾,能否出头告争,不无疑义,应请解释等因到院。查丙既有精神病,其所分财产,又向由甲管理,自可认甲为丙之保护人。甲以丙保护人资格,为丙子分析家财,自属有效。至分析家财,除各该地方有长子,因特种费用(如别无祭资,应由长子负担之类),得酌量多给,以资抵补之习惯外,依律自应按子数均分,不得偏颇。己庚既已分财易居,戊为生母,如无过误将因管理而危及庚之财产,自应仍由戊管理。甲遽收归自管,亦未尽合,又戊为所生子之分产,出而告争,亦属有权,相应函复查照,此复。

——大理院解释例统字第一二九五号 民国九年五月十七日大理院覆安徽高等审判厅函。

解析:大理院的态度不同于安徽高等审判厅。首先,对于甲管理丙之财产的行为,大理院认为是因丙有精神病,不能管理家产,所以作为丙的父亲,甲成为了丙的保护人,替丙管理家产。也就是说,大理院否认了甲对丙的家产的处分行为是立遗嘱行为,而定性为分家析产行为。在这样的前提下,甲作为丙的保护人,只能在法律允许的限度内,为丙的利益计,来处分丙的家产。而依据《大清现行刑律·户役》"卑幼私擅用财"条及该条条例的规定:

"凡同居卑幼不由尊长,私擅用本家财物者,十两处二等罚。(笞二十)每十两加一等。罪止十等罚。(杖一百)若同居尊长,应分家财不均平者,罪亦如之。"

条例:一、嫡、庶子男,(除有官荫袭,先尽嫡长子孙,其)分析家财田产,不问妻妾(婢)所生,止以子数均分。奸生之子,依子量于半分。如别无子,(立)应继之人为嗣,与奸生子均分。无应继之人,方许承继全分。二、户绝财产,果无同宗应继之人,所有亲女承受。无女者,听地方官详明上司,酌拨充公。"

可知:甲若要为丙分家析产,只能是按照子数均分,而不能依自己的意思随意变更嫡子和庶子的应得份额。当然,如果当地有长子因需负担祭资等特种费用,需斟酌数量多分给一些的习惯,可据习惯多分给长子。又既然甲已代替丙将丙之家产予以分析,那么分析后的家产自应由丙之嫡子和庶子各自管理。丙之嫡子己已成年,可自行管理家产。而丙之庶子庚因年幼,不能自管家产,需要有人来代为管理,这又产生了具体应由谁来代理的问题,此点将在后面分析。

本案的发生在相当程度上源于一个特殊的主体——妾戊。本案,大理院支持了妾代子告争之权。审视大理院之前和之后作出的有关妾的判例,可以看出,虽然近代以来,社会上许多志士仁人极力要求取缔妾制,主张绝对的一夫一妻制,而这确实也代表了社会前进的方向,但是作为最高审判机关的大理院还是较好地抵御了社会舆论的干

扰，并没有无视作为当时的弱势群体的妾的存在，没有对广泛存在的无助的妾的利益置之不理，而主要还是循着既有法律，根据最广大的社会现实，从尊重社会存在的角度出发，进行裁判。表现在：

（1）对妾的身份确立的认定较为容易。指出妾之身份的确立是基于一种与家长的无名契约，目的专在发生妾之身分关系，与正式之婚约其性质显不相同。妾之身份的确立，只需要男女双方有女子永续同居为男子家属一员与家长发生夫妇类同之关系的合意即可。如果家长与妾既离复合，事实真实，那么其关系为存在。如果男子有妻又娶妻，而后娶之“妻”知道后仍愿与其共同生活，男子又未与先娶之妻离婚，那么该后娶之“妻”应认为是男子之妾。当然，“若仅男女有暧昧同居之关系，自难认其有家长与妾之名分。”

（2）对妾的法律地位在既有法的框架下侧重于保护其权利。关于妾在家中的身份，认为妾仅是家族的一员，与其家长没有法律上的婚姻关系，不能成为家的尊长。且“妾于家长生存中既未取得妻之身份，其后纵有亲属等扶为正妻之事，在现行律上亦不能发生效力。”但是，如果家长生存，妻已不在，家长有以妾为妻之意思表示，则允许扶妾为妻。这一行为，除有特别习惯外，无须一定的仪式。

关于妾在家中的待遇，认为妾对于家主的遗产，没有当然的承受或分析之权，但作为家属的一员，应当与其他家属享受同等的待遇，其家长应负养赡之责。如果在家长死亡后，妾为家长守志，对于夫家没有义绝的情状（如犯奸之类），就不丧失家属身份，承继人、承夫分之妇或其他管理遗产之人必须对她负养赡义务，不得逼令改嫁或逐出不顾。另外，妾在家中可以保有自己的私产，该私产不能被并入公产。并且，可以接受家主于自有财产相当范围内的遗赠。如果妾被家长废掉，妾与家长不再有关系，但是与其子女间的其亲生母子关系并不因而消减，所以家长不得无故阻拦，不让他们见面。

（3）对妾要求解除契约的条件设定极为宽松。家长与妾的关系与夫妻关系不同，其解除不受离婚那样的严格规定的限制，而是较为宽松，只要该家长或该女有不得已的事由发生即可解除契约。以发生妾之身份关系为标的之契约，若有法律上无效或撤销之原因，该当事人得主张无效或撤销。

由上看见，一方面，大理院也肯定了妾的地位不同于妻，她与同居男子的关系不是夫妻关系，不能成为家的尊长。但另一方面，大理院从保障她们生存的角度，将其与同居男子的关系定性为家属与家长的关系，保障她作为家属一员应受养赡的权利，承认她对于亲生子女的生母地位。这样，虽然在人格上妾的地位是有缺陷的；但至少她们的生活还是有保障的，而后者在当时“民以食为天”的社会大环境下更来得实在。

案例三：

原告：郭良玉（化名）被告：杨翠莲（化名，郭良玉妻子）；证人：郭宝琴（化名，郭良玉母亲）、张彩凤（化名，郭宝琴厂里女职工）、尤竹逊（化名，郭宝琴的医生）。

案件一审：

过门不满七个月就生娃，新媳妇招来婆家愤恨。

1947年8月，23岁的郭良玉向法院提起民事诉讼，要和22岁的妻子杨翠莲离婚。

年纪轻轻的小两口,有什么大的矛盾解决不了,以致闹到离婚呢?在诉状中,郭良玉详细陈述了自己的婚后经历。

1943年,19岁的郭良玉娶了18岁的杨翠莲。新婚燕尔,两个人你亲我爱,和和美美。谁知好景不长,妻子开始无缘无故离家出走,反反复复好几次。最让郭良玉恼火的是,两人结婚还不到7个月,妻子就生下一个女孩。郭良玉认为,妻子肯定在结婚之前就和别人发生过关系,而且怀了那人的孩子。虽然对妻子极度不满,但郭良玉考虑到家庭贫寒,无力再娶,还是打算和妻子凑合过下去。

对于丈夫的一再忍让,杨翠莲并不领情。孩子三个月大时,她居然丢下孩子离家出走。郭良玉的母亲郭宝琴抱着孩子找到杨翠莲的娘家,想找回儿媳。杨翠莲的母亲却表示,自己的女儿眼下生死不明,反而向郭家索要女儿。无奈之下,郭宝琴只得带着孩子回到家里,继续四处打听儿媳妇的下落。不久之后,郭家得到一个重要线索:杨翠莲在日本特务机关工作人员阿部家中当奶妈。郭家虽然想接杨翠莲回家,但因为畏惧敌人的气焰,不敢去阿部家要人。在阿部家期间,杨翠莲大摇大摆地回过一次娘家,将自己的衣服全部带走了。

对婆婆拳脚相加,丈夫忍无可忍要离婚。

1945年9月,抗战结束,日本人投降,杨翠莲顿时失去依靠。离开日本特务阿部家后,杨翠莲又去了本城的一家米行继续当奶妈。得知杨翠莲的行踪后,郭宝琴先后四次去找她,希望她能回家。杨翠莲不仅明确拒绝了婆婆,还找来部队的人威胁婆婆。

就这样,在外游荡到1947年6月,经好心人规劝,杨翠莲终于回到家中。可是在家中住了不到十天,杨翠莲又带着一些衣物离家出走了。1947年8月15日,杨翠莲又偷偷回到婆家来取自己的衣服。见儿媳妇回来,婆婆郭宝琴善言规劝她改正行为,不要再离家出走。谁知话不投机半句多,杨翠莲竟然对婆婆大打出手,导致婆婆的两腿、肋间和胸前多处受伤。过了几天,杨翠莲又纠集她的姐姐前来,和郭宝琴大吵一架,然后将家中部分物品拿走。

郭良玉在诉状中陈述,自从和杨翠莲结婚以来,两人同居的时间加起来不到一年。虽然亲戚朋友多方规劝,但杨翠莲置若罔闻,一直不守本分。现在杨翠莲甚至出手打伤了他的母亲。鉴于此,郭良玉以杨翠莲没有履行法律规定的夫妻同居义务,故意遗弃配偶一方,并且虐待配偶的直系亲属为理由,请求法院判决自己离婚,并由杨翠莲承担审判费。

为了证明郭良玉所言不虚,郭良玉的母亲郭宝琴亲自出庭作证。他们还另外找来两位证人,一位名叫张彩凤,她曾亲眼目睹杨翠莲打伤婆婆;另一位是曾为郭宝琴看病的医生尤竹逊,他出具伤情鉴定,确认郭宝琴"两腿内侧各有显明伤痕,前胸左肋间亦有轻伤,呼吸隐隐作痛"。

法庭宣判:小媳妇人财两空。在经过一个多月的审理后,川沙县司法处民事庭做出了一审判决,判决郭良玉杨翠莲离婚,诉讼费用由杨翠莲承担。这场离婚官司,以郭良玉的全面胜诉暂时告一段落。

再审:凶悍婆婆经常打骂儿媳,儿子不在时变本加厉。

拿到一审判决后20天,杨翠莲向江苏高等法院提起了上诉。在上诉状中,杨翠莲对郭良玉之前的指控一一加以反驳。在她口中,事情却是另外一番样子。

杨翠莲出生贫寒,18岁时嫁给了郭良玉。郭良玉家中开有一个洋线厂,经济条件还不错。自从嫁到郭家,杨翠莲就没过一天好日子。凶悍泼辣的婆婆常常骂她,还动不动就夺走她的碗筷,不让她吃饭。结婚几个月后,丈夫郭良玉因为生意原因离家去了上海市区,留下杨翠莲和公公婆婆,还有两个小姑子在家。婆婆的虐待开始变本加厉,一不顺心就对杨翠莲拳打脚踢。可怜杨翠莲一介弱女子,面对身形高大、性格剽悍的婆婆,只能一再忍让。整个郭家除了一位远方叔祖外,竟然没有人肯出面说一句公道话。

后来,实在不堪虐待,再加上早产的女儿夭折,杨翠莲干脆偷偷离开婆家。离开婆家后,她身无分文,只能到上海市区做奶妈养活自己。打工期间,她也曾回过家,想好好过日子。但婆婆还是和从前一样凶悍霸道,她只好再次离家出走。1947年8月15日,她回到家中,又遭到婆婆打骂。现在狠心的婆婆竟然还反咬一口,诬陷是杨翠莲打了她。

找人作伪证诬陷儿媳,婆婆的伎俩被拆穿。

杨翠莲指出,对于婆家在一审时提供的两位证人,其实串通好了提供伪证。证人张彩凤是婆婆厂里的工人,而且未满法定的证人年龄。为了张彩凤出庭作证,婆婆等人不仅窜改了她的年龄,而且还私下贿赂她。至于那位医师尤竹逊,他向来和婆婆关系亲近,两人自称是莫逆之交,他来为婆婆作证,证词绝对不可信。

对于杨翠莲的说法,法庭非常重视,当庭传唤了两位证人。在法庭上,张彩凤承认,她的年龄确实被郭宝琴改了,而且在一审开庭之前,郭宝琴还塞给她四条毛巾。至于杨翠莲被郭宝琴打伤的事情,她并不清楚具体情况。因为双方发生矛盾时,她正在工厂里织毛巾,根本就没看到她们的争斗。之所以在一审时作证杨翠莲打了郭宝琴,都是郭宝琴教唆的。另一位证人尤竹逊出庭后,在法官的一番追问下也阵脚大乱。他一会儿说郭宝琴是端午节请他去治伤的,一会儿又说郭宝琴是八月十五请他去治伤的。他还承认,郭宝琴当时称身上的伤是和邻居打架时弄的。两个证人的一番话,使得案情出现了变化。而此时,面对法庭的询问,身为丈夫的郭良玉也开始支支吾吾。原来,他并没有亲眼见到妻子打骂母亲,一切都是听母亲说的。

而就在庭审结束时,杨翠莲无意中又说出了一个新情况:由于婆婆的强制干涉,她和丈夫常常不在一起,丈夫独自在上海城里打点生意期间,可能已经偷偷有了别的女人。

法庭再判:上诉状递出后,杨翠莲在苦苦等待了7个月后,终于等来了二审判决。江苏高等法院废除了一审判决,驳回了郭良玉在一审中提出的诉讼请求,判决两人不予离婚,两次审判的费用由郭良玉承担。杨翠莲终于守得云开见日出,赢得了维权斗争的胜利。

点评:传统中国社会相对封闭,家庭内部的矛盾往往内情不易为外人所知,处理起来认定谁是谁非的难度相当大,这其中婆媳矛盾又是最为常见,同时也是最难处断的事情。因而,自古以来就有所谓"清官难断家务事"的说法。传统中国家庭中,儿媳法律地位相当低,她不仅要服从丈夫,还要服从夫家长辈。前者符合三纲的要求,后者属于孝道的范畴,二者缺一不可。正因如此,儿媳往往在婆媳矛盾中处于相对弱势的一方,无论是家族内部还是官方在处理婆媳矛盾的时候,一般倾向于维护三纲和孝道的基本伦理秩序,作出不利于儿媳的处断。

1930 年,《中华民国民法》亲属编公布。其中明确了婚姻家庭关系中男女平等的原则,妇女在婚姻关系中享有独立的姓名权、财产权等民事权利。同时,亲属编中还规定了夫妻之间特定的平等义务,即"夫妻互负同居之义务"(第 1001 条)。夫妻一方除非特殊的不能同居的理由以外,故意不履行同居义务在法律上可以被认定为"恶意遗弃"对方。第 1 052 条规定,如果"夫妻之一方以恶意遗弃他方在继续状态中"或者"夫妻之一方对他方之直系亲属为虐待,或夫妻一方之直系亲属对他方为虐待,致不堪为共同生活",另一方可以向法院提出离婚。本案中,一审原告郭良玉即是以妻子杨翠莲不与自己同居(结婚 4 年,同居不到 1 年),恶意遗弃自己,以及殴打自己的母亲(虐待夫妻一方直系亲属)为理由,向一审法院提出离婚诉求的。

在一审过程中,川沙县司法处民事庭法官显然没有对双方提出的证据进行充分调查与质证,对被告提出的证人也没有通知出庭举证,从而作出明显不利于被告的判决。这在一定程度上也反映了当时地方司法机关的司法思想和诉讼理念还比较落后,司法能力也有一定缺陷。在上诉过程中,江苏高等法院对夫妻之间的同居义务进行了充分的解释,指出只有当一方无正当理由拒绝与对方同居,才可以认为属于"恶意遗弃"对方。通过调查双方提出的证据,法院认定杨翠莲不与郭良玉同居是因为在杨翠莲履行同居义务的过程中受到阻碍,因而不能认为杨翠莲属于无故拒绝与郭良玉同居,也因此并不构成对郭良玉的"恶意遗弃"。同时,对于郭良玉诉杨翠莲殴打其母亲一事,法庭通过缜密的证据调查与质证,认为证人证言要么弄虚作假,要么前后矛盾,难以采信。在上述基础上,法庭最终驳回郭良玉在一审中的所有诉求,判决二人不予离婚。

民国时期,权利观念和证据原则逐步在立法和司法过程中得到落实。在诉讼过程中,以对权利义务平等的追求取代了对三纲五常秩序的维护,以证据论理逐步取代了伦理说教。从本案可以看到,20 世纪 40 年代江苏地区公民的法律意识和维权能力比以往社会有了极大的提高,高等法院法官的法律解释技巧、证据调查能力以及诉讼处理技术已经达到了相当的水平,而基层司法机关则在上述方面与之相比还具有较为明显的差距。[①]

1. 陈顾远:《中国婚姻史》,商务印书馆 2014 年版。

2. 汪玢玲:《中国婚姻史》,武汉大学出版社 2013 年版。

① 江苏省档案馆:《婆媳不和　强势妈妈助阵儿子离婚》,《现代快报》2014 年 3 月 24 日。

3. 陈鹏:《中国婚姻史稿》,中华书局 2005 年版。
4. 窦仪等:《宋刑统》,中华书局 1984 年版。
5. 蒲坚主编:《中国法制通史》(第一、四卷),法律出版社 1999 年版。

思考题

1. 中国古代的婚姻的种类和原则分别有哪些?
2. 六礼、七出、三不去的含义是什么?
3. 报婚书具有何种法律性质?
4. 妾在古代婚姻法中居于何种地位?
5. 汉族地区有哪些特殊的婚俗?

第八章 中国传统经济法律文化

学习目的和要求：

学习本章应着重了解中国古代的重农抑商原则，古代管理手工业、商业、市场的主要制度，古代行会的功能及其性质。

学习重点：

重农抑商原则及对后世的影响。

一般认为，现代经济法在西方是二十世纪三十年代的产物。那么，“清末修律”以前的中国有“经济法律传统”吗？如果从现代经济法是资本主义自由市场经济发展到垄断，从而危害竞争而需要国家干预以保护竞争的视角来说，传统中国没有这种严格的或现代意义上的“经济法”，当然亦没有这样的法律传统。然而，如果从经济法是国家对社会经济的调控和规划来说，传统中国非但有这方面内容丰富的经济法律，而且历史悠久自成传统，但为了避免与现代经济法概念相混淆，我们把传统中国这方面的法律称为“经济法律”或“经济法制”。

传统中国的经济法律涉及土地、赋税、工商、专卖、货币和对外贸易等，相对来说，土地、赋税和工商法制是传统中国经济法律的主体。

一、中国古代有无“经济法”探讨

（一）支持说

就目前作者所查中国法制史教科书而言，大都认为中国古代就有经济法，只是出现的早晚不一样。蒲坚教授主编的教科书指出秦朝已有“经济立法”；张晋藩教授主编的

教科书亦指出秦朝已有“经济管理法规”；朱勇教授主编的教科书认为在汉朝已有“经济法律”；陈晓枫教授主编的教科书涉及周代法律制度内容时已使用“经济制度”词汇，但明确指出“经济法规占有突出地位”是在秦朝；马小红教授主编的教科书认为，在战国时，秦孝公任用商鞅“在经济领域内广泛立法”，但在汉朝才有“经济法律制度”；曾宪义教授主编的教科书认为，夏朝法律已有“经济法规性质的内容”；占茂华副教授主编的教科书也认为在夏商时期已有“经济法律制度”，等等。可见，中国法制史教科书认为中国古代有经济法是个普遍现象。

（二）存疑说

对于有些教科书认为中国古代有经济法的依据，有些教科书并不赞同。与中国法制史教科书不同，其他一些认为中国古代存在经济法的教科书，阐述了认为中国古代存在经济法的观点。杨紫煊教授主编的教科书认为，应以调整对象而不是调整方法作为判断古代是否存在经济法的标准，“经济法是调整在国家协调本国经济运行过程中发生的经济关系的法律规范的总称”，以此标准判断中国古代早就有经济法。但在阐述中国古代经济法的内容时，所引资料不少为中国法制史教科书内容，而非一手资料，似乎不妥。在漆多俊教授的教科书那里，“经济法是调整国家经济调节关系，实现国家经济调节意志的法律规范的总称。”因而经济法只能出现在“19 世纪与 20 世纪之交”，此前“仅为萌芽而已”。以此而论，中国古代并无经济法。

（三）西方经济法的产生

“经济法”的这个概念就是空想社会主义学者摩莱里在 1755 年出版的《自然法典》一书中首先使用的。其后，空想社会主义的另一位代表认为德萨米在《公有法典》一书中也使用了经济法的概念。① 他们使用经济法的主要指在未来的公有社会中产品的平均分配，指社会运行的法则，是一种理想的社会运行和财富分配的原则和方法，具有自然法思想。与我们现在说的经济法是指调整特定经济关系，宏观调控关系和市场规制关系，目的在于为各种经济法主体之间的物质利益的分配提供法律保障，是不一样的。

1. 市场失灵

从 14 世纪在意大利资本主义的萌芽，然后经过文艺复兴，经过资产阶级革命，资本主义生产方式占据了主导地位，自由放任、自由竞争的市场经济体制建立，市场的调解机制也日益成熟。以亚当·斯密《国富论》的问世为标准，资本主义经济最终战胜了封建主义的经济。在假设存在充分竞争的条件下，以自由竞争为手段，通过价值规律的作为自动调解经济主体的活动，实现资源的合理配置和经济的均衡发展。政府远离市场，不对市场进行干预。这就是“干预越少的政府是越好的政府”理论。政府只需要负责国防、外交、维护社会秩序就可以了，安稳做一个“守夜人”的角色。那么在法律制度上面，天赋人权、人人生而平等，财产的自由流转受到保护。1804 年法国民法典诞生，确立私权神圣、契约自由、过错责任，意思自治精神渗透到微观经济的各个层面。所以人的积

① 杨紫煊主编：《经济法》（第二版），北京大学出版社 2006 年版，第 7 页。

极性被充分发挥,正如马克思所说,资产阶级在它不到一百年的阶级统治中所创造的生产力,比过去一切时代创造的全部生产力还要多,还要大。

自由资本主义经过几百年的发展,在19世纪末20世纪初进入垄断阶段。其典型是:垄断企业和垄断集团控制、操作市场,生产和资本集中,生产的专业化和生活化。垄断的结合使自由竞争时代的基本理念即自由、平等、民主、价值规律受到破坏;垄断导致竞争机制中断,经济活力被压制,资本主义自由经济面临危机,各国相继爆发经济危机,1920—1921年爆发了世界性的大危机。

自由竞争的资本主义带来生产力的巨大发展,但是并不能解决资本主义社会的固有矛盾,人们看到市场的唯利性、市场调节被动性和滞后性,是市场自身无法克服的,市场调解无法使资本主义从经济危机中解脱出来。1958年巴托在《市场失灵的分析》一文提出了《市场失灵》的概念。市场失灵是指市场机制不能或难以实现社会资源的有效配置。这一概念中,市场失灵是市场机制固有的,市场失灵是相对于政府调解、企业内部机制而存在的。市场失灵表现为不完全竞争。由于市场失灵导致经济危机是市场本身无法克服的,借助于国家干预力量来纠正市场的偏差成了必然选择。可以说市场失灵是经济法产生的经济根源。

2. 国家干预

国家是如何干预经济运行的,主要通过对垄断的监管和对危机对策立法。随着美国生产力的发展,其经济由自由竞争过度到垄断阶段,各种托拉斯组织凭借雄厚的实力,采取购买股票、固定价格、控制原料来源等手段挤垮或者鲸吞中小企业。为了应对上述问题,美国制定了一系列反托拉斯法对付垄断,1890年通过《谢尔曼反托拉斯法》,1914年通过《克莱顿反托拉斯法》,对垄断实行监管。美国对垄断的监管被看出政府对经济干预的开端。

1920—1921年爆发的经济危机,导致美国大量银行倒闭,工人失业,1933年面对全国一片惨状、凄凉、混乱不堪的状况,美国开始了国家干预政策,就是"罗斯福新政"。"新政"整个计划包括复兴、救济和改革三步,这些措施通过政府立法来强有力地干预经济。有人说罗斯福新政是向社会主义计划经济学习的结果,通过强有力的计划,使经济复苏,看来经济和市场各有利弊。还有庞德的社会学法学也是在这时产生的,把法律看成一种社会工程,用法律对整个社会进行控制和调整。"新政"其间通过的立法有《农业调整法》《产业复兴法》《紧急银行法》《存款保险法》《劳工关系法》,内容涵盖了财政、金融、货币、产业等各个方面。1936年凯恩斯出版《就业、利息和货币通论》,提出了以政府干预为基础的就业一般理论及政策措施,与传统自由放任经济学说形成鲜明对比。

综上所述,市场失灵导致了国家对经济的干预,形成了政府——市场——企业之间的经济关系。正是为了调整这一新的经济关系,不同于传统法律的新制度——经济法律制度就产出了。

3. 私法改革

市场失灵导致国家干预,但是仅仅有国家干预不一定会产生经济法。如果既有的法律理论框架能够国家干预产生的经济关系,国家干预在原有法律制度内得到解决,国

家就不需要耗费成本去制定新的法律。也就是国家干预并不必然导致经济法的产生，经济法的产生不仅包含对既有法律的继承，而且包括对传统法律的突破，也就是对公私法观念的突破。

公私法的划分传统从罗马法开始。罗马五大法学家之一乌尔比安就说，“公法是与国家组织有关的法律”，“私法是与个人有关的法律”。公法的运作时权威、命令、服从，其内容是以国家利益、公共秩序为主的。私法是以权利为核心，主张权利平等、意思自治，主要维护私人利益。要记住，公法、私法不是以制定法律的主体来划分的，因为无论是公法还是私法，都是国家机构制定的。区分它们的一个重要的标志就是它们调整的领域不同。公法调整的是不平等主体之间的权利义务关系，比如宪法、刑法、行政法等等；而私法是调整平等主体之间的权利义务关系，比如民法、商法。对于诉讼法到底属于私法还是公法，现在理论还有争议。公私法划分的根本意义在于阻止，国家权力对社会经济生活的介入和干预，使私权能够与公权力相抗衡，保护个人的利益，因而私权平等、意思自治成为私法的基本理念。但是公私法划分同时也带来一些问题，比如权利滥用的问题，意思自治的极端化成为占有优势地位的市场主体随心所欲的依据，因而需要对私权进行一些控制。比如从契约自由到契约正义，增加契约的附随义务，比如前合同义务，后合同义务。由于工业的发展，规则原则由过错责任到严格责任，如果没有证明受害人故意，就要承担责任。

正是基于对传统民法的改革，一种新的法律形式——经济法就产生了。19 世纪末 20 世纪初一些国家由于国家干预而产生了新的经济关系，这在私法改革同时，产生了许多新的法律。比如 1890 年美国市场监管法律《谢尔曼反托拉斯法》，还有罗斯福新政的时候产生的《农业调整法》《产业复兴法》《紧急银行法》。新的法律使国际权力合法地进入市场，开辟了国家干预市场的新道路。

（四）中国古代没有现代意义上的经济法

与西方对经济的自由放任不同，中国统治阶级历来都对臣民的生产生活进行严格控制，对各种生产经营活动进行干涉，有时更是直接参与其中。臣民自出生至死亡都有严格的法律规制。以衣、食、住、行、葬来说，传统法律下，何种规格的人穿何种布料和颜色的衣服、何种人在何时吃何饭、何种人住何种房子、何种人乘何种交通工具以及出辖区是否需要文牒、何种人的死亡以何种称呼以及采用何种规格的葬礼和坟茔的规模等等都有严格规定，违者则会受刑事处罚。没有规矩不成方圆，何种规矩造成何种方圆。因此，在种种束缚之下，中国古代的商品贸易尽管有时很发达，但是总是突破不了临界点，无法形成市场调配资源的商品经济，一直到清末都处于小农社会。这就引来了另一个命题———中国古代是个“重农抑商”的社会。

论及重农，范忠信教授从打击占田过限、限制官吏占田、打击豪强兼并土地、辱商贵农、严防赋税徭役不均、严禁怠干耕作荒闲土地、打击僧道游食、奖励孝悌力田、生产资料的帮扶九个方面，论述了传统国家统治者保障小农经济的生产方式。重农并不意味着重视农民或者推行“民本”，农民只是从事农业劳动的“劳力者”，是被治理的对象。历代法律中，农民没有择业自由。同时，如果农民怠耕抛地，或者养殖不达标，都会受到刑事处罚。当然也非真正意义上的重视农业，大农业比小农业更有利于农业的发展，小农的分散在赋役中也无发言权，却更有利于被摊派赋役和杂费。“利农以收税”，税收在中国古代社会比农业农民更重要。从范忠信教授的论述中也可以看出这点。与此相应的是抑商。

对于抑商，主要体现在两点：第一，困商即对商人实行经济打击。首先，官营禁榷，只要稍有利可图，商业就可能收归官营、禁止民营（禁榷）；其次，重征商税；最后，不断改变币制。第二，辱商，即对商人进行人身与政治打击，一方面是直接视经商为犯罪，实行人身制裁；另一方面，“锢商贾不得为宦为吏”；更有甚者，从服饰方面进行约束。这里所抑的商是指私（民间）商而非官商（营）。中国古代商业的运作整体上是依靠权力而非市场，“官商勾结”一词中“官”在前，“商”（私）在后，就表明了权力是主导，私商为从属地位。

对此，早期改良派人物郑观应就总结道，中国古代“但有困商之虐政，并无护商之良法”。这一现象直到清末才得以改观。根据质量互变规律，中国古代商业再发达，私商仍没有突破国家束缚而形成以市场为基础配置资源的商品经济作为主体的经济形态。由于权力的垄断性、单向性、腐蚀性等，所以掌权者不能既是裁判又是运动员，权力直接参与商品贸易即官商必然会抑制商业的发展乃至导致商业的萎缩，而无法形成商品经济，更不可能发展为市场经济。不幸的是，中国古代大体如此，若无西方的入侵，中国或许还会一直如此。经济法中，作为国家权力行使者的政府和公务员不能直接参与经济活动，直接参与（商品或市场）经济活动的是双方法律地位平等的自然人或组织。因而，中国古代并无经济法产生的土壤。①

二、古代经济法律原则

（一）“重农抑商”原则的经济分析

“重农抑商”原则是中国经济法律的一大传统，因为其他各项经济法律制度和传统都是在它的支配下形成的。可以说，“重农抑商”是贯穿和支撑传统中国经济法律的精神支柱，也是我们把握和分析中国经济法律传统与社会盛衰之关联的“纲”。

从字面上说，重农抑商就是重视农业、抑制商业。这种理解大体不错，但过于简单。从传统中国的实际情况来看，农不仅仅指农业，还包括农民、农事、田地、赋税、徭役等一切与农有关的事物，其中土地是最关键的。同样，商不仅指商业，还包括商人、商税、商业管理，以及各种私营性质的手工业和内外贸易等，由此可见，农、商基本上代表了传统中国最大两类职业人群和几乎全部的经济。

重农必然重视土地，因为土地是农本之本。所以，重农在法律上的表现和结果，自然就是以调整土地关系为基础的法律制度和传统的形成。法律对土地关系的合理化调整，内含很多，但主要为了国计民生。

---

① 晋龙涛：《对中国古代有无经济法的几点思考》，《经济研究导刊》2014年第32期。

中国古代统治者认为，商业是小农经济秩序的最大敌人，所以历代法律都严厉抑商政策。商鞅变法，“事末利及怠而贫者举以为收孥”，直接将破产的商人征为奴隶。禁止商人为官。唐《选举令》规定：“身与同居大功以上亲自执工商家专其业者不得仕”。直到明清仍禁止三代以内的工商子弟参加科举。限制商贾占田。从车马服饰方面对从商者进行侮辱。法律对商人如此刻薄，是要保证小农经济生产秩序不被商业的“邪恶力量”而瓦解，让商业对农民没有什么吸引力，阻止商贾兼并土地使农民破产。孟德斯鸠说：“在有些国家由于特殊理由，需要有节俭的法律。由于气候的影响，人口可能极多，而且在另一方面生计可能很不稳定，所以最好使人民普遍经营农业。对这些国家，奢侈是危险的事；节俭的法律应当是很严格的。”①这里讲的似乎正是中国的情形。

从总体上看，以儒家礼义思想指导的“均无贫”，“省工贾、众农夫”等礼义观念形成了中国古代重农抑商经济传统的观念基础。秦汉时期实施的抑商、辱商规定，使商人的社会地位处于底层，商人职业为世人所不齿。因此，社会的主流观点是不愿意从事商业。同时，国家对于工商业实行了一系列的限制和盘剥措施，汉武帝时期实施的“缗钱令”“告缗令”甚至造成了“商贾中家以上大率破(产)”的局面。对于商人的敌视态度不仅仅普遍存在于社会的一般阶层，甚至一些政治家还将商贾视为破坏国家根基的罪魁祸首。西汉思想家贾谊曾经认为富商大贾不耕而食、不织而衣，造成了“一人耕之，十人聚而食之”，商人兼并是“农人流亡”的原因。所以，中国传统社会早期就在重义轻利观念的指导下，形成了轻视工商业阶层的观念。

在中国古代经济史中，重农与抑商是基本的政策趋向。这一政策最初始于战国时期秦国的重农政策与民本政策。至秦朝时，农业和战事都是构筑国家实力的基础。但是，在二者关系上，秦朝认为农事是战事的基础，是为战事服务的。因此，这一主导思想必然驱使统治者极力压榨和剥削农民，靠严刑峻罚和奖励来使农民从事战争和劳役。汉代总结秦朝灭亡的历史经验，逐渐开始实行儒家的民本主义政策。这一政策的核心是以农为本以及休养生息。汉文帝多次发布诏令，提出“农，天下之大本也，民所恃以生也”，“道民之路，在于务本”。并且，汉代开始将对农业的重视与刑法直接结合起来：

> 方今之务，莫若使民务农而已矣。欲民务农，在于贵粟；贵粟之道，在于使民以粟为赏罚。今募天下入粟县官，得以拜爵，得以除罪。

这种用赏罚的手段来调动人们从事农业生产积极性的方式，与秦时以赏罚的手段调动人们从事战争的政策形成了鲜明对比。反思秦政后，汉代实施了重农政策。同时，也应看到，在传统的小农经济社会里，农业生产维系着封建统治的安危，重农是任何一个王朝都要实施的政策。

民间商业在中国传统社会里是侵蚀农业和引起社会不满的起点。以营利为目的的商人在一个自给自足、以自然经济为基础的农业社会中出现，初则是引起变化和竞争，继则是招致多欲和不满，终则是造成社会的动荡和不安，进而威胁到统治阶级的地位。封建制度的基本利益要求抑商来确保安定，防止变化。所以，重农抑商实质上是一个政

---

①　[法]孟德斯鸠：《论法的精神》(上册)，商务印书馆 1982 年版，第 102 页。

策的两个侧面，只有坚决抑商，才能真正重农。

（二）重农抑商措施与古代法律特征

中国古代传统社会虽然以小农经济为基础，但商品的流通和交换一直存在，进入汉代，传统商品经济得以迅速发展。其时已是"法律贱商人，商人已富贵矣；尊农夫，农夫已贫贱矣"。为了扭转这种局面，抑商遂成为稳固统治的当务之急。而封建商业买贱鬻贵，与生产不相联系、游离于社会之中的贩运性质，也决定了它能够被统治者所抑制。在西汉，抑商律法得到了有力的推行，其抑商的主要措施是：

1. 以律法贬低商人的社会政治地位，以至规定各种形式的人身侮辱。

第一，直接视经商为犯罪，实行人身制裁。秦始皇时曾经实行"谪戍"之制，即将商人等流放到条件艰苦的边境地区以作为惩罚。"先发吏有谪及赘婿、贾人，以后尝有市籍者，又后以大父母、父母尝有市籍者，后入闾，取其左"。

第二，"锢商贾不得宦为吏"。这是历代最常见的一种抑商之法。汉初，"贾人不得名田为吏，犯者以律论。"

第三，从服饰方面进行侮辱。汉高祖八年春三月即令商人不能衣着华丽。

2. 加重商人赋税负担，"重征商税使无利自止"。早在秦商鞅变法时即定下国策加重商人等的赋税负担："不农之征必多，市利之租必重。"汉高祖对商人以"重租税"施以打击；汉武帝采取极端办法实行"算缗""告缗"，用征重税和鼓励告发漏、逃税的方式对商贾进行全国性的大抄家。汉代征收人头税，明定"贾人倍算"。算缗是西汉武帝时国家向商人征收的一种财产税。把大工商业主和高利贷者从农民身上剥削来的财物收归国有，是历史上大规模的抑商运动。告缗是当时反商人瞒产漏税的一种强制办法。

3. 不断改变币制，使商人积累的大量货币财富减少或丧失价值。

汉武帝时，"更造钱币以赡用，而催浮淫并兼之徒"。仅汉一朝，改币制六次之多。如果说"告缗令"这类极端办法会引起社会动荡，后世效法不多，但改变币制这一条却得到发扬光大。

中国国家官营政策一开始是为了抑制富商和防止民间势力出现，后来逐渐演变为国家牟利、增加财政税收的一种手段。因此，国家制定了一整套的律法来维系国家工商业的专有属性，防止民间侵其利。一般而论，重农抑商特别是抑商中的禁榷制度以及由此派生出的一系列有关户籍、租赋、商税、货币等法律规范，对传统社会商品经济的发展起着消极阻碍作用。①

三、古代的土地法律

隋朝开国仍按北齐制度，实行均田制，按男女劳力授露田和永业田。实际上豪贵侵占肥饶的土地和山泽，贫户出卖田业，土地逐步变成自由买卖的私有财产。贵族官僚的永业田、官吏的职分田也都成为私有财产。

① 赵晓耕主编：《身份与契约：中国传统民事法律形态》，中国人民大学出版社 2012 年版，第 74 页。

唐代的土地占有，从形式上看，仍有国有与私有两大部分。所有山林川泽、道路桥梁、原隰丘陵、荒野不毛之地自然只能由代表国家的政府占有；前朝的皇室、勋亲、权贵、豪门等私有土地，在国破家亡、改朝换代之后，被新的王朝所没收，这部分土地也变成国有土地；其他因犯罪被籍没家产，或因战乱饥荒而逃亡他乡，其所遗留下来的土地也为政府没收，统统并入国有地产之内。此外，由政府自行开垦的屯田和营田也是国有土地的一个组成部分。国有土地以外的耕地基本为私人占有，这部分土地因田主居住其间，所以被时人称为庄、庄田、庄园或庄子等。从一般的史籍来看，均田制废除以前，唐代的国有土地在总耕地内占有相当的比重，而私田的数量比较有限。国有土地的分配和使用主要是借助均田律令而化作永业田、口分田、职分天等，构成一个完整的均田制度。

唐初人口死亡流徙，土地闲荒，实行均田制。唐"授田之制，丁及男年十八以上者，人一顷，其八十亩为口分，二十亩为永业；老及笃疾、废疾者，人四十亩，寡妻妾三十亩，当户者增二十亩，皆以二十亩为永业，其余为口分。永业之田，树以榆、枣、桑及所宜之木，皆有数。田多可以足其人者为宽乡，少者为狭乡。狭乡授田，减宽乡之半。其地有薄厚，岁一易者，倍授之。宽乡三易者，不倍授。工商者，宽乡减半，狭乡不给。凡庶人徙乡及贫无以葬者，得卖世业田。自狭乡而徙宽乡者，得并卖口分田。已卖者，不复授。死者收入，以授无田者。凡收授皆岁十月。"（《新唐书·食货一》）

唐官吏有"职分田"，按九品分，一品十二顷，九品二顷。亲王府官，各级武官，都另有等差。亲王以下又有永业田百顷，其职事官，以及郡王及其职事官，国公及其职事官等各有永业田不等。五品以上受田宽乡，六品以下受于本乡。解免者追田，除名者受口分之田，袭爵者不别给。流内九品以上口分田终其身，六十以上停私乃收。凡给田而无地者，亩给粟二斗。

《唐律疏议·户婚》第164条占田过限规定："诸占田过限者，一亩笞十，十亩加一等，过杖六十，二十亩加一等，罪止徒一年。若于宽闲之处，不坐。"疏议曰："王者制法，农田百亩，其官人永业准品，及老、小、寡妻受田各有等级，非宽闲之乡不得限外更占。若占田过限者，一亩笞十，十亩加一等，过杖六十，二十亩加一等，罪止徒一年。有依令受田悉足者为宽乡，不足者为狭乡。若占于宽闲之处不坐，谓计口受足以外，仍有剩田，务从垦辟，庶尽地利，故所占虽多，律不与罪，仍须申牒立案，不申请而占者，从应言上不言上之罪。"这是均田授田的基本法律依据。唐初所授田地十分之八为口分田，十分之二为永业田。永业田所有人身死得转授承户人，并可以出卖。口分田所有人死后由官府收回，再分给别人。根据这个法律规定，永业田成为享有完全所有权的私有财产；口分田只有使用权即用益权。口分田不准许随意出卖。

《唐律疏议·户婚》第163条卖口分田规定："诸卖口分田者，一亩笞十，二十亩加一等，罪止杖一百。地还本主，财没不追。即应合卖者，不用此律。"疏议曰："口分田，谓计口受之，非永业及居住园宅。辄卖者，《礼》云，田里不鬻，谓受之于公，不得私自鬻卖，违者一亩笞十，二十亩加一等，罪止杖一百，卖一顷八十一亩即为罪止。地还本主，财没不追，即应合卖者，谓永业田家贫卖供葬，及口分田卖充宅及碾、硙、邸、店之类，狭乡乐迁就宽乡者，准令并许卖者；其赐田欲卖者，亦不在禁限；其五品以上若勋官永业者，亦并

听卖，故云不用此律。"法律还规定，口分田需要出卖的，必须到官府"投状申牒"，若无文牒而买卖，"地还本主，财没不追"。就是严格保护口分田的享用权。

法律对永业田的授受和管理也作了规定。《唐律疏议》："诸里正，依令授人田，课农桑。若应受而不授，应还而不收，应课而不课，如此事类违法者，失一事笞四十。"该条疏议曰：依《田令》，户内永业田，每亩课植桑五十根以上，榆、枣各十根以上。土地不宜者，任依乡法。又条：应收授之田，每年起十月一日，里正预校勘造簿，县令总集应退、应受之人，对共给授。又条：授田，先课、役，后不课、役，先无后少，先贫后富。其里正皆须依令造簿、通送及课农桑。若应合受田而不授，应合还公田而不收，应合课田农而不课，应课植桑、枣而不植，如此事类违法者，每一事有失，合笞四十。依照法律规定，口分田的回收和再分配十分严肃以及仔细。但是，永业田开始即可以出卖。后来，迁徙频繁，口分田也准许出卖。可以在田中建住宅、邸店、碾硙的土地，也准许私卖。土地出卖后不再请授田。这就必然造成土地所有权的迅速转移和集中，使土地成为私有财产的主要客体。所以当时贵族之间、地主富户之间常常发生争夺土地、碾硙所有权的纠纷。[①] 到了中唐以后，均田制加速破坏，土地逐步变成私有财产，自由买卖，任意兼并，而且流转加速。

四、古代的工商业法律

在古代中国，手工业的范围是十分广泛的，就唐代而言，至少包括纺织、建筑、矿冶、铸造、陶瓷、制盐、制革、酿酒、造船、制糖、指纸、漆器、兵器、交通工具等。

从官营手工业的制度出发，唐代的官手工业大致可以分为三类：一是日用手工业品的制造；二是有关军用品的制造；三是关于土木营建工程和建筑材料的加工生产，日用手工业品的制造隶属少府监。少府监因是天子的私府，所以供奉之职相对完备。在唐代官工机构中，它的规模最大，辖属部门最多，其所掌握的手工业种类从宗庙祭器到服饰玩好等各种必需品、便利品和奢饰品几乎无所不包。唐代第二大类的官手工业，即有关军用品制造的军器监也曾隶属于少府监，后来单独置监。在少府监和军器监之外，另一个掌管土木营建工程和建筑材料加工的庞大机构是将作监。

少府监、军器监以及将作监均是帝国的中央军工机构，帝国的地方政府也有一定规模的官营手工业部门，如州县的地方作院。中唐以后，作院的规模进一步扩大，以适应藩镇的需求。作院的生产物也是品种繁多，但最主要的有这样三类：一是军器制造，这是地方作院的中心任务；二是具有地方特色的特种丝织品的制作；三是在地方分工的前提下，颇具地方特色或特殊技艺的手工业。

唐代官工机构除了上述中央和地方的设置外，还有主要设于宫廷为皇帝私人服务的其他杂手工业，它们不隶属于帝国正式的官工机构，直接由内廷管理，并从全国各地挑选能工巧匠，专门为皇室制作精美绝伦的服饰玩好等物。

庞大的官工机构产生庞大的官工匠队伍。据传，在唐初，因官作的种类还不是很

① 孔庆明等：《中国民法史》，吉林人民出版社 1996 年版，第 244－246 页。

多，各种官工匠的数量尚还有限，如武后垂拱初的尚方监，“有短蕃匠五千二十九人，绫绵坊巧儿三百六十五人，内作使绫匠八十三人，掖庭绫匠百五十八人，内作巧儿四十二人，配京都诸司诸使杂匠百二十五人。”不久，官工种类不断增多，又于官制正式编制之外在内庭设置了许多作坊，官工队伍随之扩大。仅就正式编制而言，少府监系统有匠一万九千八百余人，将作监系统有一万五千人，其他诸作，人数也相当可观。

唐代庞大的官工队伍来源有三：一是征调；二是奴隶；三是和雇。官工匠的绝大多数是从民间征调来服役的。唐令：“诸丁岁役二十日，有闰之年加二日。若不役者收庸，每日绢各三尺，布三尺七寸五分。须留役者，满十五日免调，三十日租调俱免，通正役并不得过五十日。潜部曲代役者，听之。”

官工机构的活动以及供官和官工匠的工作受法律的严格管制，这是唐代手工业立法中最突出的一点。在这方面，我们有最直接最原始的律文资料可资利用。

1. 工程必须依律申报。《唐律疏议·擅兴》“兴造不言上待报”条律文云：“诸有所兴造，应言上而不言上，应待报而不待报，各计庸，坐赃论减一等。即料请材物即人功多少违实者，笞五十；若事已损费，各并计所违赃庸重者，坐赃论减一等。[本料不实，料者坐；请者不实，请者坐]”这条律文和疏议的大意是说，所有的国家工程项目必须事先申报批准后才能进行。否则，将依据计划可能浪费或实际上已经浪费的人工物力，折算价值后按照赃罪论处，最重的徒二年；即使是国家批准的工程事项，若估算或申请费用者有不实之处，分别按照已费或未费、故意或过失、估算不实或申请不实而据律给予不同的处罚。

2. 非法兴造有罪。《唐律疏议·擅兴》“非法兴造”条律文规定：“诸非法兴造及杂徭役，十庸以上，坐赃论。[谓为公事役使而非令所听者]”要很好地理解这条简短的律文，可以举一例说明。唐律规定“诸坐赃致罪者，一尺笞二十，一匹加一等，十匹徒一年，十匹加一等，罪止徒二年。”假有工官某非法兴造或非时使唤工匠折合公庸为二十匹，因是公事而作，所以减半为十匹，按唐律十匹徒一年，即工官某应服一年的徒刑。

3. 采取功力必须任用。《唐律疏议·擅兴》“功力采取不任用”条律文云：“诸役功力，有所采取而不任用者，计所欠庸，坐赃论减一等。若有所作及有所毁坏，备律不谨，而误杀人者，徒一年半；工匠、主司各以所由为罪。”这条律文共有两层含义：官方使用功力如果取而不用，则总计其所费或所欠折算功值，减半按赃罪减一等论处。若有官工役使功力，征调而全不任用致浪费功值十匹者，减赃罪一等为杖一百；若使用了部分而仍致浪费十匹二尺者，减半为五匹一尺，依赃罪减一等为笞六十。这是第一层含义。第二层含义是国家的工程因考虑不周出现质量问题而致人死亡时，对此应负责任的工匠或主司处徒一年半。

4. 工作必须符合法定要求。《唐律疏议·擅兴》“工作不如法”条律文曰：“诸工作有不如法者，笞四十；不任用及应更作者，并计所不任赃、庸，坐赃论减一等。其供奉作者，加二等。工匠各以所由为罪。监当官司，各减三等。”这是一条有关工匠工作质量的关键律文，可以分这样几点来理解：(1) 所有在官工机构服役的官工匠，每一造作方都提供法定样式，违者笞四十。(2) 若所造的物品不合时用而需重新制作的，则分别计算所费的财物价值和人力价值，然后合并累计减半按赃罪减一等处罚，若实际所费二十匹，减半为十匹，再减赃罪十匹一等为杖一百；此罪最高处罚为徒二年半。(3) 若所制物品是为了供奉皇上使用的，要加二等处罚，即工作违法者杖六十，不合时用而更作所费十匹者徒一年半；此罪最高处罚为流二千里。(4) 若制作违法而又不须重做的，合计所费财物的实际价值论罪。(5) 工匠以他所犯的错误依律论处，具体负责的工官或其他长官减工匠三等处罚；如果工匠违法笞四十，监当官司则笞四十；若所作不合时用而要重做的，监当官司减赃罪四等处罚；此罪最高处罚为徒一年；若所作是供奉皇上使用的，监当官司加二等处罚，但最高处罚为徒二年。

商人的活动舞台是古代称作“市”的市场，这就决定了对商人的管制离不开对市场的管理。唐代市场内部虽然起了一些变化，如从定时一聚的交易地演变为略具近代型的常设市场，但由于城坊制度未变，作为其中一部分的“市”的变化也是比较有限的，对“市”的设置和管理保留了许多古代型市场的经验。为了限制商业的自由发展和商人的自由活动，唐对市场的交易时间作了严格的限定，基本上保持着日中为市的古制。这是由于市是城中坊制的一部分，凡坊皆有墙门，定时开关，所以市也随之开关。坊市闭门之后和开门之前，有行人谓之犯夜。唐律规定：“诸犯夜者，笞二十；有故者，不坐。[闭门鼓后、开门鼓前行者，皆谓犯夜。故，谓公事急速及吉、凶、疾病之类]”

市具体的开启交易时间也是由法令统一划定：“凡市，以日中击鼓三百声而众以散。”“凡市，日中击鼓三百以会众，日入前七刻，击钲三百而散，有果毅巡。”

商人在市场上的活动是交易，度量衡器是交易中必不可少的工具，商人出于想牟利，总是在度量衡器上做手脚，而自觉以百姓利益为代表的官方在这个问题上也总是不轻易放过他们，情节重的刁商奸徒还要绳之以律，以维持公平和市场秩序。唐律中便有这样律文。

1. 度量衡器须校对。《唐律疏议·杂律》“校斛斗秤度不平”条律文曰：“诸校斛斗秤不平，杖七十。监校者不觉，减一等；知情，与同罪。”本条疏议曰：“校斛斗秤度，依《关市令》：每年八月，诣府寺平校，不在京者，诣所在州县平校，并印属，然后听用。”

2. 禁止使用私作的度量衡器。《唐律疏议·杂律》“私作斛斗秤度不平”条律文载：“诸私作斛斗秤度不平，而在市执用者，笞五十；固有增减者，计所增减，准盗论。……其在市用斛斗秤度虽平，而不经官司印者，笞四十。”这条律文与上条律文的内容是相联系的。依上条律文，所有的度量衡器均要符合官方的标准，要经过官方的校正、加印后才能上市使用。如未经过这一程序，该怎么办？这便是本条律文的内容。它规定，未经官方准许和确定的程序，私自制作度量衡器致有差错而又上市使用的，不问实际使用与否，仅此行为先笞五十；若已使用而有增减差错的，按窃盗罪论处：一尺杖六十，一匹加一等，五匹徒一年，增减差错至五十匹者，加役流。即使度量衡器符合法定标准而上市使用，但因未经官方的法定程序校勘、印署，也要笞四十。

3. 器物制作和贩卖不得有诈。《唐律疏议·杂律》“器用绢布行滥短狭而卖”条律文规定：“诸造器用之物及绢布之属，有行滥、短狭而卖者，各杖六十；[不牢谓之行，不真谓之滥。即造横刀及箭镞用柔铁者，也为滥]得利赃重者，计利，准盗论。贩卖者，也如

之。市及州县官司知情，各与同罪；不觉者，减二等。”这是一条与手工制作有牵连的律文，引在这里，是因为它的重心是放在制作而卖上。若制作器物纯粹是为了自用，即使有“行滥、短狭”的问题，依律文的精神，也不构成犯罪。相反，若是供公私他用，则行滥和短狭者各杖六十；得利超过成本者，按窃盗罪论处；贩卖求利者与之同罪；监管者按知情和不觉合并减半论处。

4. 评估物价要公平。《唐律疏议·杂律》“市司评物价不平”律文载：“诸市司评物价不平者，计所贵贱，坐赃论，入已者，以盗论……”这是一条很关键的律文，因为物价是整个市场管理的基础与核心，物价的不合理波动不仅会直接影响到消费者的利益，还会引发其他社会问题。为了防止出现这种情况，唐令规定，市令有职责要求商人每十天向市场管理机构呈报一次物价变动情况，把每一种货物按其品质定出上中下三种不同的价格，并将十天内物价涨落的情况登记呈报，最后由市令及主管管理加以评定。如何对市令及主管官吏的这项工作加以监督，构成了上述律文的任务。如果市令及主管官吏在物价评定中不公平，就要依律论处。可以推想，出现不平，不外乎有两种可能：一是失职，这是过失造成的，唐律对这种行为，按照因估价贵贱不平而引致的损失值，坐赃论；二是枉法，这是故意引起的，目的是通过与商人勾结或坑害商人以得私利，对这种行为，唐律以实际窃盗罪计赃，再按除名、免官、倍赃的法律规定处罚。

5. 买卖自由、交易合法。《唐律疏议·杂律》“买卖不和而较固”条律文曰：“诸卖买不和，而较固取者；[较，谓传略其利。固，谓障固其市]及更出开闭、共限一价；[谓卖物以贱为贵，买物以贵为贱]若参市，[谓人有所卖买，在傍高下其价，以相惑乱]而规自入者；杖八十。已得赃重者，计利，准盗论。”通过这条律文，我们可以看到唐代市场交易过程中有关物价的三种有趣现象：一为较固；二为更出开闭、共限一价；三为参市。较固有点类似于现今市场上的“市霸”，他们不遵守或者蔑视买卖自由的规则，为了私利，利用非法手段，强迫卖者将货物出售给他们，而不准别人染指得利。更出开闭、共限一价，是针对奸商的。这类商人私下串通，以贵为贱或以贱为贵，限定物价，坑害生产者和消费者。参市是商人用钱雇佣他人，趁顾客购物时，故意以购物者的身份在旁边抬高或降低价格，以利奸商。唐律对这三种行为分别各杖八十，赃重超过杖八十者，按窃盗罪论处，赃物其须退还原主。

6. 卖买奴婢、牛马，须立市券。唐令有一条规定：“凡卖买奴婢、牛马，用本部司公验以立券。”①不立券又当如何？《唐律疏议·杂律》“卖买奴婢牛马不立市券”曰：“诸买奴婢、牛马骡驴，已过价，不立市券，过三日笞三十；卖者，减一等。立券之后，有旧病者三日内听悔，无病欺市者如法，违者笞四十。即卖买已讫，而市司不时过券者，一日笞三十，一日加一等，罪止杖一百。”从律令的规定来判断，奴婢马牛之类的卖买之所以要立市券，大概有这样几个方面的考虑：其一是当时实行均田制，土地一般不允许自由卖买，因此进入交易领域的奴婢马牛之类自然成为最重要最有价值的卖买物；与此相联系的第二个考虑可能是，既然是重要物，交易就必须谨慎，立有市券，日后有反复或纠纷，也

① [日]仁井田升:《唐令拾遗·关市令第二十六·十一》。

好依此为据，免得口说无凭；其三是官方准立市券，可以皆此收税；其四，可能还有预防拐卖良民为奴的意图。

7. 严惩扰乱市场。《唐律疏议·杂律》“在市及人群中故相惊动”条律文载：“诸在市及人群中，故相惊动，令扰乱者，杖八十；以故杀伤人者，减故杀伤一等；因失财物者，坐赃论。其误惊杀伤人者，从过去法。”有关市场管理的诸项规定中，这条律文的处罚是最重的；犯故意扰乱市场、惊动众人的，杖八十；因此之故而杀伤人的，减故杀伤人一等处罚，即致死流三千里，折伤一肢的徒三年；误惊的，从“过去”法，用铜赎罪；无杀伤人而有财物损失的，合计所损财物的价值减半按赃罪论处。这般严格，不是没有原因的，扰乱市场和惊动众人既能破坏社会治安，又能致人非命，还能造成大量财物损失，而这三者恰恰是中国古代法律保护的重心。

宋代的市易法，是王安石新法之一，宋神宗熙宁五年始定。起因于大商人依靠经济实力把持各个商业行会组织，并勾结官僚势力，将官方的各项采购供应转嫁给中小商人或无权势的商人。他们采用“较固取利”的手段，垄断市场的各项交易，极力压低购价，抬高售价，从中牟取高额利润，结果造成了中小商人的赔本破产和城市居民的生活困难。市易法就是在这种背景下颁行的。宋神宗熙宁五年三月，魏继宗上书，要求设立常平市易司，并选拔守法商人帮助，以平抑物价，“贱则少增价取之，令不至伤商，贵则少损价出之，令不至害民。”一方面将“开阖敛散之权”从大商人手中夺归于官府，另一方面则从平抑物价当中，使官府分得部分商业利润，而有助于国家财政。朝廷遂接受了这一建议，于汴京设立市易务，神宗诏令拨钱一百万贯，作为京师市易务之本钱，以后改京师市易务为都市易司，成为总的机构，在边境和重要城市分设市易司。

据《宋会要辑稿》食货载“市易法”共有十二条目，总括内容大致如下：

一是有关市易务的组织。市易法规定设有监官二人，提举官、勾当公事官各一人。另有行人和牙人，由招纳的京师行铺和牙人充任。监官、勾当公事官进行“平价”收购一些滞销的货物，行人和牙人担当货物卖买的具体工作。

二是有关“契书金银抵当”和“结保赊请”的条目。规定担任监官、勾当公事官的大商人，必须“以地产为抵押”，才能借官钱，同时要付年息百分之二十。市易务的行人也要自报家产或借金银作为抵押，五人以上结成一保。一般行贩亦可结保向官府贷钱。这种以地产金银抵押和结保赊请的做法，旨在保证官钱的偿还和防止官物的损失。市易务根据各行铺抵当的产业多少，将收购的货物均分赊请给各行铺，由他们售卖。在半年到一年内，将钱偿还市易务，另加利息半年百分之十，一年百分之二十，过期不还，每月加百分之二的罚金。

三是有关“贸迁货物”的规定。外来商人，如愿将无法脱手的货物出卖给官府，许其到市易务投卖，如果客商愿意折合官府的各种物品，亦听其便。

市易法的推行，在一定程度上限制了大商人的投机活动，使大商人控制物价的现象有所缓和，外来商人和城市小商贩及居民亦避免了许多的利益损失，客观上为商业繁荣创造了有利的条件，商税也因此而有所增加，这对官府的财政也大有助益。

其时处罚违法交易的规定，据《名公书判清明集》辑宋律佚文内容大致如下：其一，

"违法交易,钱没官,业还主"。其二,凡"交易诸盗及重叠之类,钱主知情者,钱没官;自首及不知情者,理还。犯人偿不足,知情牙保均备(赔偿)"。其三,"交易,钱止一百二十日为限"。(一切交易物价限一百二十日内交足,逾期未足,所有权仍属业主。)①

五、古代的行会组织及其职能

中国行会的历史起点究竟追溯到何时,尚是一个问题。不过一般认为,以生产力发展为基础的宋代城市的繁荣以及以城市为舞台的商业手工业者的活动,在11、12世纪前后是一个转折时期,这一时期也是行会的发展时期。关于宋代首都开封和杭州的行会,《东京梦华录》和《梦粱录》留下了若干记录;马可波罗的旅行记中,也有关于宋末元初亦即13世纪末杭州手工业行会的记载。然而由于资料的关系,以下所述主要是清朝的情况。

中国行会的成立乃至其活动地区,虽说大抵上是在城市,但有时候也包括城市附近的小市镇。而且,有时候还有两个以上的行会并立于一个城市中。比如说因乡党不同,虽然同是茶商,在北京就对立着安徽人的京徽帮和直隶山东人的直东帮,汉口则并立着湖南、湖北、江西、福建、江南、广东等六帮。另外,由于宗教信仰不同,北京的回教徒和非回教徒分别成立了各自的玉商行会。还有,因资本和营业规模不同,上海的钱庄成立了三个对立的行会,银楼业也就是银手工业也成立了两个行会。另外,同样也是在清末,北京的挑运业与作为金融业代表的钱铺,都将市区分成两个区域,在各自的势力范围内分别成立了行会。

(一)行会组织

作为商业行会中的成员,一般来说,无论是零售商、批发商,还是中间商,都包括在内,偶尔也只限于中间商的情形。另外,手工业行会中,店铺的主人乃至师傅、普通工人都一起加入行会,是为通例。一般来说,行会成员的地位似乎是平等的,但有时候,成员只有特定的人才能够被推举为会首亦即负责人。例如北京燃料业行会的负责人,为山西平遥人所独占,同业是山西的油商行会的负责人,也是由特定店铺的经理世世代代独占。特别是普通工匠,照例不能被选为负责人,即使在集会上也几乎没有发言权。所谓"耆老一唱而群和之"的行会谚语、标语,对于体现这样一种意识和关系来说,是最适合的。在权利产生之前的以往的中国村落里,也可以发现这样一种"和"。而且这种事不仅仅见于中国。会首具有管理行会财产和处理其他行会事务的职责,照例要设置数名以上。一般来说,他们都是有德望乃至有财产者,近年来特别是有才能者,在行会集会上被推荐出任,任期是无期限的、终身的。

行会集会在被称为会馆或者公所中召开,如果没有行会会堂,则在供奉守护神的庙宇中行会每年照例要举行的祭典日子里召开,有时候还在那里报告行会的事务,进行重要事项的审议,另外,还在那里举办宴会,在神面前奉献戏剧表演,偶尔还在那里举行行

① 张晋藩、郭成伟主编:《中国法制通史》(第五卷),法律出版社1999年版,第338-339页。

会审判。行会中,制定了作为行会成员共同规范的规约,但这种行为规约不是像近年来按照政府指令而订立的同业公会规定那样一种缺乏操作性、千篇一律的规约。

(二)行会的职能

就像教会法的经济思想与欧洲的行会意识联系在一起一样,中国的道教思想也被认为对中国的行会意识产生了影响。但表现为工匠徒弟制度、行会强制及统制之类的行会职能及其活动,与其说是为了推动社会的繁荣,不如说是将维护同行团伙利益作为优先的目标,这应当是无可争议的。

中国的行会,通常得不到政府所赋予的旨在追求同行伙伴共同利益的行会强制权,但是却有行会凭借其实力,强迫同行业全部加入行会或者设法极力劝诱其加入行会的情形,而在行会或者同行业陷入危机从而有必要进一步加强团结之时,这样的情形往往就表现得特别突出。例如清末北京的靴商同行团伙被迫与靴工行会进行对抗之时,又如同样是江西省赣县的皮箱行亦即箱包行会,为了与外来工匠的错制滥造和贱卖进行对抗而以强力保卫同行团伙的利益之时,就出现了被迫加入行会的情形。行会的加入者要缴纳加入费。与欧洲行会中所见到的情况相同,当作为行会成员后继者的子女或者其近亲入会之时,也有行会免除或者减少其加入费。

中国的手工业作坊的所有者,并不限于师傅,身无技术的店铺主人为数不少;而且经营规模之大小不一,亦为通例。但有时候也与欧洲的行会相同,如对同行业中各自能够雇佣的工匠和徒弟数量,也时常加以限制。关于工资,则经常进行统一管制,当徒弟的时限也有特别的规定,禁止相互挖走工匠。而在劳动时间方面,虽时有限制,但其例不太多。工匠、徒弟处于主人、师傅的家长制支配之下,其中徒弟方面特别具有家内奴隶性质。清代的工匠,例如按木工同行团伙的规矩,普通工匠即使遭到师傅的殴打和骂詈,也不能报复。明清律规定,奴婢和雇工如杀害家长,与子女杀害祖父母、父母同罪,凌迟处死。如骂詈家长,奴婢处绞刑,雇工则杖八十、徒二年。如子女骂詈祖父母、父母,处绞刑。

然而即使在中国,普通工匠对于主人、师傅也不一定是无能力的,在鸦片战争之前,就屡屡见到普通工匠行会的成立。就像北京的靴工同行团伙那样,至迟在咸丰年间就组织了仅由同行伙伴参加的行会,常常要求雇主方面即靴商人或企业主增长工资,如果达不到要求便举行罢工,雇主同行团伙的行会的团结亦因之而得到强化。一如欧洲的师傅行会凭借城市政府之力对普通工匠行会进行对抗和压制,中国的师傅行会也凭借官府的力量压制普通工匠行会。清末,在温州的铜钱制造业同行团伙中,江西赣县的箱包制造业同行团伙中,福建建阳县的服装加工店同行团伙中,也都发现了普通工匠行会。

与欧洲的行会相同,中国的行会中,为了同行伙伴间利益享受的平等,也有规定工资额度和商品价格,统一管制产品品质,对新开店铺、作坊的所在地点进行限制,禁止相互争夺顾客以及规范度量衡等等抑制同行伙伴自由行动的情形。当然也不应忽视,仍然存在没有实行这类统制的。对品质进行统制的,有银楼业和烧锅业等。这类事例还不少。在清代上海的帽子行业中,实行了样式设计方面行会统一管制。关于店铺作坊

的限制，例如北京的理发业行会规定，如果没有十个门牌的间隔，就不允许新开店面。所谓“上七下八”，就是禁止在同业门店上面七家、下面八家之内新开同行业的门店，这在湖南长沙，涉及到铁器、茶、面、油货、爆竹以及理发等各行业的店铺。另外，禁止争夺顾客，在理发业中就常常能见到。在江西景德镇，瓷器采购者在采购时一旦被甲所承包，这之后就不能被甲以外的人承包，这样一种限制还延续及采购者的子侄。采购者也就是顾客，便永远是甲的“绞草”（专购客户），除了因甲让渡而接受其“绞草”之外，其他任何人不得夺取甲的顾客，其同行团伙则被称之为“绞草帮”。

即使中国的行会，行会规约也不是仅仅诉诸同行伙伴的道德良心，同时还伴随着对同行伙伴行为的外在强制，对于违犯同行伙伴的共同规范者，同行团伙要处以制裁，理发店和服装店之类的手工业者同行伙伴则是殴打违犯者，或者除名。商人同行团伙通常是要求违犯者在行会守护神之前，献上罚香和罚戏，或者使之设罚宴招待同行伙伴。不仅仅是这种经济性制裁，也有除名的。行会内正是其生计产业得以维持之所在，被开除于行会之外，是极其严厉的制裁。根据距今三十年前甘博关于北京行会的报告，北京盲人行会每年照例要在祭祀岳飞的北京精忠庙召开同行伙伴大会，在其行会法庭上，要对违犯规约者执行笞刑。又据麦嘉温的报告，清光绪年间，温州的理发店行会，对于不遵守规约的同行伙伴，要推翻其居室，并将其家产、工具焚烧、毁弃于路。苏州的金箔师行会，据说对那些独占政府订单，为了完成订货而无视行会规约关于徒弟数量的限制，雇佣大量徒弟的同行伙伴，采取袭击、啮杀的处罚手段。另外，同行伙伴间的纠纷争，原则上不上诉官府，而通过同行伙伴间的仲裁调停来解决。纠纷的原因多是贱卖以及其他的业务竞争问题，调停时，则由行会的负责人出面。

为了同行伙伴的互助共存，行会要救助因外敌攻击而陷入危难的同行伙伴，有时候对于官府过分残酷的剥削，也不惜起而抗争。这样的事在各行会的记录中屡见不鲜。1943年也发生过激烈的行会抗争。那时北京的猪业为反对官府的统制而发起的抗争，牲猪经纪业、屠宰业、猪肉贩卖业，全都起而反抗。因为这次罢工，北京市民很长时间几乎吃不上肉。行会还为同行伙伴的子弟开设学校，或者为贫困的同行伙伴赈给棺材，提供行会专用的墓地，或为那些归葬乡土者提供会馆的丙舍，以便其归葬前临时寄存棺材。

（三）行会的变质、衰亡

随着新的生产组织的得势，大规模企业的兴起，市场的扩大，以及国际贸易的发展，行会作为一个独占性的、一个追求其同行伙伴共同利益的机构，其解体、消灭的命运将不可避免。清末以来的同业公会乃至工会之类，不过是行会在形式上实行转换的产物，而基于经济的内在动因，行会也将逐步在实质上进行转换，即使在中国，行会坚固的同行团伙结构，相信最重也会在实质上被超越被破坏吧。

例如，据朱氏及伯吉斯氏的研究，曾经仅仅在国内有销路的北京粗罗纱行会，后来竟被大量输出到海外，从而妨碍了行会的统一管制，导致统制框架崩坏。既然行会在价格和品质的统制上均已无能为力，外国人的巨大生产规模，便无所顾忌地打败了小工场制度和小规模生成方式。而出于行会成员自己之手的产品的粗制滥造化，也使得传统的手工业体制不得不日益成为资本主义自由竞争场上的失败者。与之相反，华北制粉业的衰落，则是小麦粉大量倾销的结果。行会的支柱虽已动摇，却也不可能一朝倾覆。总体而言，中国市场与世界市场的联系，外来力量——资本主义对中国市场的压迫，使中国行会乃至民族产业的变化，或者说衰亡，或者说其内部崩溃，成为不得已之事。但是作为一种外力冲击的接受者，一个一个行会的情况却不尽相同。虽然包含着诸多矛盾，变化在持续进行，但无论如何，直到辛亥革命之后三十余年，行会也不一定就到了从根本上被颠覆的地步。

那么，如果要问，是什么原因使得行会能够像这样一直免于崩坏，其主要原因又是什么？可以说，那就是中国的工业水准始终停滞在手工业水准上这样一个条件有以致之。不用说，有关后进国的经济内生、自发地发展到产业革命的问题，尽管必须考虑该国的内部条件，但外国资本一直压抑民族资本产业，乃是众所周知的事实，只要有这样的限制，发展就是不可能的。孙文终其一身的奋斗，就是在同外国资本与外国资本紧密勾结在一起的军阀、买办作彻底的抗争——它使民族资本发展的全部计划都成为泡影。不用说，行会和军阀买办的利益并不总是一致的，从这一点来看，两者间的抗争是不可避免的，但是，给行会体制的存在、延续留下很大空间的也还是军阀买办。①

参考文献

1. 张晋藩主编:《中国法制通史》(第四卷)，法律出版社 1999 年版。

2. 张中秋:《法律与经济——传统中国经济的法律分析》，南京大学出版社 1995 年版。

3. [日]仁井田升:《中国法制史》，上海古籍出版社 2011 年版。

4. 赵晓耕主编:《身份与契约:中国传统民事法律形态》，中国人民大学出版社 2012 年版。

思考题

1. 如何理解中国古代的重农抑商原则?

2. 如何理解古代的均田制及其法律含义?

3. 中国古代管理手工业、商业、市场的主要规定有哪些?

① [日]仁井田升:《中国法制史》，上海古籍出版社 2011 年版，第 127 - 132 页。

第九章

中国传统行政法律文化

学习目的和要求：

学习本章应着重了解以唐代为代表的中国古代行政法的主要规定，掌握古代的选官制度、官员考核制度、古代的监察制度。

学习重点：

唐代法律规定官员的选拔、考核、罢免及监察制度。

行政法律规范是指由国家制定与认可的有关国家行政管理的行为规则。中国古代自产生国家以来，就有了行政法律规范。自秦中央集权制建立行政法律作为维护皇权、提高封建行政机构效率及控制与监督各级行政权运行的主要手段，受到空前的重视而迅速发展完善。中国自西周时已出现了早期的行政法律规范《周官》，秦朝有《置吏律》《除吏律》《除弟子律》《效律》《行书律》《为吏之道》；两汉时有《左官律》《酎金律》《尚方律》《上计律》；唐朝除《职制律》《厩库律》《擅兴律》外，还有大量的令、格、式，宋代颁布了《出定格》《循资格》《贡举格式》《铨曹格敕》《吏部七司法》《景定吏部条例》《京官考课法》《州县官考课法》；明清仿唐朝制定了专门的行政法典，计有大明、正德、万历、康熙、雍正、乾隆、嘉庆、光绪等多部会典。这些立法对行政管理和为官出仕的每一个环节都有所涉及，其调整范围之广泛，基本内容之丰富、行为约束之严谨，堪称行政法的经典之作。

传统社会，君主掌握着最高统治权，通过分官设职建立了自上而下的行政机构，并使行政执法环节的设计十分精道。这一行政体制涵盖了实现政治目标的行政组组体系、行政管理体系和行政监察体系，既是当时施行统治的手段，也是政治经验积累的结晶。具体表现在以下方面:1. 政权组织体制完备。我国国家形成早期即健全了中央和地方管理体制,一切重要职务有一定的名称,有明确的权责,有任命的仪式,有内部的分工,不仅有利于国家统一和强悍,而且控制了地方的独立和分离。2. 科举选官制度独特。以隋唐为代表的科举文化是我国行之千年并具有现代遗痕的吏治文化之一。它将考试与选官制度密切结合,实现了文官本身的职业化进程。3. 管理铨叙制度健全。法律要求官吏集团公道、忠诚、责任、慎言、敏行、修身、正己、廉洁。同时,为了保证对官吏的有效控制,采取了定期考课、陟优黜劣等各种措施,形成了官吏选拔、任用、薪俸、奖惩、抚恤、退休、养老等发达的制度体系。4. 监察控权网络细密。多环节、多途径的监督网络,使监察制度成为一项防范官吏违法失职的"防御工程"。御史、都督、刺史、谏官、给事中、台院、殿院、察院等,都在整顿吏治方面发挥特殊功效。5. 问责治罪措施严格。古代对官吏行政、民事、刑事责任追究十分重视,各种官吏的犯罪行为都难逃法网。

唐朝的行政法律规范是在继承秦以来的历代行政法律规范特别是隋朝行政法律规范基础上建立的,形成了中国封建前期最为完善的行政法律规范。

一、中国古代有无"行政法"探讨

我国一些学者在行政法起源问题上存在着这样的误区:把行政法理解为关于行政管理的法律。既然行政法是国家行政管理法,因此行政法因国家的产生而产生,并且随着国家性质的变化而变化。有两种观点在这个问题上采取折衷态度:第一,认为古代只有行政法规范,没有行政法。这种观点力图避免古代是否有行政法的后续争论,试图解释古代大量行政法规范又和近代作为独立部门法的行政法相区别。第二,在国家产生以后,近代民主革命以前存在着行政法,但这与近代行政法不同:功能单一性,只是官吏统治百姓的工具;专制的附属品,没有民主的内容,体现帝王的意志;从体系上看不是独立的部门法,诸法合体。前一种观点没有弄清楚法律规范与部门法的关系。法律规范虽然是部门法的组成部门,但是作为整体组成部门的规范必然与整体形成精神上的联系。"部分"不可能在与整体精神相悖的情况下从属于整体。专制的行政法规范不可能存在于行政法整体之中。后一种观点虽然区别了近代以前与近代后的行政法,虽然它并无原则性错误,但是这对于法学理论来讲,它只代表着一种事实判断,不是一种价值判断,没有否定古代存在行政法,没有突出近代以后的行政法。这不能不说是一种遗憾。这个问题之所以有不同看法,是因为对行政法性质的理解不同。我们认为否认古代存在行政法的观点代表着一种价值理念。

比如艾永明教授还认为,中国法律史学界有一种错误的倾向,即偏向于刑法史而忽视行政法史,由此形成了今天学界的共识——"中华法系是以刑为主"。对此,他在《中国法学》上发表《中华法系并非以刑为主》的文章,指出以刑为主观念的形成实际上因学界对中国古代行政法缺少全面认识和研究。实际上,中国古代不仅有行政法,而且其系统性、全面性、广泛性远远超过刑法。他认为以行政法为主是中国古代成熟时期法律形态的重要特点。可以说,这样的研究结论虽具风险性,但这是他长期关注和研究中国古代行政法而获得的知识和思想的汇合之果。

事实上，认为古代也存在着行政法的观点混淆了这样两种不能相提并论的法律——“关于行政的法”与被我们称为“行政法”的法律。笔者冒着做“文字游戏”之嫌力图把“关于行政的法”和“行政法”区别开来。前者是指与行政管理有关的所有法律，后者是指另外一种特定历史条件下产生的、主要功能是用以控制行政权力的法律的指称。

就前者而言，中国在古代专制时期就大量存在“行政法”。这样一来，把周礼六典、秦始皇的“三公九卿”、魏晋隋唐的三省六部等称为“行政法”也就不难理解了。但是我们也不否认，古代行政法同样具有控制行政权力的功能。比如中国古代就存在对只管的管理，如任免铨选制度、考课奖励制度、监督弹劾制度等等。然而它们都不是我们今天所谈的行政法。因为它们是专制主义的产物，它们确认皇帝为君主、国家最高行政首脑是最根本的；由皇帝指挥一大批封建官僚行使行政大权，确认君臣共议政事的朝会制度，最后决定权仍掌握在皇帝手中，并以他为轴心协调国家机关之间的关系；确认皇帝的诏令为最根本的法律渊源，在行政事务中具有最高权威；人民利益受行政侵害之后不能通过程序化手段得到救济，而是通过非程序化的途径加以弥补，况且这种弥补途径还因官员的品质、情绪等因素而变化。

严格意义上的行政法与专制主义是不相容的。专制主义的行政体制具有两大特征：一是权力与权力关系方面，表现为权力的高度集中于一部分人或一个人，没有权力的分立与制衡；二是权力与权利关系方面，表现为权力的目的体现了对特权的保护，而不是对平等权的保护。这样的前提下所存在的所谓的“行政法”显然不是今天我们所讲的行政法。它们无非是“关于行政的法律”而已。事实上，古代存在“关于行政的法”从其内容结构上来分析，具有这样一个明显的特点——只规定行政权力享有者的法律地位、权力关系、职权。关键是没有一种行政机关外部的监督力量来制约行政权力。他们基本上没有关于行政责任和行政救济的规定，也没有为保证“民”权而设立的行政的方式、手段、程序的规定。这在行政法结构要素上来衡量，显然还没有“行政行为——行政程序”和“行政责任——行政救济”两个方面的内容。

行政法是近代革命的产物，它同近代自由主义、法治主义的思潮有关。行政法最直接的产生条件是国家权力的分工与制约。我认为行政法的产生必须具备两个条件，换言之，行政法的存在与否关键看是否同时具备两项标志性的制度作为条件：

一是立法权与行政权的分离。立法机关的活动不受行政首脑干预，即“剥夺行政首脑独占的立法权”。依法行政指的是任何行政行为均以立法机关的法律为依据。性质机关只依自己制定的“法律”为依据，那么也就谈不上有行政法。

二是司法权与行政权分离。法院的活动独立于行政权力（法国行政法院虽然建制于行政系统，但它独立于行政权力，是独立行使审判权的），才能保证对行政行为的审查极端。法院不独立审判，或者司法活动经常受行政机关牵制，那么真的行政法也是不可能存在的。①

① 孙笑侠：《法律对行政的控制——现代行政法的法理解释》，山东人民出版社 1999 年版，第 70－73 页。

二、古代的行政组织

(一) 中央行政组织

三师(太师、太傅、太保)三公(太尉、司徒、司空)在中央朝廷内位居文武百官之首。但为防止由于官位高、权势重而形成对皇权的威胁,唐初统治者继承隋朝旧制,在中央确立三省六部制的管理体制,而使三师三公成为地位高而无实权的虚衔。

中书省为中枢决策及最高出令机关,掌管国家机要。负责审理其他各机关的公文奏章,起草下行文书,并根据皇帝旨意起草诏令。门下省专司对各类文书、奏章及诏旨的审核。各级机构上报皇帝的奏章、公文首先经由门下省审阅,然后才能送达中书省。门下省还拥有重要的封驳权。以皇帝的名义发出的诏令由中书省起草后,送至门下省审阅。如果门下省认为内容有不妥之处,即可封还中书省,由其重新拟订。

唐代的中央行政管理的中枢机构是尚书都省。都省置左右仆射、左右丞,左右司郎中、员外郎、都事、主事等官员共 32 人。另外还有属吏即工作人员令史、书令史、亭长、掌固等约 150 人。

尚书都省所掌握的行政事务主要有:第一,将凡发到尚书省的诏敕都印上正式发出的日期,并规定贯彻执行的期限,然后转发具体事务部门。第二,各州向中央汇报的计奏文书一律先送达尚书都省,都省将其节录汇总后向政事堂或皇帝汇报。第三,凡尚书各司拟定的下发各州的具体行政文件必须经都省审查后统一下发,各司不得擅自下发。说明了都省对于二十四司的控制。第四,凡下发上报的行政文书及其执行情况每年一次汇总与都省各司于每年四月一日将上一年情况汇总到都省、都省都事于六月一日与各司令史进行核对,然后整理归档,作为考核官吏的依据。

尚书都省下辖吏户礼兵刑工六部,每部四司,共二十四司,其行政组织与职掌如下:

吏部置尚书一人,侍郎二人,为吏部正副长官。吏部掌天下官吏选授、勋封、考课之政令,相当于今之组织部职能。吏部下统四司:吏部司、司封司、司勋司、考功司。

户部主掌对全国户婚田土的管理,包括对户口、土地、财政、赋税、钱粮、赈灾等方面的管理。下设户部司、度支司、金部司、仓部司。

礼部主掌对全国礼仪教育的管理,包括礼仪、祭祀、科举、学校等。下设礼部司、祠部司、膳部司、主客司。

兵部为全国最高的军事行政管理部门。主管武馆的推荐、任免、考核、升降、赏罚及军事行政等。下设兵部司、职方司、驾部司、库部司。

刑部为全国最高的行政管理部门,掌管全国的司法行政,并参与重大案件的审理。下设刑部司、都官司、比部司、司门司。

工部主管全国的农林水利、工程营建及对各类工匠的管理。下设工部司、屯田司、虞部司、水部司。

三省之外,还设有九寺五监等行政管理机关。九寺:太常寺,置卿一人,少卿二人,掌邦国礼乐、郊庙、社稷之事。具体事务由八署分理,即郊社署、太庙署、诸位、陵署、太乐署、鼓吹署、太医署、太卜署、廪牺署。光禄寺,置卿一人,少卿二人,掌邦国酒醴膳羞

之事，即宴会及祭祀时的宰杀、烹饪之事，具体事务由太官署、珍羞署、良醞署、掌醢署四署分理。卫尉寺，置卿一人，少卿二人，掌邦国器械文物之事。具体事务由武库、武器署、守官署三署分理。宗正寺，置卿一人，少卿二人，掌皇族九族六亲之属籍，以别昭穆之序，具体事务由崇玄署处理。太仆寺，置卿一人，少卿二人，掌邦国厩牧车舆之政令。大理寺，置卿一人，少卿二人，掌邦国折狱详刑之事。鸿胪寺，置卿一人，少卿二人，掌宾客及凶仪之事。司农寺，置卿一人，少卿二人，杖邦国仓储委积之事。太府寺，置卿一人，少卿二人，掌邦国财货，即市场管理等。

五监包括：国子监，置祭酒一人，司业二人，掌邦国儒学训导之政令，是唐时的国立大学，其下细分为国子学、太学、四门学、律学、书学、算学、五经等专业，每一专业都有专人教授（博士），学生人数少则 30 人，多则 500 人。少府监，置监一人，少监二人，掌供百工技巧之事，负责朝廷日用器物之制作。将作监，置大匠一人，少匠二人，掌邦国修建土木工匠之政令，负责两都朝廷官府的土木工程建设。都水监，置使者二人，掌川泽津梁之政令，负责舟船运漕及朝廷水产之供应。

内朝则由秘书省、殿中省、内侍省三省组成，为内三省。秘书省，置监一人，少监二人，掌邦国经籍图书之事，实际上相当于国家图书馆。殿中省置监一人，少监二人，掌天子服御，即负责皇帝之起居诸事。内侍省，置内侍二人，内常侍六人，掌在内侍奉出入、宫掖宣传之事。以上内三省，秘书省管理皇室图书文集，殿中省管理皇帝生活起居，内侍省管理后宫，分工明确，职掌清楚。

（二）地方行政组织

在地方行政体制中，唐代沿袭隋州县两级机构的设置。州设刺史，掌管全州的事务。另设别驾、长史、司马、录事、功司、司仓、司户、司兵、司法、司士等属官。州以下设为县，县设县令，掌管全县事务。县令之外，设属吏县丞、主薄、县尉、司户、司法、仓都、典狱、问事等，属吏的数额在大县小县各有不同，一般在十几人至二十几人不等。

三、古代的官吏管理

（一）官吏的选拔

科举考试的最重要特点在于，第一，读书人不论出身、地位、财产如何，均可自行报名参加考试，不必再由官吏推荐；第二，考试定期举行，不必等候皇帝下达诏令；第三，严格考试，录取与否完全由考场文章的优劣决定。唐朝科举考生的来源，一为生徒，即官办学校的学生，包括国子监及地方州县学的学生；二是乡贡，即各地自学或私塾学成的士子，经本州县预考合格后，再进贡去京师参加尚书省的礼部会试，也称省试。唐朝科举科目有明经、进士、明法、明字、一史、三史、道举、童子、开元礼等。但士人所重唯进士、明经二科，特别是进士科，唐人谓之登龙门。

通过科举考试之后并不能马上做官，而必须再通过吏部的铨试。前者只是取得了做官的资格，后者才是正式委派官职。吏部铨试的标准有四：一曰身，体貌丰伟；二曰言，言辞辨正；三曰书，楷法遒美；四曰判，文理优长。吏部铨试之后，合格者即作为吏部的候补官吏，官职之正式委派尚要等官吏缺额。候补多而缺额少时，要参加吏部博学宏词、书判拔萃考试，每次取数人而授官。柳宗元、白居易都是通过这种途径而得官的。韩愈却在通过进士考试、吏部铨试后，屡次栽倒在吏部宏词试前，以致中进士后十年仍为布衣。

可以与科举相提并论的选拔官吏的另一个途径是“荫袭”制，所谓荫袭制，是指官吏子弟可以凭借父亲或祖父的官品勋封而得官。唐朝官吏子孙荫袭官职的高低，是由该官吏的散官品位所决定。如开元四年十二月敕规定：“诸用荫出身者；一品子，正七品上；二品子，正七品下；正三品子，从七品上；从三品子，从七品下；正四品子，正八品上；从四品子，正八品下；正五品子，从八品上；从五品及国子，从八品下。三品以上荫曾孙，五品以上荫孙，孙降子一等，曾孙降孙一等。赠官降正官荫一等。”①从开业敕文中可以看出，只有五品以上散官之子孙才能荫袭七、八品官。唐朝品官中，大抵可以分为“职事官”与“散官”两大类，职事官凭才能升降，散官则凭年资劳考而晋升，也就是做官年头越长，散官品阶就越高。凡有职事官者皆带散官品阶，但有散官者不一定都有职事官。子孙荫袭只凭散官品阶，只有五品以上散官才可荫袭子孙，因此五品以上称为荫散官，六品以下则称为无荫散官。有荫散官之子称为“高品子”，无荫散官之子则称为“品子”。

（二）官吏的任用

唐代官吏一身兼有职事官与散官，散官有品级，职事官也有品级，如尚书左右仆射为从二品，侍中、中书令为正三品，这个与官衔对应的品级是用于领取俸禄的。也就是说，唐代的俸禄是与职事官相联系，而不与散官相联系。这就把原属于“秩”的领取俸禄功能转移到“官”身上了。而散官品级则用于决定朝班次序和冠服。职事官由君主量才任使，散官则按资而叙，所以散官也称为“阶官”。清人钱大昕说，“唐时臣僚章服，不论职事官之崇卑，唯论散官之品秩。虽宰相之尊，而散官未及三品，犹以赐紫系衔……非赐不得衣紫。”比方说中书令是当代宰相，正三品，但其散官按年资而叙尚未到三品，就不得服紫衣，朝班位序也要排在那些虽非宰相但散官已达三品以上的老官僚之后，除非皇帝下诏特赐才能服紫衣，但在官职系衔上也要注明是“赐紫”，以说明散官品阶未到服紫之位。

（三）官吏的考核

考核，称为考课、考绩，是对官吏政绩实行考核，以达到任贤选能，提高国家行政效能之目的。唐代对官吏考核极为重视，大考时，皇帝亲任最高主考官，特派德高望重的宰相二名充任内、外官考使，御史大夫或其他高级官吏为监考使，主管官吏考核的机关是吏部考功司。四品以下官由吏部考核，三品以上官则自陈政绩，呈报宰相并报请皇帝亲自考核。

考核官吏的标准分为四善与二十七最。四善是国家对各级官吏提出的四条共同要求。一曰德义有闻，二曰清慎明著，三曰公平可称，四曰恪勤匪懈。即德、廉、公、勤四条

① 《唐会要》卷八一。

都要有具体的政绩。二十七最则是根据各部门职掌之不同,分别提出的二十七条具体要求。一曰献可替否,拾遗补阙,为近侍之最;二曰铨衡人物,擢尽才良,为选司之最;三曰扬清激浊,褒贬必当,为考校之最;四曰礼制仪式,动合经典,为礼官之最;五曰音律克谐,不失节奏,为乐官之最;六曰决断不滞,与夺合理,为判事之最;七曰部统有方,警守无失,为宿卫之最;八曰兵士调集,戎装充备,为督领之最;九曰推鞫得情,处断平允,为法官之最;十曰雠校精审,明于刊定,为校正之最;十一曰承旨敷奏,吐纳明敏,为宣纳之最;十二曰训导有方,生徒充业,为学官之最;十三曰赏罚严明,攻战必胜,为将帅之最;十四曰礼仪兴行,肃清所部,为政教之最;十五曰详录典正,词理兼举,为文理之最;十六曰访察精审,弹举必当,为纠正之最;十七曰明于勘覆,稽失无隐,为句检之最;十八曰职事脩理,供承强济,为监掌之最;十九曰功课皆充,丁匠无怨,为役使之最;二十曰耕耨以时,收获剩(《百官志》作“成”)课,为屯官之最;二十一曰谨于盖藏,明于出纳,为仓库之最;二十二曰推步盈虚,究理精密,为历官之最;二十三曰占候医卜,效验居多(《百官志》作“多者”),为方术之最;二十四曰讥察(《百官志》作“检察”)有方,行旅无壅,为关津之最;二十五曰市廛不扰(《百官志》作“市廛弗扰”),奸滥不行,为市司之最;二十六曰牧养肥硕,蕃息孳多,为牧官之最;二十七曰边境肃清(《百官志》作“清肃”),城隍脩理,为镇防之最。

应该指出的是,二十七最并非量化的确切标准,应该最多只能算作原则性纲要,对各职种的考察起一种导向作用,其具体实施需要更为确切而易于操作的依据条文的补充。根据考核结果分为“六等”结果,其中最高等得到:1最4善——上上考;1最3善或0最4善——上中考;1最2善或0最3善——上下考;1最1善或0最2善——中上考;1最0善或0最1善——中中考;0最0善——中下考。对得到不同考核结果的,给与待遇不同:考中上以上,每进一等,加禄一季。得到一个中上考,进一阶。得到一个上下考,进两阶。得到中中考,守本禄,保本。连续四年得到中中考,可以进一阶。考中下以下,每退一等,夺禄一季。其中,对得到上上、上中考的人数严格限制,几乎一年就1—2人能得到此殊荣。中中考就是基本称职,中下就是未能达标的,在中下以下没有差得更细化的指示,我个人觉得是给与官员以个人知识分子“尊严”的体现。

(四)官吏的责任

官吏之责任包括行政责任、刑事责任与民事责任。官吏玩忽职守未触犯刑律者,予以行政制裁。官吏利用职权进行犯罪或玩忽职守触犯刑律者,则需须追究其刑事责任,并同时给予行政制裁。官吏在执行职务时由于自身过失和不法行为,使国家财产蒙受损失,则在追究其行政责任与行政责任的同时,也须追究其民事赔偿责任。

罚俸,也称夺禄,即剥夺官吏一月至一年的俸禄以示惩戒,是最轻的行政制裁方式,一般用于单独科处。官吏在考核中处在中下、下上、下中、下下者,分别罚俸一季、二季、三季至一年。

解任,即罢黜职事官,保留散官、勋官、爵位等。

免所居官。即罢黜官吏之职事官与散官,保留勋官与爵位。《唐律疏议·名例律》第20条规定,免所居官。谓免所居之一官,若兼带勋官者,免其职事。据《唐律疏议》第

18、20、23条的规定，官吏犯下列罪在刑事制裁同时给予行政上"免所居官"的处罚。

免官，罢黜官吏之职事官、散官与勋官，保留爵位。《唐律疏议·名例律》第19条规定，免官，谓二官并免，爵及降所不至者，听留。所谓二官，职事官、散官为一官，勋官一官。

除名，即罢黜官吏之职事官、散官、勋官、爵位等一切名号职衔，为行政制裁最重者。《唐律疏议·名例律》第21条，诸除名者，官爵悉除，课役从本色。所谓课役从本色，即不再享受官吏免除赋税徭役的待遇，而回到任官前课役状态。根据《唐律疏议·名例律》第18条规定，官吏犯下列罪在刑事制裁的同时还要给予除名的处罚。第一，"诸犯十恶、故杀人、反逆缘坐，狱成者，虽会赦犹除名"。即官吏犯十恶、故意杀人罪或因期亲内男性犯谋反、谋大逆而已身应缘坐者，虽然遇逢大赦，也应除名。第二，"即监临主守，于所监守内犯奸、盗、略人若受财而枉法者，亦除名"。即官吏在主管范围内犯奸淫良人、盗窃、劫持的罪行及受贿枉法者，也要除名。第三，"其杂犯死罪，即在禁身死，若免除死别配及背死逃亡者，并除名"。即犯除以上两项外的其他死罪，即使在监押期间死亡，或免死罪而改成配流，以及背负死罪而逃亡者，一律除名。

四、古代的监察制度

唐朝形成了三大行政监察系统，包括对行政决策流程实行监督的封驳系统，对行政执行流程实行监督的御史系统，以及担任行政决策反馈与修正作用的言谏系统。

给事中对诏敕的封驳有相对的独立性，往往连皇帝也无可奈何，最后只能依照给事中的意见办。如唐德宗时奸相卢杞被贬为新州司马，不久德宗又打算迁其为饶州刺史。当时正是给事中袁高宿值班，应起草诏书，但袁高宿认为不可重新启用卢杞，"遂执以谒宰相卢翰、刘从一"。卢、刘二宰相不敢违抗德宗旨意，另命中书舍人草制。草制成"给事中袁高坚执不下"，不肯付署，德宗无奈，"乃改授醴州别驾"。唐宪宗时，李藩迁给事中，凡制敕有不当之处，就在黄麻敕书上直接写批语。有官吏告诉他，皇帝的敕书是不能乱批的，应该将批语写在白纸上，再将白纸别在敕书上。李藩答道：别以白纸是普通公文，给事中有批敕之权，不批在敕书上，怎么能称"批敕"呢？当时的宰相裴垍将此事告诉宪宗，认为李藩有宰相气魄。不久宪宗果然拜李藩为门下侍郎同平章事。这些都说明唐朝时给事中的封驳是相当具有独立性的。

唐代的御史台是对行政执行流程进行监督的机构。唐代御史台置御史大夫一人，掌台事。治书侍御史二人，监督尚书省对内外官的考核，是御史台的副长官。御史台下设三个分属机构即三院：(1) 台院。置侍御史六人，"掌纠举百僚，推鞫狱讼"，即纠举百官的违法过失，审理皇帝交付的案件。凡百官违法，侍御史该纠举而未纠举者，处以罚款，最高罚款数额为四万钱。有新上任的侍御史不懂制度，结果一日被罚超过万钱。(2) 殿院。置殿中侍御史九人，其职掌主要有三：一是纠察朝廷礼仪，如百官在殿廷上之朝班、位序有错乱者则纠举之，皇帝巡幸、郊祀时主管部门所带礼仪物品有亏缺者也纠举之。二是巡察京城内外，发现各部门有不法之事则纠举之。三是监察国库的出入情况。(3) 察院，置监察御史十五人，"掌分察百僚、巡按州县、纠视刑狱、整肃朝仪"。

其职掌具体而言，一是监察尚书省六部二十四司，纠其过失，由监察御史三人分察吏礼、兵工、户刑六部。凡尚书省诸司召开七品以上官会议，均须事先报御史台，派监察御史一人前往列席会议，如会议报告有违法之处或与讨论意见不相符合，而主持会议者随意签署上报，监察御史就应纠举弹奏。二是巡按州县，监察地方行政。唐太宗贞观元年，分天下为关内、河南、河东、河北、山南、陇右、淮南、江南、剑南、岭南十道。后分派监察御史为十道巡按，以六条标准监察地方行政。其后道的设置时有变化，有十三道、十七道、十五道之不同；地方监察官吏的名称，也有观风俗大使、巡察使、按察使、采访处置使、观察处置使之分；担任地方监察官吏的身份，也往往由皇帝临时委派，不尽为监察御史。开元、天宝以来，往往由节度使兼任采访使、观察使，并兼掌行政，道由监察区划演变为州之上的新一级地方行政区划，御史台也有此渐渐失去对地方监察行政的检察权。三是监督太府寺、司农寺的出纳情况。

唐代御史官卑位尊，三院御史官品在七品上下，但权限极大。唐代御史在行使检察职能时被授予两大特权：一是独立奏事权。凡百官违法御史皆可独立纠弹，即使御史台长官事先也无权询问弹奏内容，所谓台官无长官。二是风闻弹事权。唐时御史台虽不受理诉讼，但有告官吏违法者可持辞状立于御史台门外，御史有权到门外收采辞状，认为应弹奏之事则略去检举人的姓名，于上朝时奏劾。风闻弹事其实并不是过去某些学者所认为的无根据的胡乱弹劾，而是保护检举人的一种措施。一旦立案，当然首先要从检举人处取得证据的。御史弹奏行政官员有不当之处或失职行为，则由尚书仆射、尚书左右丞纠劾。《旧唐书·职官二》载尚书仆射及左右丞之职云：“御史有纠劾不当，兼得弹之。”

唐初设置专职言谏官以保证下情上达，言路通畅，对行政决策及时作出反馈与修正。唐代专职言谏官主要有：

谏议大夫，武德四年设，置员四人，属门下省，十日一上封事，直论政事得失。门下省在唐代本是下情上达的专门机构，各级行政部门对行政决策执行情况之反馈信息都通过门下省上达。据《旧唐书·职官二》记载：“凡下之通上，其制有六：一曰奏抄，二曰奏弹，三曰露布，四曰议，五曰表，六曰状，皆审署申覆而施行焉。”唐代谏议大夫还有两项特殊权力：一是预闻政事权。唐太宗时王珪为谏议大夫，常有谏论使太宗称善，于是“诏令自是宰相入内平章国计，必使谏官随入，预闻政事”。二是独立论事权。规定谏议大夫论事不须令宰相先知。唐代很懂得谏官之人选事关重大，关系到行政决策能否得到修正，所以必须选刚正不阿、敢于直谏之人，如魏徵、王珪这些贞观名臣都曾任职谏议大夫。

补阙、拾遗，武则天时设，各置员二人，左补阙、左拾遗属门下省，右补阙、右拾遗属中书省。补阙、拾遗“掌供奉讽谏，扈从乘舆，凡发令与事有不便于时，不合于道，大则廷议，小则上封”。从其官称上也可看出，主要是补谏议大夫论事之不足，加强行政决策反馈信息处理。另外，散骑常侍也是言谏官，左右散骑常侍分属于门下省与中书省，镇官员年设，“掌侍奉规讽，备顾问应对”。

纵观唐代的行政监察系统，大致有以下几方面值得借鉴：第一，监察机构的布局较为合理,检查范围及官僚机构的各方面权力。从政务流程看,自行政决策、行政执行到决策反馈均配备专职监察官;从监察对象看,自中央机构官员到地方官吏,甚至皇帝本人,其权力均在不同程度上受到监督牵制。第二,监察官都有一定的独立性,他官包括顶头上司都不得干预。从给事中的封驳付署权,到御史的独立奏事、风闻弹事权,以及言谏官的独立论事权,都可以看到这是一个贯彻行政监察系统的原则。第三,监察官官微选重权尊,也是唐代行政监察系统的一大特点。行政监察系统中人数最多的御史系统,以及言谏官之中补阙、拾遗,官品多在七八品上下,只相当于一个小县的县令。即使谏议大夫、给事中,官品也只有四五品,还不如一个州刺史。但监察官的权力很大。官卑则任官者年轻,少顾虑;选重则监察官必从优秀人才中选出,一任御史,如登龙门;权尊则便于行事,使任何一个位极人臣者都不敢小视监察系统。

参考文献

1. 张晋藩主编:《中国法制通史》(第四卷),法律出版社 1999 年版。

2. 陈寅恪:《隋唐制度渊源略论稿》,商务印书馆 2011 年版。

3. 赵晓耕主编:《观念与制度:中国传统文化下的法律变迁》,湘潭大学出版社 2012 年版。

思考题

1. 唐代中央和地方机构主要有哪些?

2. 唐代关于官职的选拔、考核、罢免有哪些规定?

3. 唐代的监察制度的内容是什么?

第十章
中国传统诉讼法律文化

学习目的和要求：

学习本章应着重了解中国古代的司法机构、古代的民事诉讼和刑事诉讼制度。

学习重点：

古代刑讯逼供的主要规定及其形成的原因。

中国传统诉讼法律文化源远流长，有着深厚的文化背景和经济基础，传统诉讼法植根于古代的儒家慎刑理论及德主刑辅思想。本章主要介绍古代的司法机关及其刑事诉讼和民事诉讼过程及其相关的讼师、师爷，以及古代刑讯逼供制度产生的原因和表现。

一、古代的诉讼原则

（一）漠视程序法上的诉讼权利

中国传统诉讼文化在程序上对当事人诉讼权利的漠视就更为明显。首先，在称呼上，当事人对司法官要称“老爷”“大人”甚至“仁天老父台太老爷”之类，自称则是“小的”（已婚妇女还可称“小妇人”，未婚女子可称“小女子”）。若是自诉案件，讼至官府不是当事人应有的权利，而纯属“滋事”，所以需要“叩乞仁明太老爷做主”或“施恩”，由此，司法官升堂问案对当事人而言乃是一种恩赐（叫“蒙恩”）。审判开始以后，当事人不仅无权与司法官平起平坐，而且还必须跪于堂下（通常是原告跪在左面，被告跪在右面），连证人及其他诉讼关系人也不例外（除非是享有“八议”特权之人）。至于在诉讼过程中受法官呵斥、受衙役杖击，都是经常之事。若是刑事被告身陷囹圄，刑讯逼供，更无“权利”可言；甚至不仅案犯，还有乡邻地谊、干连证佐（相关证人）、事主尸亲（被害人家属）等等，一经到官,都要处于一种羁押或半羁押状态,均基本失去人身自由。

此外,对于“判书”(判决书),法律上没有统一要求,一般而言,判词(包括批语)乃是地方官对于诉状的批示,通常写在呈状之上,口头宣判,并不送达,这种判词形式表明,中国传统诉讼文化不承认当事人有任何程序上的诉讼权利,当事人就连获得一纸判决文书的权利也没有,有时,当事人为了抄录判词,还得花钱打通关节。对于一般民事案件,不但是县州一审终审,而且不管当事人满意与否,都须由其出具“甘结”,向官府请求结案,并保证“再不滋事”等等;有时甚至需要其监护人或乡邻族党出具“保状”,吁请保释结案,经此一再“请求”,官老爷才予批示:“准结”或“姑准免究销案”等等。

对于徒刑以上刑事案件,州县初审后,须详报上一审级复核,层层审转。但这种逐级审转程序并不以当事人上诉为依据,与现代诉讼法上的“上诉”制度完全不同,它“并非是对当事人负责,而是对上司负责”,“考虑的不是被告人的什么诉讼权利,而是为完成上下官府间的公事”。可以说,就连古代中国统治者们作为“仁政”来标榜的“登闻鼓”“告御状”等司法制度,从本质上讲,也不过是为老百姓提供一种向官府“称冤”、寻求“清官”庇护和皇上恩典的方式和途径,而并非赋予民众以某种诉讼权利。所以,尽管中国传统社会里的诉讼当事人事实上或客观上会享有某些“权利”,但其司法体制、乃至整个诉讼文化的立足点却并不在保障其“权利”,甚至其基本的价值取向就是不承认当事人的诉讼权利。与此相适应,为诉讼当事人提供法律服务的“讼师”在古代中国始终未取得合法的诉讼地位,传统法律甚至根本就不允许讼师的存在。①

二、古代的司法机构

(一) 唐代的司法机构

1. 中央司法机构

(1) 大理寺,是唐朝中央的最高审判机关。大理寺以正卿和少卿为正副长官,行使中央司法审判权。它的主要职责是:负责审理中央百官与京师徒刑以上案件,但是凡属流徒案件的判决,须送刑部复核;死刑案件必须奏请皇帝批准。同时大理寺对刑部移送的死刑与疑难案件具有重审权。(2) 刑部是唐朝的中央司法行政机关。刑部以尚书、侍郎为正副长官。刑部内部分为四个部门,是刑部、都官、比部和司门司。刑部有权参与重大案件的审理,对中央、地方上报的案件具有复核权;并有权受理在押犯申诉案件。(3) 御史台是唐朝的中央监察机关。御史大夫是御史台的长官,御史中丞是御史台的副长官。御史台分设台院、殿院和察院三个部门,台院负责纠弹中央百官,参加重大案件的审判。殿院负责殿廷纠察朝仪。察院负责监察各级地方官吏。作为中央监察机构,御史台有权监督大理寺、刑部的审判工作,同时参与疑难案件的审判,并受理行政诉讼案件。(4)“三司推事”唐代中央或地方发生重大案件时,由刑部侍郎、御史中丞、大理寺卿组成临时最高法庭审理,称为“三司推事”。有时地方发生重案,不便解往中央,

---

① 胡旭晟主编:《狱与讼:中国传统诉讼文化研究》,中国人民大学出版社2012年版,第38-39页。

则派大理寺评事、刑部员外郎、监察御史为“三司使”，前往审理。

2. 地方司法机构

唐代地方司法机关仍由行政长官兼理。州县长官在进行司法审判时，均设佐史协助处理。州一级设法曹参军或司法参军，县一级设司法佐史等。县以下乡官、里正对犯罪案件具有纠举责任，对轻微犯罪与民事案件具有调解处理的权力，结果须呈报上级。

3. 死刑复奏制度

唐律规定审结案件后，应向犯人及亲属宣读判决。如案犯不服提出上诉，由原审机关审理，违者笞五十。如死刑犯上诉不予复审，则杖一百。唐律规定了死刑复核制度。最初由中央司法机关上奏皇帝核准，临刑前复核三次。唐太宗为慎重人命，将刑前三复奏改为五复奏。即处决前一日两复奏，处决日三复奏。地方州县死刑仍实行三复奏。如审判官不待复奏批复而擅自执行死刑的，要流二千里。

(二) 宋代的司法机构

1. 中央司法机构

(1) 刑部和审刑院，宋初，刑部负责复查全国死刑已执行案及官员犯罪赦免、昭雪等事宜。太宗淳化二年为加强对全国司法案件的审判，设审刑院，以知院事为长官。凡天下上奏案件，先经审刑院等级备案，然后由大理寺判决，刑部复议，再由刑审院审核，皇帝裁决，最后付中书下达执行。神宗元丰三年(1080)，撤销审刑院，并入刑部。天下上奏案件，先经大理寺判决，再由刑部复议，宰相审核，皇帝裁决。(2) 大理寺，北宋前期，大理寺为议刑机构，负责判决地方上奏的案件，内部并无刑狱设施，不管犯人的审讯事宜。京师百司之狱归于大理寺，大理寺掌管京师诸司刑事案件的审判。(3) 御史台，御史台设有刑狱机构，除拥有司法监督权外，还兼有审判重大案件的职能。

2. 地方司法机构

地方司法机构的变化，宋代地方州县仍实行司法与行政合一之制。但从太宗时起加强地方司法监督，在州县之上，设立提点刑狱司，作为中央在地方各路的司法派出机构。提点刑狱司定期巡视州县，监督审判，详录囚徒。凡地方官吏审判违法，轻者，提点刑狱司可以立即处断；重者，上报皇帝裁决。

3. 审判制度

(1) 皇帝亲自行使审判权与录囚。皇帝为强化司法监督，亲自行使审判权。太宗时“常躬听断，在京狱有多疑者，多临决之”；徽宗常以“御笔手诏，变乱旧章”，亲理案件，不许申诉和拖延执行，违者有罪。太祖沿袭前制，实行皇帝亲录囚徒。乾德四年(966)，太祖“亲录开封府系囚，会赦者数十人”。太宗以后各代皇帝多有仿效。(2) 翻异别勘制度与证据勘验制度。在诉讼中，人犯否认口供(称“翻异”)，事关重大案情的，由另一法官或另一司法机关重审，称“别勘”。两宋注重证据，原被告均有举证责任。(3) 鞫谳分司制。宋朝从州到大理寺实行鞫谳分司制度。检法断刑的官员无权过问审判实务，负责审判的官员无权检法断刑，两司独立活动，不得通信。

4. 鞫谳分司制

宋朝从州到大理寺实行鞫谳分司制度。鞫就是查明犯罪事实，谳就是决定适用法律。依据这两大步骤,审判机构也相应地分成两大部分:鞫司和谳司。鞫谳分司就是将“审”与“判”分开,而原来审问案情的官员无权检法断刑,检法断刑的官员无权过问审判实务,两司独立活动,不得通信,使之互相牵制,不易作弊,此即“鞫谳分司”。《历代名臣奏议》指出,“狱司推鞫,法司检断,各有司存,所以防奸也。然而推鞫之吏,狱案未成,先于法吏议其曲折,若非款状显然,如法吏之意,则谓难以出手。故于结案之时,不无高下迁就,非本情去处。臣愿严立法禁,推司公事,未曾结案之前,不得辄与法司商议。重立赏格,许人告首。”

(1) 宋初统治者继承前代做法对于越诉严加禁止,太宗端拱年间开始允许越诉,到了北宋中后期及南宋期间,统治者开始大开越诉之门。越诉,即当事人不按照已有的级别管辖的法律起诉或申诉,而越级诉讼的行为。越诉是历代专制王朝的统治中都会发生的现象。皇权统治下的人民在自身的权利无法得到救济的情况下,往往不再通过正常的申诉程序,而是直接诉诸更上层的司法机关。历代统治者为了维护其政权的稳定性,对于越诉一般都是明文禁止的,而且如果越过相应审理级别的审判机构直接向上一级的审判机构提出申诉的话,则要作为“越诉”被处罚。

至宋代,诉讼制度进一步的发展,从基层到中央都设立了司法机构来处理纠纷,并且详尽地规定了复审机构。按照常理,人们的权利救济已经有了很好的保障。但是,越诉的情况在两宋一直没有消弭。陈顾远先生说,“周太祖犹立越级申诉之禁,民有诉讼,必先历州县及观察使处决,不直,乃听诣台省。宋,赦令最繁,越诉之事较少。”[①]但是通过发掘现有史料,可知陈先生的结论是有失偏驳的,在宋代不但越诉案例非常多见,而且规制越诉的法令也是很多的,越诉法的出现是宋代诉讼制度发达的一个重要体现。

(2) 宋代将官府受理民间诉讼的时限称之为“务限法”。规定自十月一日起至次年的一月三十日,为官府受理民事案件的期限,官府必须在三月三十日以前将案件审理完毕。南宋绍兴元年制定的法令明确规定,每年二月初一为入务,即进入农忙季节,不受理民事案件,十月一日为务开,是受理案件的实践。为防止豪强地主趁入务之际,不肯给赎业主出典之地,侵夺百姓财产,宋又补充规定:虽在入务期限,但有涉及侵夺财产的案件,“亦许官司受理”。

宋朝时,甲因债务问题与乙产生争执,甲于六月三十日向官府提起诉讼,官府拒绝受理。原因在于,二月初一到九月三十属于务限,官府停止受理有关田宅、婚姻、债务、地租等民事案件。

(三) 清代的司法机构

1. 审级制度

根据案件审结方式的不同,可将中国古代案件分为“命盗重案”和“州县自理案件”两类,前者相当于现代意义上的刑事诉讼案件,此类案件由于其自身的影响,一向为历代统治者所重视,法律规定也较为严格、周密,对司法官吏的责任要求也较高,并且,由

---

① 陈顾远:《中国法制史概要》,商务印书馆 2011 年版,第 156 页。

于该类案件事关各级官员的考绩，所以他们也都能认真对待。清代所有的诉讼案件首先是由知州、知县处理的，而处理诉讼案件正是知州、知县的职务活动中占最大比重的内容。

现代诉讼制度关于审级的划分，是实行司法独立的产物，是现代法治的要求。换一个角度讲，是抑制审判者恣意性的一种制度性架构：通过在审判者之上设立审判者，以使当事人得到救济。中国古代有的案件是逐级审转制度，而非审级制度。刑事诉讼不待当事者的不服申诉，作为官僚机构内部的制约，通过若干次反复调查的程序以期不发生错案的上述制度，可以称为必要的覆审制。

根据清律，对应判处徒刑以上的一般和重大刑事案件，州县印官都应做出审判意见，称为“拟律”或“拟罪”，拟律不是发生效力的判决，而是省、中央两级政府司法定案的基础。刑事案件经州县初审，拟律解府，还必须附上所有材料，如失单、尸格、审录、凶器以及人犯等。在州县的审录中，还必须审明案犯是否是独子，是否符合存留养亲和存留承祀的法律规定。在拟律之后，要表明是否准其存留养亲和存留曾承嗣的意见，府一级的审转（徒以上）不仅是文案的查缴，而且还要对州县获得的人犯佐证、案据进行一次重新审理，即审核州县卷宗是否齐备，犯人口供是否一致，有无刑讯逼供，拟律是否得当。若无异情，便作为“与县审无异”的批语解司，若犯证翻供或拟律不当，便一面详报臬司督抚，一面发挥原州县重审或遴委他员覆审，得出实性，改正拟律解司。另外，案件已由督抚复审具题，经刑部驳回地方重审，该管督抚一般不再发回原州县，而发回该管府，令知府组织人覆审。在省一级，先由按察使司对全省徒以上刑案进行覆审。按察使对上报来的徒刑案卷进行审核，对招解来的军流、死罪案犯、证佐进行复审。如发现案情有疏漏，供述与证据不符，就会对州县进行驳斥，或发回重审，或发首府、首县或调他县更审。如发现承审官审不出实情，出入人罪，除进行驳斥外，还要对承审官、监察官进行揭报。地方徒刑案件由臬司复核后，由督抚判决便可以发生效力。一般军流案件经臬司覆审后，案犯不必解司，只将案卷卷宗报督抚。督抚复核卷宗案情无异，便可咨报刑部，流军遣案虽由督抚结束的地方审证，但无最终判决权，流军遣案的判决权在刑部，刑部批结后便可发生法律效力，咨复地方督抚执行。但对于涉及人命、反逆、留养承嗣的流军遣案，督抚不仅要一一进行人审录供，而且向皇帝具题。对于地方的死刑案件，先是层层上审转后解到督抚，并经一一审录，无疑后向皇帝具题。对发生在京师的死刑案件，由刑部直接审理，题奏皇帝，再经三法司核拟，核拟后仍须题本呈请皇帝批示，或立决或监侯。①

清朝的刑事审判中的逐级审转制度，在一定程度上对于统治者慎刑起到一定的制约作用。但是这种审转制度的实质是下级对上司负责，而不是对当事人负责。当事人上诉与否并不影响逐级审转程序的进行，下级向上级审转并不以是否提起上诉为依据。逐级审转复核制，使下级审理的案件主动向上级审转，究其实质，并非是对当事人负责，而是对上司负责。诉讼案卷像其他公文一样向上申报，逐级审转考虑的不是被告人诉

① 马作武主编：《中国传统法律文化研究》，广东人民出版社 2004 年版，第 328－329 页。

讼的"权利",而是完成上下官府间的公事。①

2. 刑名幕吏

(1) 在清代的政治体制中,幕友是极其特殊的阶层。他们活跃在地方各级官府,对地方的政治生活产生了很大影响。清代的幕友,又称幕宾、幕客、夫子、西席、师爷。幕友的特点:第一,幕友不是国家官吏而是官员的私人师友和宾客。第二,幕友是主官以私人名义聘请的顾问和帮办,接受主人的赠与的薪金。第三,官、幕不是上下级关系,是宾友关系,来去自由。第四,幕友学有专长,特别是官员所不擅长的刑名律例、钱粮会计、文书案牍,幕友以自己的专业知识服务于官府。第五,幕友与胥吏性质不同。胥吏是衙门的工作人员;幕友是主官的宾客。

幕友有很多种类,其中最重要的是刑名和钱谷两种。一般而言,刑名幕友统管一切民事刑事案件的事务。

(2) 刑名幕友的职责:第一,拟律。圣堂听讼,从州县到督抚都必须亲自处理,幕友绝对不能代理听讼,甚至不得"列席",只在屏后谛听。但是,在正式升堂的前后,对此案应如何审断处理,却是幕友早就帮主人斟酌好了的,特别是刑事案件的"拟律"。拟律又称拟罪,就是对案件的定罪量刑。州县初审要拟律,上司审转也要拟律,拟律必须引用《律例》条文。刑名幕友熟悉《律例》条文,能掌握《律例》的轻重参差之处。幕友负责拟律,在某种意义上就掌握了刑案的决断权。清律条例繁多,又有各种通行例。成案,参差矛盾,确实使幕友能够高下其手,任情出入。

第二,批答案牍。从州县到督抚,在民刑案件和其他司法行政公文上,以主官的名义批写判词、批语等全是幕友代笔。州县初审接受一切民刑呈状,呈状递到县衙后或直接"分送刑钱幕友",或先送州县官看过再送刑钱幕友,幕友对案情做出初步的分析,作为受理或不受理的批示。如果准此案,则传侯两造和人证,批阅刑房书吏所拟的传票,如不准某案,也要说明理由,幕友一般只要将批答情况告之州县官就可以了,特殊或重大案情要与州县官商议。

刑名幕友负责拟批呈词,确定审期,传集两造证人,幕后参与庭讯,制作司法公文,审核驳诘案件,几乎渗透到清代司法活动的每一个环节。刑名幕友的积极影响表现在他们通过注释律例,整理案例,总结办案经验,丰富了清朝法学理论的宝库。但幕友借助于地缘、亲缘、师缘等关系,互通声气,把持司法,加重法律秩序的混乱和吏治的腐败。

3. 讼师

讼师的业务:包揽词讼、教唆词讼;代作呈词;与胥吏、差役交涉。教给原告与被告在当堂讯问时如何供述。讼师的来源:讼师多数是读书人的子弟。失意的生员一部分选择幕友的道路。另一部分选择讼师的道路。夫马进认为,正如不懂法律知识的官僚需要雇用幕友来对抗人民和胥吏、差役,同样不懂法律知识的民众需要雇用讼师与官僚和胥吏、差役对抗。在这一点上,必须认识到,讼师的存在是深刻地扎根于明清时期政

---

① 张晋藩主编:《中国法制通史》(第八卷),法律出版社1999年版,第660页。

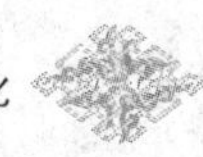

治制度之中的。①

三、古代的刑事诉讼制度

（一）古代法律对刑讯的规定

中国古代的法律，虽然一直将审讯时使用刑讯合法化，但是同时又做出种种限制，表现得相当谨慎。如《睡虎地秦墓竹简》记载："治狱，能以书从迹其言，毋笞掠而得人情为上；笞掠为下；有恐为败。"

1. 唐代的规定

唐代法律规定，司法官不可在任何条件下都使用刑讯，而有专门的条件规定。《狱关令》载："诸察狱之官，先备五听，又验诸证言，事状疑似，犹不首实，然后考掠。"②另外，还须经过特定的立案程序，不可擅自刑讯，否则擅刑的司法官将受到处罚。《唐律疏议·断狱》"讯囚察辞理"条规定："诸应讯囚者，必先以情，审查辞理，反复参验；犹未能决，事须讯问者，立案同判，然后拷讯。违者，杖六十。疏议曰，故拷囚之义，先察其情，审其辞理，反复案状，参验是非。犹未能决，谓事不明辩，未能断决，事须讯问者，立案，取见在长官同判，然后拷讯。若充使推勘及无官同判者，得自别拷。若不以情审察及反覆参验而辄拷者，合杖六十。"

关于刑讯施行的规定。唐代法律对拷讯的次数、部位、拷病囚等一系列刑讯施行问题都作了规定。《唐律疏议·断狱》："诸拷囚不得超过三度，数总不得过二百，杖罪一下不得过所犯之数。拷满不承，取保防之。若拷过三度及杖外以他法拷掠者，杖一百；杖数过者，反坐所剩；以故致死者，徒二年。即有疮、病，不待差而拷者，亦杖一百；若决杖、笞者，笞五十；以故致死者，徒一年半。若依法拷决而邂逅致死者，勿论。仍令长官等勘验，违者杖六十。"疏议曰：依狱官令，拷囚，每讯相去二十日。若讯为毕，更移他司，仍须拷鞫，即通计前讯，以充三度。疏议曰：及杖外以他法拷掠，为拷囚于法杖之外，或以绳悬缚，或用棒拷打，但应行杖外，悉为他法。关于拷讯的部位，《唐律疏议·断狱》"决罚不如法"条规定，"决笞者，腿、臀分受。决杖者，背、腿、臀分受。须数等。拷讯者亦同。"

拷打证人也是当时的法定程序。《唐律疏议·斗讼》诬告人流罪引虚条规定："诸诬告人流罪以下，前人未加拷掠而告人引虚者，减一等。若前人已拷掠者不减，即拷证人亦是。"宋代与唐律基本相同。

对于不准刑讯的对象的规定，唐律规定主要针对具有特权者、年老年幼者、废疾者、孕妇和产后妇等。《唐律疏议·断狱》"议请减老小疾不合拷"条规定，"诸应议请减，若年七十以上，十五以下及废疾者，并不合拷讯。"还有，刑讯孕妇与产后妇的司法官要被处罚。《唐律疏议·断狱》"拷决孕妇"条规定，"诸妇人怀孕，犯罪应拷及决杖笞，若未产而拷、决者，杖一百；伤重者，依前人不合捶拷法；产后未满百日而拷决者，减一等。失

① 夫马进：《明清时代的讼师与诉讼制度》，载滋贺秀三等《明清时期的民事审判与民间契约》，法律出版社 1998 年版，第 415 页。

② ［日］仁井田升：《唐令拾遗》，长春人民出版社 1989 年版，第 719 页。

者,各减二等。”

关于刑具的规定。刑讯具杖也在唐代法律规定之列。贞观、开元年间都曾对杖的规格作过规定。“诸杖皆削去节目,长三尺五寸。讯囚杖,大头径三分二厘,小头二分二厘。”

唐代虽建立了较为完备的刑讯制度,但在司法实践中,司法官滥用刑讯并因此而造成冤案的情况为数不少。《折狱龟鉴·释冤上》记载,“东都留守杜亚,恶大将令狐运”,于是他利用机会,审讯令狐运,但是“幕府按鞫无状,更以爱将武金掠服之”,令狐运蒙受了不白之冤。有些奸臣更是利用刑讯,大发淫威,陷害无辜,其惨状令人不能目睹。《旧唐书·刑法志》载:来俊臣“每鞫囚,无问轻重,多以醋灌鼻。禁地牢中,或盛之于瓮,以火圜绕炙之。兼绝其粮饷,至有抽衣絮以啖之者。”

2. 明代

明律规定,审问案件可以拷讯,《明律》规定:“犯重罪,赃证明白,故意恃顽不招者,则用讯拷问。”但应八议之人,年七十以上、十五以下及废疾者不得拷讯。拷打犯人的法定工具是笞杖讯,皆用荆条制作。笞杖为臀受,讯杖为臀腿分受。另有许多法外刑具,如拶指、夹棍、脑箍、烙铁、竹签、鞭等名目,极残酷之极。明律对拷讯亦有限制:“凡官司决人不如法者,笞四十;因而致死者,杖一百。均征埋葬银一十两。行杖之人各减一等。”还有拷问不得过三度,但实际上明朝拷讯是无所谓节度的,厂卫审案时使用的刑讯更加残酷,因拷讯致死者屡见不鲜。《明会典》引洪武元年令记载:“凡鞫问罪囚必须依法详请推理,毋得非法苦楚,锻炼成狱,违者究治。”

3. 清代

清代正式规定刑讯种类是笞杖,为正刑,此外还有枷号、夹棍、拶指等加重的刑讯种类,亦为法律所认可。

笞,小竹板,长五尺五寸,大头阔一寸五分,小头阔一寸,重不过一斤重。杖,大竹板,长五尺五寸,大头阔二寸,小头阔一寸五分,重不过2斤。笞杖是基本的五刑,有势基本的刑讯方式。

除了笞杖以外,还有以下刑讯种类。

(1) 夹棍,又称三木之刑,中梃木长,三尺四寸,两根旁木各长三尺,上圆下方,圆头阔一寸八分,方头阔二寸。用刑时将犯人绑在梃木上,用旁木以皮条夹犯人腿。

(2) 拶指,是由五根小圆木组成,各长7寸,圆径四分五厘,皮条穿之,夹犯人手指。

夹棍、拶指是重刑,只有案情严重的命盗案件才可以使用。《大清律例·断狱·故禁故勘平人》条例1759规定:“强盗、人命及情罪重大案件,正犯及干连有罪人犯,或证明已明,再三详究,不吐实情,或先已招认明白,后竟改供者,准夹讯外,其别项小事,盖不许滥用夹棍。若将案内不应夹讯之人,滥用夹棍,及虽系应夹之人夹致死,并恣意叠夹致死者,将问刑官题参治罪。若有别项情弊,从重论。”除了法定刑讯之外,各地还创造了许多法外之刑,举不胜举。如小夹棍、木棒棰、连根带须竹板、木架撑执、悬吊、敲踝、针刺手指、数十斤大锁、并联枷、荆条击背、脑箍、钻笼等,还有好汉架、魁点斗、饿鬼吹箫等等。

（二）刑讯泛滥下的当事人

在中国古代的诉讼中，也有一些相应的证据规则，但由于一般情况下的口供绝对主义，因此百般拷问，以求口供而定罪，则尤为重要。而一切对刑讯的限制性规定，在这种口供绝对主义审理原则制约下，在审判实践中的作用自然微乎其微。也就是说，以口供绝对主义为指导的司法理念必然导致司法官吏多方寻求以获得口供而使对刑讯的控制性规定成为一纸空文，其结果是挣脱制度的制约后刑讯的泛滥。

口供与证据不是一回事，断罪原则上以口供为据，仅仅例外地——承认不承认这个例外依时代而不同——才允许根据证据来断罪。以让犯人自己从头至尾叙述犯罪的全过程这种形式作成称为“招状”的文书，将此读给本人听后取得其签字画押。只要没有获得这样的罪行自供状，就不能认定犯罪事实和问罪。处理重罪案件的官吏则必须引用这个大清律例中的某项条文，据此才能进行刑的处断。重罪案件确实是依法进行审判的。但是这里所谓的法正是“官僚制的法”，是官僚机关的内部规则，是以皇帝的意志为唯一源泉并作为制约官僚手段而建立的法。

刑讯的目的是为了获得口供。所谓“狱辞之于囚口者为款。款，诚然，言所吐者皆诚实也”，被告的口供才是最真实可靠的。而获取口供的方式，一是察言观色，以情折狱。《周礼》中关于以“五听”断狱就是这种方法的典型。这种审判方法非常强调审判者的个人能力，并注重对过去经验的吸取，对案件迅速而准确地得到审理，是非常有益的。但是这种方法既需要司法官具有过人的智慧，又需要被告的配合，两者缺一不可，这在司法实践中毕竟是很难实现的，于是第二种方法即有限度的刑讯应运而生。

在长达近三千年的中国封建诉讼史中，被告人的口供被认为是最重要的证据。据史书记载，口供制度确立于西周，后来历朝历代对口供都极为重视，把它作为断案的主要依据。它发展于秦汉时期，成熟于隋唐，强化于明清。而且在发展的各个时期，口供始终居于“证据之王”的地位。口供制度相对于尧舜时代采用神明裁判的方法认定案件事实、决断争讼是非，是历史的一大进步。虽远远落后于今天的审判水平和侦查技术，但就当时而言，它已经是一很种先进的断案依据了。原因之一就在于当时科学技术落后，获取其他物证的能力有限。因此，就当时而言，以口供定罪也就具有了其历史背景下的现实合理性。

刑讯的对象，主要是被告，也包括原告，证人以及与案件有关的人。当时的人们已经意识到刑讯的危害。汉路温舒曾言：“夫人情安则乐生，痛则思死。棰楚之下，何求而不得。”①但现实依然如故。袁枚《小仓山房文集》中所记载“书麻城狱”一案，尤其令人感到古代刑讯逼供的残酷和人命微贱的悲凉。如卡利亚所言：“痛苦的影响可以增加到这种地步：它占据了人的整个感觉，给受折磨者留意的唯一自由只是选择眼前摆脱惩罚最短的捷径……有感性的无辜者以为认了罪就可以不再受折磨，因而称自己是罪犯。”②

---

① 《汉书·路温舒传》。

② ［意］贝卡尔亚：《论犯罪与刑罚》，中国法制出版社 2005 年版，第 39 页。

例一：东汉时，有人告扬州某郡太守成公浮犯贪赃罪，成公浮被逮捕下狱，他部下一个管仓库的小官戴就，也被牵连入狱。主管刑狱的薛安指使狱吏严刑拷打戴就，逼迫戴就为太守贪污作证，为达到目的，幽囚拷掠，五毒备至，狱吏竟然用烧红了的斧子夹在戴就的腋下，以致瞬时皮肉焦烂，还找来大针，扎进戴就的指甲缝里面，然后强迫他用指甲抓土，结果一抓土，指甲就掉了下来。刑讯的残酷，令人不忍卒读。

例二：《鹿洲公案·三宄盗尸》载，雍正五年，书作者蓝鼎元初任广东普宁县令，朝阳县人王士毅上呈控诉其堂弟阿雄被人毒害致死，要求申冤。与本案有牵连者还有死者阿雄父陈天万的发妻许氏（被控为凶手）、讼师陈伟度和和王爵亭等。后经查明，死者阿雄系因病正常死亡，非毒害致死。引起本案的缘由是，数年前陈天万与陈伟度之间因变卖祖屋而生出过结，陈伟度借阿雄之死报复陈天万。此案结果是以蓝县令将“王士毅、王爵亭、陈伟度，各予满杖，制木牌一方，大书其事，命乡民传擎偕行，枷号四乡”的教化惩罚而结束。在其得意晓白于世人的审理过程中，法司蓝县令先是接到控告，即“诘朝诣验”，并“鞫知阿雄病痢两月，并唤当日医家问询，灼无可疑”。而“熟视许氏，腹大如牛，三四人扶腋蹲踞，则九年蛊病，含悲凄婉，亦非复妒悍鸩毒人也”。有此确信，就在进一步询问十几个证人后，断定偷尸者就是王士毅，即“夹讯之，果服”，用夹棍对其进行刑讯，使其终于服罪供认。讼师王爵亭及陈伟度也分别在三木和夹棍的刑讯下供认其唆使王士毅诬告的情节。

例三：京师工部衙门木工作坊一木工妻子与人有私情，便借木工一日酒醉之际杀了他，碎尸后藏匿于炕中，而诬告与木工曾经结怨的工头。警巡院于是抓住了工头，逮至榜掠不胜毒，自诬服。并供认尸体扔进了护城河里。为找到尸体，负责检验伤亡的仵作迫于赶快结案的压力，又密谋杀死了一骑毛驴的老汉，以老头的尸体顶替木工交差。在接下来的案中案中，一背着驴皮走路的无辜者被骑驴老汉的家属控告到县里，同样因为鞠狱残酷，而自诬劫翁驴，翁拒而杀之，尸葬某地。俟派人去找，自然无法找出，如此数番，负皮的人已死于狱中。此案后来纯因巧合而查的真凶，但死者不可复生，被斩杀的工头于冤死的负皮者已返魂无术。

例四：麻城县涂如松娶杨氏为妻，两口子不和睦。杨氏因故离家出走。因误传杨氏为其夫杀害，引起两家打起官司来。对涂如松的审讯，辗转经几位县令之手。由于秀才杨同范及广济县令高仁杰各怀鬼胎，致使如松及相干人等吃尽苦头。县令高仁杰掠如松等，两踝骨见，犹无辞。及烙铁索使其长跪，肉烟起来，焦灼声……不胜其毒，借诬服。而为了所谓如松杀害的杨氏尸骨，又几番刑讯逼供如松。如松母亲许氏可怜儿子求死不得，于是剪下自己的头发，从中摘除白发，扎在一起，又刺破胳臂染红了裙裤，用斧头劈开死去女儿的棺材，取出脚趾骨，把几样东西凑在一起，埋在河滩上，随后带着公差去掘……如此锻炼成狱，竟至涉案者亲属主动做不利于涉案者的伪证，可谓千古奇冤。

（三）刑讯逼供的主观动机

在审判过程中，审判官吏审讯时的种种心态，与刑讯的泛滥有着极大的关系。托尔斯泰的小说《复活》曾就审判小说主人公玛丝洛娃的法庭有关人员作过心里描述：庭长心不在焉，想匆匆结案，以便和情人幽会；带有金边眼镜的法官因和妻子吵架而心事满

腹；负责起诉的检察官因通宵放纵的生活而一身疲惫……可以发现，情绪化的个人常常左右着案件的审理。

1. 主观臆断

清代石天基《传家宝》记载：明朝末年，江苏扬州有个名叫隽生的男子，放荡不羁，专爱狎妓宿嫖和同性恋，虽然娶了一个既美丽又正派的吴三姐为妻，依旧放浪如故。一日，在去看望岳父母的路上，遇到一个广东的俊秀少年后，竟然离家出走，随少年去了广东。其父张老儿因怀疑儿子的失踪和儿媳以及亲家吴老儿的继子、外表风流潇洒的吴周的奸情有关，而控告到县衙。

县官孔某，经过一番察言观色，便先入为主，有这么一个美貌的妻子，那本夫怎么舍得离开，有这么一个漂亮的女人，那单身汉吴周怎么能毫无动心，于是断定：通奸、纵奸、谋命、藏尸的情节。一意逼供，严刑拷打使年老体弱的吴老儿受刑太重，死于狱中；吴周则被当堂打死在棍棒之下。一场冤案不啻于飞来横祸。

清朝时，发生在河北大兴县一凶杀案，当事人也有相同的遭遇，一对年过半百的农民夫妇的女儿，年方十六，眉清目秀，一日被奸杀在家中。发案后的第一见证人，前来探亲的姑娘的表哥被姑娘家的左邻右舍怀疑为凶手，被控告到县衙。于是，县官不管三七二十一，把表哥捉来刑讯。这位表哥开始坚不承认，后来受刑不过，被屈打成招。

2. 泄愤逞能

《明史·杨涟传》：自是，忠贤日谋杀涟。至十月，吏部尚书赵南星既逐，廷推代者，涟注籍不与。忠贤矫旨责涟大不敬，无人臣礼，偕吏部侍郎陈于廷、佥都御史左光斗并削籍。忠贤恨不已，再兴汪文言狱，将罗织杀涟。五年，其党大理丞徐大化劾涟、光斗党同伐异，招权纳贿，命逮文言下狱鞫之。许显纯严鞫文言，使引涟纳熊廷弼贿。文言仰天大呼曰："世岂有贪赃杨大洪哉！"至死不承。大洪者，涟别字也。显纯乃自为狱词，坐涟赃二万，遂逮涟。士民数万拥道攀号，所历村市，悉焚香建醮，祈祐涟生还。比下诏狱，显纯酷法拷讯，体无完肤。七年七月遂于夜中毙之，年五十四。

明天启年间，魏忠贤为报复弹劾自己的大臣，打击异己，指使党羽罗织接纳贿赂的罪名，将东林党首领杨涟、左光斗、袁化中、魏大中、周超端、顾大章等六人逮捕下狱，交锦衣卫拷打追赃。锦衣卫都督田尔耕对杨涟等六人，每五天就拷讯一次，被拷打者一齐裸体跪在阶前，听任侮辱，各种刑具轮番使用，旧伤未愈，又加新伤，后来已经不能跪起，只能戴着刑具平卧堂下。后除顾大章被迫自杀外，其余五人都被折磨致死。杨涟死得极惨，他从入狱，就体无完肤，死后仍"土壤压身，铁钉贯耳，仅以血溅衣囊置棺中"。

3. 暴戾成性

乾隆二年广东海关监督伍赛密奏滥用笞杖之情形："下贱皂役只知图财，罔顾天理更比比皆是，遂其欲，责宜重而返轻；拂其意，责宜轻而独重。诚所谓有钱者生，无钱者死，爱之欲生，恶之欲死，高下随便，操纵自如。……往往见行杖之下，立毙人命。"

4. 遂己之私

一般来说，"事件"给官员以机会去弹劾他人，也使官员因为自己的长处而收到赞助。事件作为一种机会，不仅可以为一个人带来幸运，也可以同时服务于上司和下属的需要。如此以来,官僚君主制下的一个行为者可以塑造事件,可以重新对事件做出界定,甚至可以制造事件,从而增进自己在这个制度中的利益。利用刑案,尤其是“命盗重案”不能不说是一次绝好的机会。

四、古代的民事诉讼制度

(一) 州县自理案件

州县自理案件,即可以处以笞、杖、枷等薄刑,也可以不用刑来调处息讼。单方悔婚约笞五十,一女两嫁杖八十,良贱为婚杖八十并离异。产业典卖不清,混行争告,照不应重律杖八十。父母在世、子孙别籍异财杖一百。立嫡子违法者杖八十,收养异姓义子以乱宗族者杖六十。借贷取利,月息不过三分,长年息不过十分,违者笞四十至杖一百。

州县在审理各类案件时,并不拘泥于《律文》的规定,是否用刑,全凭州县官掌握。乡规民约和家法族规,许多都有关于止纠纷、禁告官的规定。

从现代诉讼理论来看,为保障程序正义的实现,现代诉讼制度要求诉讼活动中必须有当事人的积极参与,因而如果诉讼各方在一个法律适用国过程中能提出证据,阐述并证明自己的主张,真相就可能产生,法律也可以得到正确的适用,从而使程序产生良好的效果,并且通过积极参与,当事人就更可能接受裁判的结果。程序参与原则的基本要求:一是程序参与者应在裁判制作过程中始终到场;二是程序参与者应富有意义地参与裁判的制作过充;三是程序参与者应在参与过程中具有人的尊严,并受到人道的对待;四是程序参与者应有充分的机会参与诉讼获得并有效影响诉讼结果。中国古代民事审判由于受罪恶纠纷观的影响,非但上述体现保障当事人诉讼权益的制度,而且,司法官吏还对“兴讼者”缺乏好感。

清魏息园在《不用刑审判书》记载了一件债务纠纷案。一棉花行掌柜姚某和茶馆、烟馆老板三人串通,诬告王某欠其棉花钱银一百零六两,茶馆老板作为欠债字据代笔人,烟馆老板作为证人。知县陈某接到姚某的控告:王某不但欠钱不还,还行凶打人,便传来王某审讯。大堂上,王战战兢兢,语无伦次,伏在地上,翻来覆去口称冤枉。并且在审讯中,衙役又于一旁群起呵斥,王某更加害怕,即“口头无数,称说愿还”。此后,因陈知县有所怀疑,便又审讯原告,得出供词已有出入。然后,传来证人审讯。知县劈头大声呵斥证人,证人恐惧作答。由于陈知县的智断,此案因为三诬告供出的写字据有三个地方,从而证人证言不一致而得意澄清。其结果,陈知县依法惩罚了三个串通诬告者。王某则冤屈辨明,欣然出狱。但同时可以看出,案件的参与者们在整个审判过程中始终是被纠问的对象,受到呵斥和审讯。

汪辉祖任湖南宁远知县时,审理一起真假契据案,原告寡妇李氏控告匡学义利用帮助其管理田产的机会,擅自在买田的契约上写上自己的名字,从而使购置田产成为李、匡共有,本案离开契据又无其他佐证,很难断明。于是汪知县来了个迂回,他传来双方审讯,当堂断为土地共买。李氏自然哭闹不休,知县将其赶走后,连声夸奖匡学义精明能干,善于理财。匡学义得意忘形,放弃了戒备,汪知县装着随便拉家常,匡学义道出了家境贫穷的实情。汪知县突然变了脸色,勃然大怒,厉声追问其和李氏买田的钱财来

源，并以其犯有盗窃嫌疑相逼。匡学义一听，吓得六神无主，说出来契据伪造真情，案情得以了结。

受罪恶纠纷观的影响，州县官在审讯原被告时难免以杖责相加，且容易情绪化。任何子民之间的争执都将被看作对皇帝为家长的大家庭内部秩序的冒犯。人情伦常是维系人们相互关系的更为有效的手段，打官司则不能得到统治者的积极肯定。

（二）调处息讼

调处息讼的广泛适用：第一，州县调处息讼带有一定的强制性。第二，州县息讼的优先性。第三，堂上堂下相结合。民间调处是诉讼外调处。

历代关于调处息讼的记载很多。《旧唐书·韦景俊传》记载：唐开元时，韦景俊为贵乡令。县人有母子相讼者。景俊曰："吾少孤，每见人养亲，自恨终无天分。汝幸在温情之地，何得如此？锡类不行，令之罪也。"因垂泪呜咽，仍取《孝经》付令读之，于是母子感悟，各请改悔，遂称慈孝。

有知县审理兄弟争产案，"乃不言其产之如何分配，及谁曲谁直，但令兄弟互呼"，"此呼弟弟，彼唤哥哥"，"未及五十声，已各泪下沾襟，自愿息讼。"

清朝顺天府骆二告生员李长龙兄弟用铁锄打伤其父骆自旺致死一案，经过"调解"，李与"情愿帮助厚葬"，骆家自认死者"委因家贫愁急，自服洋药身死，并无别故。"这样，本来一桩被告要处重刑的人命大案，就此在原告情甘息讼的具结中轻松了结。

《红楼梦》中人物薛蟠打死人后，只是给了一些烧埋之银，便跟没事人一样，逍遥法外。

杨乃武与小白菜冤案始末真相，"羊吃白菜"。故事还得从小白菜说起。小白菜是仓前毕家塘人，有说她的父亲毕承祥在南京做过小官吏，有说太平天国时她家是外地逃难到余杭仓前的。她喜欢上身穿绿色衣裳，下身着白色裙裤，相貌端庄秀丽，形似水灵灵的一株白菜，于是市井给她取了个绰号"小白菜"，其实她乳名阿生，成人名生姑，因她长得秀丽人称她秀姑。

同治十一年三月初四（1872 年 4 月），小白菜与余杭镇上一家豆腐店伙计葛品连（俗名葛小大）结为夫妇，葛品连入赘作毕家的上门女婿。婚后一个月，租住在杨乃武澄清巷口余屋。小白菜手脚勤快，常帮杨家做些家务，她的美貌和勤劳深得杨家的喜爱，待她如同家人，时常叫她同桌吃饭，杨乃武还教小白菜识字读经。时间一长，市井街坊便有了羊（杨乃武）吃白菜（小白菜）的流言蜚语，葛品连也有所闻。为避开闲言碎语，同治十二年（1873）闰六月，小白菜两口子搬出杨家，搬到太平弄王心培间壁县差赵福庆家的一间闲房租住。

葛品连患有流火病疾（大脚疯丝虫病），同治十二年（1983）农历十月初五，葛感到发冷发热不舒服，小白菜叫丈夫在家休息不要去豆腐店，他仍撑着要去。到了十月初九早晨，他从豆腐店回家途经大桥一小茶点店，买了粉团吃，原本有病的他吃后恶心呕吐不止，到家就倒在了床上，疑是痧症，服了萝卜籽、万年青，随后叫小白菜去买了东洋参、桂元。买来后小白菜依他喂入口中。葛品连随即病重，口吐白沫，申时猝然暴死，撒手人寰。

初十夜间，江南十月小阳春，天气还有些热，尸体上可见口鼻流着淡血水，身上有疱疹，脸色灰暗。葛母沈喻氏便联想到住在杨家时的流言蜚语，认为儿子死得可疑，便连夜到县衙喊告追问，要求验尸。

十一日，知县刘锡彤带仵作（验尸衙役）沈祥、门丁沈彩泉前往。沈祥没有按规定用皂角水擦拭验尸银针，把口鼻流入耳中的血水看作七孔流血，疑是生烟土中毒。皮肤青黑色，沈彩泉坚称砒霜中毒身亡，两人曾互执一词。

刘锡彤想起幕僚陈竹山（陈湖）谈起过“羊吃白菜”的传闻，认定这是一起因奸合谋的案件。是日三更在白公祠提审小白菜，责成她供出砒霜来源及与杨乃武的私情。小白菜多次矢口否认。有一个与陈竹山相好多年的妇人阮金桂，对小白菜说：“只要说出是杨乃武给的药可免死罪。杨乃武是举人也不会处死，否则你会被千刀万剐。”小白菜陷入深深的恐惧与迷茫之中。审讯重新开始，小白菜还是坚持原来的口供。然而屈打成招的悲剧发生了：一连三根枷子夹住她的手指，使她痛彻心扉，小白菜恐性命难保，只得按阮金桂的授意，违心妄供杨乃武十月五日有一包流火药交与他。

刘锡彤获得口供后，于十月十二日黎明传审杨乃武，但杨乃武是新科举人，要革去举才能讯审。刘立马逐级上报，但未等到批文回复，就传讯杨乃武到花厅审讯。杨乃武性格桀骜，哪里会承认，杨说十月初五在南乡岳父詹耀昌家不在余杭，如何给小白菜毒药，还以举人身份藐视刘锡彤。刘动火，用夹棍、火砖重刑杨乃武招供。刘锡彤自认案情已明，遂向杭州知府陈鲁作了禀报。刘锡彤移送案宗时将死者“口鼻流血”改成“七孔流血”，将小白菜供的十月初五改成十月初三。

时隔几日，革去杨乃武举人的报告被同治皇帝批准。十月二十日，杨乃武、小白菜押解杭城，陈鲁在审讯一开始就严刑拷打，夹棍之下杨乃武几度昏死，出于本能被逼认罪。当追问砒霜来源时，他记起杭州返余杭途经仓前，街上见过有爿药铺，胡乱谎说向钱宝生买了40文红砒的老鼠药。

仓前老街上有爿钱爱仁堂药店，店主叫钱坦，而杨乃武重刑之下胡供钱宝生。当县衙要钱宝生作证卖砒霜给杨乃武时，钱坦说，我店从不进货砒霜，更不曾有卖砒霜给杨乃武，况且我也不叫钱宝生。陈竹山、章浚受刘锡彤授意，写纸条规劝钱坦承认卖过砒霜给杨乃武，并保证他不与杨乃武当面对质。他还吓唬钱坦，如不从会有无尽的麻烦。老实胆小的钱坦在恐吓之下，糊涂写下了卖砒霜给杨乃武的甘结。后来刑部要提人证到京时，钱坦突然死亡，这很有可能是县衙派人杀人灭口。

有了杨乃武、小白菜的口供和“钱宝生”的甘结，杭州知府陈鲁依据《大清律例》，作出杨乃武斩立决、小白菜凌迟处死的判决，并于同治十三年（1873）十一月六日上报浙按察司。按察使蒯贺荪虽觉得可疑，但看了刘锡彤拍胸脯的保证，也就不再说什么，将案件上报至浙江巡抚杨昌浚。

接到案件，杨昌浚即派黄岩候补知县郑锡皋去仓前暗访。郑锡皋将此事告知刘锡彤，刘锡彤得知便用重金贿赂了郑锡皋。郑锡皋回禀杨昌浚结论是：此案刘锡彤审理得“无冤无滥”。得到报告的杨昌浚进行会审，仍照原杭州府的判决，于同年十二月二十日上报朝廷。这样，通过“秋审”（清朝一般都在每年万物萧瑟的秋天审讯），按案情轻重或

徒刑或被执行处决。

得知判决，杨家陷入巨大的悲愤中。父母去世后，姐姐杨淑英（又名杨菊贞，嫁夫叶梦堂，婚后不久夫死，后回娘家与杨乃武同住）如同母亲一般照料杨乃武，深信他的品行和清白。为了拯救弟弟的性命，她四处奔波。当她得知葛母前后供词不一，爱仁堂从未卖过砒霜，决定上京申冤。可杨乃武经县、府、按察使、学政、巡抚层层严刑，强令承认，他以为天下乌鸦一样黑，无清官无理可言。当杨淑英叫他写诉状，他已失去信心，在姐姐的一再劝说催促下，在杭州监狱，杨乃武趴在地上，杨淑英跪其侧旁，纸铺背上写了诉状。曾有"天下文章数浙江，浙江文章数余杭，余杭文章数杨乃武"之说，杨乃武的才气是有名的，诉状写好后，他想起塘栖有个开茶馆的白胡须老先生李亘塘是他的忘年交，便叫姐姐把诉状拿去给老先生看看。老先生对杨发生的不幸早有所闻，他从头到尾看了诉状，认为"江南无日月，神州无青天"之句欠妥。话虽是杨乃武气愤之心，但任何一个官员看了心里都会不高兴的，难道天下真没有一个好官了吗？于是李老先生将"神州无青天"的"无"改成了"有"字。此事虽然正史里没有记载，但不等于没有点影子。

同治十四年(1874)四月，杨乃武姐姐杨淑英携王阿木（詹氏之表弟）赴京向都察院递状（清时女子不能亲手递状），都察院批回浙江巡抚复审。九月，杨乃武妻詹彩凤携姚士法（杨乃武姨表兄）向步军统领衙门递交申诉状，仍批复回浙复审。接谕旨，杨昌浚会同按察使蒯贺荪亲提严审。还将案件交由绍兴知府龚嘉俊、富阳知县许嘉德、黄岩知县陈宝善共同复审，湖州知府锡光装病拖延。复审，杨、毕均翻供。

案件迟迟不能审结，引起了各种猜测，负责稽查的刑部官员王书瑞提请注意有人想用拖延的办法欲使犯人死在狱中，以维持原判。他上奏朝廷另派大员查办此案，并确保狱中人员的人身安全。上奏获准后，两宫皇太后谕旨兵部左侍郎提督、浙江学政胡瑞澜主持复审。胡瑞澜又动了极刑维持原判，将犯证供招咨送军机处。户部给事中边宝泉注意到此案在审讯中有官官相护之嫌，便上奏将案件移交到刑部审理。

内阁中书汪树屏（余杭中桥人）等浙籍十八京官，非常关注发生在家乡的这桩轰动全国的大案，他们意识到这或许是一起冤案，还意识到如刑部提出疑点，可能会被胡瑞澜等弥合得看不出破绽，这就意味着冤案将永无昭雪的一天。在这紧要关头，他们联名上书都察院。

杨毕案也惊动了朝廷一些高官，户部侍郎、都察院左都御史、同治光绪的老师翁同龢，听取夏同善（兵部吏部右侍郎，"南书房行走"）介绍案情后，仔细查阅了审讯记录与诉状，发现诸多可疑之处，逐条签出歧异，请刑部发回更审。都察院和步军统领衙门上奏提请重审。这里特别要提的是，翁公的据理力争、鼎力相助对冤案的昭雪起到极大的推动作用。在众多正义官员的奏请下，经两宫皇太后获准，此案提交刑部重审。

开棺验尸真相大白。光绪二年(1876)二月二十八日，杨乃武、杨恭治、吴玉琨、詹善政、钱姚氏、杨小桥、沈祥、喻王氏、喻敬天，第一批解京。是年三月二十七日，小白菜、葛喻氏、王心培、王林、何春芳、阮德、沈体仁、王阿木，第二批解京。是年十二月初五，刘锡彤、沈彩祥、沈祥、葛品连尸棺及卷案，第三批解京。尸棺每经一省地都要加贴封条，刑部传令人证沿途小心押解，毋得稍有疏忽。

光绪二年(1876)十二月初九,刑部邀请都察院、大理寺一同进行刑部大审,满汉六部全部到堂。杨乃武膝伤未愈,准许席地而坐,他供诉案情时,堂上堂下鸦雀无声,连差役也都全神贯注。小白菜和其他证人也据实陈述,尽数推翻先前的不实之词。

葛品连尸棺到京,光绪二年十二月初九,在京朝阳门外海会寺开棺验尸,刑部特别请出 80 多岁有着 61 年验尸经验的老仵作荀义亲自动手。葛品连尸肉腐烂,但骨骼完整,老仵作打开头颅囟门骨,验十指十趾骨,均见骨黄白,报:"此人委实病死,不是砒毒。"此时在场官员一片惊愕,在场的一名法国记者跳起来高喊"无毒,无毒!"并拍下了身戴着枷锁的杨乃武与小白菜照(此照当年寄法国,现已回转国内)。当年,海会寺开棺验尸场面是万人攒动,屏息注目。最终该案真相大白,杨乃武与小白菜绝处逢生。

光绪十二月十七日,四川总督丁宝桢闻得实状,大怒,扬言于朝曰:"葛品连已死愈三年,毒消骨白,此不足定虚实也。"于是,湖南、湖北以杨昌浚、胡瑞澜同乡官员,合而和之。刑部尚书桑春荣大惧,丁宝桢又回乐桑曰:"此案何可翻?公真愦愦,将来外吏不可为矣!"(李慈铭《越缦堂日记》)。因此,虽刑部大审开棺验尸得以真相大白,最终还是拖了两个多月才上奏。

光绪三年(1877)二月十六日,刑部向两宫皇太后和皇帝上奏审理结果,推翻原审判决,并对制造冤案的责任人提出了处理意见。同日,谕旨下,谕曰:"巡抚杨昌浚据祥具提,既不能据实平反,奏旨交胡瑞澜提审后,复以问官并无严刑逼之词,哓哓置辩,意存回护,尤属非是。杨昌浚着即行革职,余着照所议完结。人命重案,罪名出入攸关,全在承审各员尽心研鞫,期无枉纵。此次葛品连身死一案,该巡抚等讯办不实,始终回护,几至二命惨罹重辟,殊出情理之处!嗣后各直省督抚于审办案件,务当督饬属员悉心研究,期于情真罪当,不得稍涉轻率。"(《清史列传·杨昌浚传》)

谕旨批准刑部的决定,革去杨昌浚、胡瑞澜官职。

其他人处罚如下:

余杭知县刘锡彤革职,发往黑龙江效力赎罪,年逾七十不准收赎。刘锡彤,字翰臣,直隶天津盐山人。道光丁酉十七年(1837)顺天乡试举人,直到同治七年(1868)正月,追补他为余杭知县,中途离任回家为父丁忧,服阕后又来浙补余杭知县。同治十二年(1872),奉调卸任,同治十二年(1873)九月又回任。刘锡彤最后一次赴任余杭知县,与"杨案"发生只差半月,与《申报》一文提到刘锡彤"回任甫半月"相印证。光绪二年,十二月十六日上谕内阁刑部革职,从重发往黑龙江效力赎罪,年七十,不准收赎。光绪三年(1877)五月间到戍。经黑龙江管教鸿慈龙奏请,"北边严寒,年老衰颓",未满三年返乡天津盐山。杭州知府陈鲁革职。黄岩知县郑锡皋革职(暗访仓前时为候补知县,后擢升为知县)。与胡瑞澜共同审案的宁波知府边葆城、嘉兴知县罗子森、候补知县顾德恒和龚世潼革职。浙江按察使蒯贺荪已死,免于追究。杭州府幕友章浚革去训导;仵作沈祥杖八十,判徒刑二年;门丁沈彩泉杖一百,流放二千里;生员陈竹山死于北京狱中;葛品连母、沈喻氏杖一百,徒刑四年,须交银才能赎罪;杨乃武因与小白菜同食教经,不知避嫌,杖一百,举人身份不予恢复;小白菜与杨乃武同桌同食,不守妇道,杖八十;王心培、王林、沈体仁分别折责追取赎银。

光绪三年(1877)四月三十日,早晨九时左右,北京监狱门口,衣衫褴褛的杨乃武、小白菜走出牢门,杨淑英、詹彩凤、汪树屏、吴以同等在门口接他们。

三年半的监狱生活终于结束。面对亲人,杨乃武显得格外平静,可是当看到危难时施以援手的亲人和朋友,禁不住双泪纵横,伏地叩谢。杨家人虽然怨恨小白菜的诬供给他们带来的灾难,但也为她洒下同情的泪。小白菜多想抱住他们痛哭,当看到因自己的诬供几乎丧命的杨乃武,勇气顿失,欲哭无泪。

出狱后的杨乃武赎回了几亩地,继承祖业种桑养蚕,用他的智慧和辛劳培育出名布杭嘉湖一方的"凤参牡丹"优良蚕种。他历尽苦难,正直之心不改,依然帮助乡亲们写诉状,只是写在水石板上,不留痕迹。上海《申报》召他去供职,曾为惊弓之鸟的他没有去。对于小白菜他怨恨过,但也很快体谅了她,并对她的苦难命运充满了悲悯。身受的这段悲怆冤狱,深深刺痛杨乃武的心,于是写了一本《虎口余生》的书。1914 年,他因患疽痈疾去世,终年 74 岁,埋葬在余杭西门外安山文家弄新庙前,墓前立有一块孝廉书勋(孝廉即举人,书勋乃武字号)之墓碑石,"文革"时被一农家抬走,断成两截,1991 年 6 月粘接好立于原位。

走出牢门的小白菜心中充满了迷茫,她对人世间的情感不再留恋,万念俱灰,孤苦无依,她思前想后,只有出家,割断红尘,一了百了。出家那天,邻里董高氏等 18 位大嫂送她到余杭南门外石门塘准提庵,入准提庵为尼,老尼给她取法名慧定,从此她终日诵经礼佛。

老尼慈云圆寂后,庵里没了香火,靠着养鸡种菜过着清苦生活,然而在小白菜内心深处,对杨乃武的亏欠之情始终折磨着她,她托人写下一张纸条,纸上写着:杨二爷(杨乃武家排行老二,故称二爷)蒙天大不白之冤,人生尽受残酷,遭终生之残,此时此事,终生难忘。均我所故,均我所害,二爷之恩今生今世无法报答,只有来生再报。我与二爷之间绝无奸情,纯属清白,后人如有怀疑,可凭此字条作证。慧定口述,妙真执笔(杨乃武外孙媳郑祖芬《忆小白菜的一张纸条》)。此字条向后人证明了她与杨乃武的清白,并表达了对杨乃武深深的愧疚。

小白菜与青灯、黄卷、木鱼、蒲团度过了五十三个春秋,1930 年,她在人生的无望痛苦中走向死亡,坐进荷花缸圆寂。

后镇上董润卿为首的东南义庄会同姚锡和、沈尔康等绅士商议,把她安放在大东门外文昌阁附近小青庙的地方,为她建造了由六块青石板拼缀而成的坟塔。

坟塔正面石板上由董季麟秀才赋的两首诗:

自幼持斋愿守贞,此身本不恋红尘。
冤缘强合皆前定,奇祸横加几莫伸。
纵幸拨云重见日,计经万苦与千辛。
略将往事心头溯,静坐蒲团对碧筠。
顶礼空皇了此身,哓哓悔作不平鸣。
奇冤几许终昭雪,积恨全消免覆盆。
泾渭从来原有别,是非谁谓竟无凭。

老尼自此真离脱，白水汤汤永结盟。

诗是冤案的写照，也表白了慧定（小白菜）的心声。此诗碑为门人法徒孙洪增顶礼立。

1965 年，余杭塘河拓宽，文昌阁拆除，小白菜坟塔倒在河里，荷花缸和骨殖被长松一农民拾起。1985 年，镇政府拨款按原样在宝塔山东麓重建了坟塔。

此案因葛品连暴死，沈喻氏（葛喻氏）痛子心切心疑向县衙喊求相验；因仵作门丁互执尸毒而失职，因知县刘锡彤轻率相信，不追问真相，徇私枉法，误认尸毒而刑逼小白菜；因小白菜妄供而拘拿杨乃武；因杨乃武妄供而传讯"钱宝生"；因"钱宝生"被诱逼恐吓甘结枉坐小白菜、杨乃武，以致杭州知府陈鲁草率审详，浙江巡抚杨昌浚照依题结，兵部右待郎浙江学政胡瑞澜迁就复奏，历次审办不实，皆由轻信知县刘锡彤验报服毒酿成冤狱，先后各承审官员官官相护、草菅人命所致，与两湖（湖南、湖北）依仗封疆大吏权臣派居功自傲、尾大不掉、无视朝廷和江浙正义文官有关。

此案经十一次酷刑审讯，两次京控，终翻转昭雪，这与《申报》跟踪报道正义舆论，与翁同龢、夏同善、王昕等一批有良知官员的不断奏疏，与杨淑英、詹彩凤历尽千辛万苦冒死京控，与慈禧利用此案中两派权力斗争削弱湘系势力，与胡雪岩等资助京控盘缠，与余杭人主持正义正气等因素有关。

写到此，我想起常有人问我杨乃武与小白菜到底有没"关系"？我的回答是：一个才子，一个美貌女子，在同一个屋檐下住过，或许互相爱慕过，这是人之常情，但什么"事"也没有发生过。①

参考文献

1. 那思路：《中国审判制度史》，上海三联书店 2009 年版。

2. 马作武主编：《中国传统法律文化研究》，广东人民出版社 2004 年版。

3. 胡旭晟主编：《狱与讼：中国传统诉讼文化研究》，中国人民大学出版社 2012 年版。

思考题

1. 古代的司法机构及其主要职能有哪些？

2. 中国古代刑事诉讼中刑讯逼供的原因有哪些？

3. 古代民事审判主要原则是什么？

① 《杨乃武与小白菜冤案始末真相》，余杭新闻网，2011 年 6 月 15 日。

第十一章 中国传统法律文化的现代化

学习目的和要求：

学习本章应着重了解中国传统法律文化的主要优点和缺陷，中国近代法律转型的主要表现。

学习重点：

罪刑法定、法律面前人人平等、契约自由、司法独立等原则的确立。

中华法律文化发端于具有发展原始农业的良好条件的黄河流域，在漫长的历史行程中形成了具有浓郁的农业文明色彩的法律文化机制。它作为一种把握世界的独特方式，有着自己特有的制度规范和价值取向，体现着独特的民族法律心理和经验。中国传统法律文化是中国传统文化大系统中的一个重要组成部分，是在中国传统物质文化和精神文化条件的作用下，由特定的法律制度和法律观念所构成的法律文化系统。它是相对于现代法律文化的古代法律文化形态，是中国社会历史发展过程的必然产物。尽管它是以往历史岁月中华民族物质和精神的创造活动的积淀物，但却没有丧失自身的价值；相反，它以自己的特有方式影响中国现代法律文化的面貌。可以说，中国现代法律文化是中国传统法律文化的历史延续，而传统法律文化则是现代法律文化的历史根基。因此，传统法律文化不仅是历史的概念，也是现实的概念。

一、中国传统法律文化的特色

（一）有法必依，恪守法律的法治萌芽

在古代法律思想中，要求有法必依、上下一体守法的思想不绝于史。如管仲劝告君

主要带头守法。《管子·法法》:"明君……置法以自治,立仪以自正也。故上不行则民不从,彼民不服法死制,则国必乱矣。是以有道之君,行法修制,先民服也。《管子·任法》:君臣上下贵贱皆从法,此谓为大治。……不知亲疏远近贵贱美恶,以度量断之。……以法制行之,如天地之无私也。"商鞅在《慎法》篇中力劝君主"不可须臾忘法",《商君书·君臣》更明确地指出:"明主慎法制,言不中法者,不听也;行不中法者,不高也;事不中法者,不为也。"韩非强调"言行而不轨于法令必禁",尤其要求各级官吏做到,"不游意于法之外,不存患于法之内,动无非法。"

(二) 成文法与判例法相结合的"混合法"样式

"判例法"是宗法贵族政体的产物,即所谓"议事以制,不为刑辟","临事制刑,不豫设法"。"事"即判例故事。意谓选择并依据以往的先例成事来审判裁决,不预先制定包括什么行为是违法犯罪、违犯什么法定什么罪、又当处以何种刑罚这几项内容的"成文法典"。因此,当事人无法事先知道自己行为的法律评价及其后果,颇具"刑不可知,威不可测"的秘密法的意味。秦代的廷行事、汉代的决事比、晋代的故事、宋元有法例、明清有"例",形成了成文法和判例法并行不悖的混合法样式,即在司法审判中对于法律有明文规定的,依法判决;对于没有明文规定,则使用以前的判例,用判例沟通立法与司法的联系,以弥补成文法的不足。这种"混合法"样式兼具有成文法和判例法的长处,反映了法律实践活动的特征与规律。

(三) 司法官责任原则

在古代法律中,凡司法官吏违法失职,出入人罪或曲法申情,轻重人罪的要予以严惩,形成了比较完备的司法官吏责任制。①《云梦秦简》规定,司法官不能及时发现,上报其辖区犯罪的,为"不胜任";知道而镇压不力的为"不廉";处罚不当的为"失刑";故意陷人于罪或重罪轻判的为"不直";有意放纵罪犯的为"纵囚",对这些行为,轻则免职,重则处以徒刑或遣往"筑长城及南越地",直至处以死刑,且适用连坐制。汉代也明确规定"出罪为故纵,入罪为不直","监临部主见知故纵",犯者死罪等。唐代对司法官的法律责任规定得更为详尽。《唐律疏议·断狱》规定:"诸鞫狱者,皆须依所告状鞫之,若于本状之外,别求他罪者,以故入人呢罪论",若辄引敕断罪"致罪有出入者,以故失论"。《唐律疏议·断狱》断罪引律令格式条:"断罪皆须具引律令格式正文,违者笞三十。若数事共条,止引所犯罪者,听。"如果包庇亲故或贪赃枉法、虚立证据、舍法用情、增减情节、锻炼成罪的"若入全罪以全罪论,若以轻罪入重罪,则以所余之罪处罚之"。

二、中国传统法律文化的缺陷

(一) 中国传统法律文化强调皇权至上、等级秩序、权大于法,缺乏法律面前人人平等的观念。用孔子的话说是:"君君、臣臣、父父、子子"。皇帝按照皇帝规范行事,君臣父子都有一套严格的规范,每一个阶层都有严格的等级,不得逾越,没有人人平等的观

① 梁临霞:《中国传统法律文化与法制现代化》,中国政法大学出版社 1992 年版,第 47 页。

念。在“权与法”的关系上，中国封建正统法律坚持“皇权至上”“权尊于法”。他们认为，皇帝是上天选择的人间统治者，拥有至高无上的地位和权力，皇帝“口含天宪”，可代天立法、代天行赏、代天行罚；皇权受“天意”监督，而不受法律的约束。中国进入文明社会后，以父系家长为核心的亲疏尊卑秩序被保留，并且被国家加以制度化和法律化。瞿同祖先生指出：“中国古代法律全为儒家的伦理思想和礼教所支配。其法律的基本精神和主要特征是，家族和阶级在法律上占极为突出的地位。法律承认父权、夫权，还承认贵族、官吏、平民和贱民的不同身份，不同身份的人在法律上的待遇不同。”①这种秩序被封建正统法律思想视为天经地义，不容颠覆。

（二）中国传统法律文化强调强调服从义务，缺乏个人权利观念，没有坚决、彻底地保护私有财产。中国古代法律“义务本位”的色彩更为强烈持久。中国封建时代法律价值取向非常明确：所有的人都应绝对地服从亲亲、尊尊秩序。历代封建法典均将维护“三纲”秩序视为首要任务，在“三纲”之下各社会成员依身份承担着绝对义务：在家庭内部，子服从父、幼服从长、妇服从夫；在社会之中，臣服从君、下级服从上级、平民服从贵族、贱民服从良民。封建法典还用则用严厉的刑法强化前述义务，其中，“十恶”罪就是属于侵犯“三纲”秩序最严重的犯罪法律对此是严惩不赦。对此，梁治平曾概括中国传统文化特点是“没有个人权利这种东西，……是一个完全不讲权利的社会”②。陈顾远先生指出，“罗马法系以权利为本位，中国固有法系以义务为本位，彼此决然不同。以权利为本位，特别重视人与物之关系，从而课其责任于他人，而不求之于己；以义务为本位，特别重视人与人之关系，课其责任于自己，而不求之于人。易言之，以权利为本位无异以个人为本位，人皆以鹤立存心，而视他人为鸡群。以义务为本位，无异以社会为本位，人皆以克己为念，而对他人为宽容。故在中国往昔，权利云者，争权夺利之谓，乃极为丑恶之名词，不能公然鼓吹；义务云者，义当为之一种任务，无论在法律或道德方面皆然。”③在古代等级社会之中，个人权利意识是极其薄弱的，个人的权利来自主体的特定的社会地位和社会身份，来自对某种职责和义务的充分履行，来自主体对伦理纲常名教的认同。有学者认为，在古代中国的法律中，权利和义务不是以个人而是以社会和家族为单位设定的，权利和义务是一种源于个人道德和社会地位的法律关系。在中国传统上，首先关心和强调的是义务即行为的正当性，权利与义务的关系是通过一种道德至上主义而建立起来的，所以在中国法律强调行为要“己所不欲，勿施于人”。④

在中国近代法律改革中，“权利”一词最早由黄遵宪译介自日本法引入中国；用宪法关注公民权利始于1908年《钦定宪法大纲》；在宪法中明确保护公民权利则源于1912年的《临时约法》；1946年《中华民国宪法》是规定公民权利较全面的近代宪法之一。虽

① 瞿同祖：《中国法律与中国社会》，中华书局2003年版，第353页。

② 梁治平编：《法律的文化解释》，生活·读书·新知三联书店1995年版，第311页。

③ 陈顾远：《从中国文化本位上论中国法制及其形成发展并予以重新评价》，载陈顾远《中国文化与中国法系》，台北1977年版，第55页。

④ ［韩］金勇义：《中国与西方的法律观念》，辽宁人民出版社1989年版，第137－143页。

然，舶来的词“权利”已被中国法律所采纳，但是，将其转化为法律精神和原则仍然有难度。祖父母和父母健在的时，不准私自分家和私分财产。《唐律疏议·户婚》：“诸祖父母、父母在而子孙别籍、异财者，徒三年……兄弟别籍异财者，徒一年。宋刑统继承，明律、清律改为杖一百。家庭成员不允许私自拥有财产。”《大清现行刑律·户役》“卑幼私擅用财”条及该条条例的规定：“凡同居卑幼不由尊长，私擅用本家财物者，十两处二等罚(笞二十)。每十两加一等。罪止十等罚(杖一百)。”上述规定说明，在家庭之中，不存在卑幼和子孙的个人财产权利，中国传统法律中缺乏保护私有财产的制度。

财产权利——所有权关系、商事习惯、合同——并没有进入国家立法者的视野。在立法上，这些社会关系的系统化和抽象化尚不存在。财产法律关系只是由于个别的国家禁止性立法，主要是由于习惯法的存在，才获得了一定的发展。因此，人们不能确保，历史上长期以来存在的宅基地和耕地的私人所有权可以免受国家的干预。如果一个大臣失去了皇帝的宠幸，即便皇帝不会把这些赐出去的东西再收回来，这些东西也难保不会在被抄家时没收。①

(三) 中国古代传统法律文化，司法从属于行政，缺乏司法独立观念，在诉讼中注重压服性诉讼，注重口供，有罪推定，刑讯逼供现象较为普遍。在中国古代的诉讼中，也有一些相应的证据规则，但由于一般情况下的口供绝对主义，因此百般拷问，以求口供而定罪，则尤为重要。

中国古代法律文化的根本实质，是行政依附制的司法诉讼制度。司法机关的行政依附性，体现了中国传统司法制度的特点。政刑不分，司法为行政之婢女，皇帝断案，天经地义。司法机关及其司法人员都要对同级行政机关负责，为行政机关推行工作服务。司法机关的行政依附性，作为一种传统法律文化现象，对于我们现行的司法诉讼制度也具有一定的影响。②

中国古代司法权分布的情况是，在地方上，在商周时代由诸侯掌握，秦以后则由郡守、州牧、督抚、县令等各级地方长官兼行。地方中虽然也设有专职的司法官吏，如汉之决曹、贼曹掾，唐之司法参军、司法佐、司法史等，但他们只是行政长官理讼断狱的佐吏，没有独立的司法权限。在中央，历代设有司法机关，如先秦的大理、司寇，秦以后的廷尉、大理寺、刑部等。但他们要绝对服从王或皇帝的命令，而且一般要受制于冢宰、丞相、三省、内阁等中央行政中枢，呈现出一种一元化的权力结构。

毫无疑问，这种一元化权力结构是家国同构的古代社会的必然选择，它表明司法只是行政应有的一种职责。例如，从宋代开始，即规定地方行政长官必须亲自审理案件，承担司法责任，以接受中央的控制和监督。由此导致的必然结果是，终中国古代之世，既不存在专业化的司法系统，也没有职业化的司法队伍，诉讼始终处于一种非专业化、非职业化的状态。

---

① [德]何意志：《法治的东方经验——中国法律文化导论》，北京大学出版社 2010 年版，第 86 - 87 页。

② 陈晓枫主编：《中国法律文化研究》，河南人民出版社 1993 年版，第 493 页。

在传统中国的国家机关与权力结构中，司法和行政权难以严格区分。在中央虽有专职的司法机构，如秦汉时期的廷尉，秦汉以后的大理寺、刑部、御史台(明清时期改为都察院)，但这些机构都要受行政权的限制和领导。秦汉时期的宰相、隋唐时期的三省，以及明清时期的内阁、六部等，既是行政机构，又可参与或主持审判，并有权监督司法机构的活动。所有的专职司法机构并没有获得独立于行政的权力，只是相对地在职能的分工上有所不同，所以机构和职官建制都归属于行政系统。例如，在唐代，刑部归中央最高行政机构尚书省管辖，大理寺归刑部管辖，御史台归皇帝直接领导。在明清，刑部和大理寺归中央最高行政机构内阁掌管，都察院直接由皇帝掌握。这是中央层面的情形。

地方历来实行司法与行政合一。依据国家法律，刑名钱谷是地方行政长官的四大职责，其中，维持地方治安和负责司法审判是首要之务。州县长官是每一个刑案的主审官，并对其审判负责。担任中央官职之前的海瑞就是这样一位身兼数职而为政清廉、执法严明的明代地方行政长官。英国的中国史专家丹尼斯·特维切特博士在研究了唐代史料和敦煌、吐鲁番文书后指出：

唐朝行政制度至少在形式上，在整个庞大的唐帝国内是整齐划一的，而唐朝的法律机体正是通过这个行政制度得以施行的。……每一个官员不论是中央行政机关还是地方行政机关的首脑，都拥有司法职权，官僚政治体制中的每一个机构都负有天生的职责来处理案件。官府的长官是被任命的长官，他们对所有的决定都要负最后的责任。不管这种决定是行政的还是司法的，只要是在他的权力范围内作出的，都由他负责。

特维切特博士虽然是站在初唐的立场上来发表议论的，但他的看法具有普遍意义，传统中国各王朝的司法、行政状况在原则上大致如此。(1) 司法在传统中国是不独立的，无论是在中央还是地方，它实质上只是行政职能的一部分，司法权完全消融在行政权中，这和独特的专制官僚体制是密切相关的，这样的体制必然是行政囊括一切，行政权是唯一的真正权力。(2) 这种以行政为核心的官僚体制是国家法律确认和建构起来的，并且时时得到法律的维护。这是因为皇权是最高的行政权，中央是全国的行政中枢，皇权和中央在权力上意味着一切。即便是立法权，本质上也是作为行政的皇权和中央的一部分，而不是一个独立的权力。①

三、传统法制观念的近代转型

中国近代法律文化是中国传统法律文化向中国现代法律文化转型、递嬗过程中形成的一种特殊的法律文化系统。它起始于19世纪初叶，终结于20世纪中叶，绵延近150年。这个过程是中国社会历史剧烈变革和创新的时代，是一个激动人心的波澜壮阔的时代。正是在这一过程中，中国的传统法律文化遭遇空前的挑战。而这种挑战又具有特殊的意味，即一方面，建构于自然经济、宗法关系及专制政体基础之上的中国传统法律文化，在近代中国商品经济发展的猛烈冲击下，存在着一个自身如何适应新的经

① 张中秋：《中西法律文化比较研究》，中国政法大学出版社2006年版，第317－319页。

济条件的问题。这实际上表明了中国传统法律文化与近代商品经济文明的内在冲突，而这种冲突则是两种不同的文化价值体系对立的一种映现；这幅文化冲突的情景，乃是中国的传统社会向现代社会转变中产生的一种突出的社会现象。另一方面，这一挑战在近代西方文明的压力下变得更加尖锐，因而更具危机感。这里因为，原以"天朝大国心态"看待世界的清王朝，在连连战败的铁的事实面前，迫切意识到固有法制及其法统的弊端，但囿于狭隘自私的利益而又不可能彻底变革制度，只能在传统的框架内修修补补，其结果必然招致更大范围的全面社会变革运动的兴起，从而使传统法律文化走上了艰难的转型、更新之路。然而，历史表明：文化冲突域文化压力常常是文化演化与成长的重要动力。正是在文化冲突的过程中，固有的文化体系产生新的分化，并且在新的基础上走向新的整合。因此中国传统法律文化面临挑战及其更新的过程，无疑展示了近代中国法律文化的变革主流。

法律文化上的变革，乃是社会转型的一种表征。近代中国社会的历史转型或变迁，实际上是一种文化的转型或变迁，即从传统文化向现代文化的历史性变革。这就是说，法律现象不仅是文化的产物，也是文化的重要组织部分之一。因而文化的变迁，不可避免地引发法律文化的变迁，而这个过程交织着异常复杂的矛盾与冲突。就历史而的实际过程而言，这种变迁的态势，或者是由衰退走向兴盛，或者是由兴盛转而衰退，抑或既有兴盛的层面，亦有衰退的层面。但是，对于近代中国来说，我认为，法律文化的变迁乃是一个前进或成长的过程。这个过程就是近代中国法制现代化的历史进程。这是因为，中国法制现代化的过程起源于以皇权为中心，以重刑轻民为表征的古老的中华法系逐渐式微，而且这个过程交织着西方法律文化的东渐与冲击。在剧烈的法律文化冲突过程中，固有的传统法律文化体系产生了深刻的变化，它逐渐地吸收和融合了外域法律文化的某些因素，导致了法律价值取向的巨大转变，进而适应新的社会条件，开始了新的法律文化体系的整合或重建过程，并且由此获得了新的生命力。因之，在这个意义上，我们可以说，近代中国法制现代化的过程，是一个传统法律文化与西方法律文化的冲突过程，也是传统法律文化迎接挑战、扬弃自身、进而实现创造性转换的过程。这是近代中国法律文化变革的实质之所在。①

1840 年鸦片战争以后，在西方法律文化的猛烈冲击下，加上中国的社会经济结构与阶级结构的巨大变化，使得传统的法文化支离破碎，很难再继续抱残守缺，这是中国法律文化史上的历史性巨变，它宣布了旧时代的结束和新时期的开始。

（一）由维护三纲到批判三纲

近代中国从维护三纲到转向批判三纲，是 19 世纪 60 年代由早期的改良派开始的。但必须指出，在早期改良派中大多数人还是站在维护三纲的立场上的，只有少数人将批判的笔锋触及圣神的三纲。如何启、胡礼垣《劝学篇·书后》指出：三纲之说非孔孟之言也；大道之颓，世风之坏，即由于此。谭嗣同批判三纲。

---

① 公丕祥：《东方法律文化的历史逻辑》，法律出版社 2002 年版，第 344－346 页。

（二）由君权神圣到君宪共和

王韬指出："君为主，则必尧舜之君在上，而后可久安长治；民为主，则法制多纷更，心治难专一，究其极不无流弊。唯军民共治，上下相通，民隐得以上达，君惠亦得以下逮，……犹有中国三代以上之遗意焉。"从"君民共主"的构想出发，改良派的思路自然地引申到国家权力的分配和运行上来。黄遵宪提出："惟分其权于举国之臣民，君主垂拱仰成，乃可为万世不坠之业。"康有为认为应实行三权分立之制，指出："近泰西政论，皆言三权，有议政之官，有行政之官，有司法之官，三权立，然后政体备"。果真"行三权鼎力之制，则中国之治强，可计日待也"。

（三）由司法与行政不分到司法独立

严复认为要采用西法，实行新法制，重要的是实行三权分立之制，使司法机关与行政机关分开，独立地进行审判。他说："所谓三权分立，而刑权之法庭无上者，法官裁判曲直时，非国中他权所得侵官而已。然刑权所有事者，论断曲直，其罪于国家法典，所当何科，如是而止。"他明确表示西方这种审判制度优于中国，在中国专制制度之下，帝王、守宰一人身而兼刑、宪、政三权，由于分司不明，难有持平之狱。他指出，英国立宪之所以能久行不弊、上下相安，其秘密就是采用了三权分立。

章太炎从反对封建专制制度的立场出发，也拥护资产阶级三权分立的体制，推崇司法独立。他认为：晚世之延治者，三分其立法行政司法而各守以有司，惟刑官权独于政府抗衡，苟傅于辟，虽达尊得行其罚。为了保证司法独立，章太炎提出两项措施。其一，法律的制定不由官府和权势豪门，而由明习法律与通达历史、周知民间利弊之士担任。其二，政府不得任意黜陟司法官吏，并不得从豪门中选任，而应由"明习法令者自相推荐为之"，借以保证司法官独立行使职权，不收强权者的干扰和出身的影响，这样才可能对行政进行有效的监督。

孙中山不仅接受了资产阶级三权分立的原则，强调司法机关独立，而且在《中华民国临时约法》中明确规定：司法为独立机关，法官独立审判，不受上级官厅之干涉。法官在任中不得减俸或转职。非依法律受刑罚宣告或应免职之惩戒处分，不得解职。惩戒条规以法律定之。

（四）由以人治国到以法治国

严复认为人治具有偶然性，从中国的历史看来，三代以来，"君为圣明"者，只有汉武帝、光武帝、唐太宗等少数几人而已；正因为如此，在封建中国长期的"人治"之下，昌世少，乱世多。所以严复提出，中国如要富强而久安，就应该重视以法为治，建立一套"上下咸遵，一国人必从"的完备法律制度。而要建立这样的法律制度，则应采用西法。法制建设中应注意的一些事项：第一，法律一经制定，必须切实执行。法律是治国之经制，军民上下所为，皆有约束。"法之既立，虽天子不可以不循也。"第二，立法不违背"人情物理"，才能切实可行。第三，要推行法制，必须与教育、生计等各方面的措施相配合，才能取得更好的效果。

在"人治"和"法治"的问题上，章太炎同样重法而轻人。他认为"专重法律，足以为治”，只要上下都不违反固定的法律，即使如商君、武侯之政，也可能出现，何必“过任治人，不任治法”。

作为资产阶级民主革命领袖的孙中山，不仅是资产阶级法治的鼓吹者，也是践行者。孙中山指出，政府有法律，民众得保障。他在《咨参议院法制局职制》文中指出，“窃维临时政府成立，所有一切法律命令，在在须行编订，法制局之设，刻不容缓。”他指出，民刑各律及诉讼法，均关紧要，迅速制定中华民国临时政府组织法，以固民国之基，以使民国的国家活动纳入法治的轨道。

四、传统法律制度的近代转型

（一）传统“罪刑法定”的近代转化

1. 罪刑法定原则的发展历程

罪刑法定主义起源于英国，展开于美国，最终形成于法国。罪刑法定原则的雏形在1215年《英国大宪章》中就显现出来。该法第39条规定：“对于任何自由人，不依同一身份的适当的裁判或国家的法律，不得逮捕、监禁、剥夺领地、剥夺法的保护或放逐处境，不得采取任何方法使之破产，不得施加暴力，不得使其入狱。”贝卡利亚提出，法官在任何情况下都不得解释法律，必须不折不扣地执行法律。美国1774年费城《权利宣言》中对罪刑法定作出规定，后来在美国宪法中，对禁止使用事后法、正当程序等规定，就是对罪刑法定原则的继续坚持。法国1789年《人权宣言》中规定罪刑法定原则，1810年宪法规定这一原则，其后国家均采用这一原则。从罪刑法定的历史渊源中可以看出，罪刑法定原则与近代以来西方所一直重点强调的权利保障、司法权力受到限制观念一脉相承，也和这些国家追求形式法治相一致。

罪刑法定原则的思想渊源：第一，三权分立。法国启蒙运动的重要代表人物孟德斯鸠在《论法的精神》一书里提出了著名的三权分立的学说，司法权、行政权、立法权三权分立，西方的分权思想源远流长，其中尤以孟德斯鸠的理论最为经典。三权分立，相互制衡，然而在实践上，往往是司法权、立法权变小，而行政权不断膨胀，因而需要产生一种法律对对桀骜不驯的行政权进行控制。权力行使都有一个特点就是都是行使到权力的边缘才会停止下来。他说每个人都行使权力到达权力的边缘才会停止，一切有权力的人都容易滥用权力，这是一条一条万古不易的经验。那么权力的界限就是在监狱。当他们因滥用权力进了监狱之后，他们才会觉得这就是权力的界限。在刑法领域，为有效控制权力滥用的现象，避免罪行擅断，必须将刑罚权分散配置；立法者享有刑法制定权，司法人员享有罪刑裁判权，司法人员只能按照立法者确定的成文刑法处理犯罪，不得任意解释刑法，侵犯立法权。第二，心理强制说。费尔巴哈认为，制定成文法，确立罪刑法定原则，是为了实现对个人的心理强制。因为成文刑法所提供的罪刑关系列表，可以使个人比较犯罪所得的好处与犯罪所可能受到惩罚之间的差额，从而放弃犯罪，趋利避害。在他看来，规定罪刑法定原则，是为了利用刑法向普通人发出遵守法律的信号，使一般人对自己的行为能够预测并保持自我克制。第三，民主意义、人道主义。就是国民自己选举的代表组成立法机关才有权制定法律，法律应当具有预测可能，以保障人

权，保障自由，防止酷刑。

2. 我国古代法律的相关条款

在我们国家有人说韩非子时期就开始实行罪刑法定主义。也有人认为，西晋时期的刘颂在我国最早提出了罪刑法定原则。杨松教授认为，刘颂司法主张的核心是守文断罪，即罪刑法定，他是我国提出罪刑法定主义之第一人。① 她的主要根据是《晋书·刑法志》里面记载了刘颂的一篇文章："律法断罪，皆当以法律令正文，若无正文，依附名例断之，其正文名例所不及，皆勿论。"但是法律如何适用（能否类推）、法律的溯及力（从新、从旧）等问题在任何时空中都存在的。据此我们先看中国古代法律中相关条款的规定。

法律适用

《唐律疏议·名例律》"断罪无正条"规定："诸断罪而无正条，其应出罪者，则举重以明轻；其应入罪者，则举轻以明重。"疏议曰："断罪无正条者，一部律内，犯无罪名。其应出者，依贼盗律：夜无故入人家，主人登时杀者，勿论。"假有折伤，灼然不坐。又条：盗缌麻以上财物，节级减犯盗之罪。若犯欺诈及坐赃之类，在律虽无减文，盗罪尚得减科，余犯明从减法。此并举重明轻之类。案盗贼律，谋杀期亲尊长，皆斩。无已杀、以伤之文，如有杀、伤者举始谋是轻，尚得死罪，杀及谋而已伤是中，明从皆斩之坐。又例云：殴杀大功尊长、小功尊属，不得以荫论。若有殴告期亲尊长，举大功是轻，期亲是重，亦不得用荫。是举轻明重之类。

《宋刑统》同上。

《大明律·名例律》断罪无正条：凡律令该载不尽事理，若断罪而无正条者，引律比附。应加应减，定拟罪名，转达刑部，议定奏闻。若辄断决，致罪有出入者，以故失论。

《大清律例·名例律》断罪无正条：凡律令该载不尽事理，若断罪而无正条者，（援）引（他）律比附。应加应减，定拟罪名，（申该上司）议定奏闻。若辄断决，致罪有出入者，以故失论。

条例规定：引用律例如律内数事共一条，全引恐有不合者，许其止引所犯本罪。若一条止断一事，不得任意删减，以致罪有出入，其律例无可引用援引别条比附者，刑部会同三法司公同议定罪名，于疏内声明"律无正条，今次照某律、某例科断，或比照某律、某例加一等、减一等科断"详细奏明，恭候谕旨遵行。若律例本有正条，承审官任意删减，以致情罪不符，及故意出入人罪，不行引用正条，比照别条，以致可轻可重者，该堂官查出即将该承审之司员指名题参，书吏严拿究审，各按本律治罪。其应会三法司定拟者，若刑部引例不确，许院、寺自行查明律例改正。倘院、寺驳改犹未允协，三法司堂官会同妥议。如院、寺扶同蒙混，或草率疏忽，别经发觉，将院、寺官员一并交部议处。

法律的溯及力

《大明律·名例律》"断罪依新颁律"：凡律自颁降日为始，若犯在以前者，并依新律

---

① 杨松：《中国古代两种对立的司法主张——魏晋时期刘颂、张斐法律思想的比较》，《辽宁大学学报》1992年第5期。

拟断。

《大清律例·名例律》"断罪依新颁律"：凡律自颁降日为始，若犯在以前者，并依新律拟断。（如事犯在未经定例之先，仍依律及已行之例定拟。其定例内有限以年月者，俱以限定年月为断。若例应轻者，照新例遵行）

条例：律例颁布之后，凡问刑衙门敢有恣任喜怒，引拟失当或移情就例，故入人罪，苛刻显著者，各依故失出入人律坐罪。

以上是中国古代法律相关条款的大致罗列。从中可以看到，就法律适用而言，在某种行为没有明确的法律与之对应的情况下，有两种司法技术予以补救。一种是以《唐律疏议》和《宋刑统》为代表的举重以明轻和举轻以明重，另一种则是以《大明律》和《大清律例》为代表的比附。从现代法的角度，前者可称为自然解释，后者则相当于类推解释。就文本上看，比附的采用是非常慎重，需要中央刑部甚至是皇帝的批准，司法者对于此技术的适用也背负着巨大的责任，随时可能因为比附不当而受到官司出入人罪的处罚。就法律溯及力而言，明代采取了从新原则，而清律则更进一步，增加了从轻原则。①

3. 罪行法定原则转型的经过

（1）从《大清现行刑律》到《大清新刑律》，代表着中国传统法律向现代法的转型。旧律的概念、术语、体例都发生了彻底的变革。法律背后的理念也有巨大的变化。一个典型的代表就是比附的删除和西方近代意义上的罪行法定原则的正式确立。

法律的溯及力：《大清新刑律》第一条规定："凡本律自颁布以后之犯罪者适用之，若在颁布之前未经确定审判者，俱从本律处断，但颁布以前之律例不为罪者，不在此限。"

《大清新刑律》第十条规定："凡律例无正条者不论何种行为不得为罪。"

理由：本条所以示一切犯罪须有正条乃成立，即刑律不准比附援引之大原则也。凡刑律于正条之行为若许比附援引及类似之解释者其弊有三。第一，司法之审判官得以己意于律无正条之行为比附类似之条文致人于罚，是非司法官直立法官矣。司法立法混而为一，非立宪国所应有也。第二，法者，与民共信之物，律有明文乃知应为于不应为。若刑律之外，参以官吏之意见，则民将无适从。以律无明文之事忽援类似之罚是何异于以机井杀人也。第三，人心不同亦如其面，若许审判官得据类似之例科人以刑，即恣意出入人罪，刑事裁判难期统一也。因此三弊，故今惟英国视习惯法与成文法为有同等效力，此外欧美及日本各国无不以比附援引为例禁者。本案故采此主义不复袭用旧例。②

据此，现代意义上的罪行法定原则第一次在中国以国家大法的形式予以表达。立法理由的笔墨全在阐述罪刑法定的对立面——比附援引的种种弊端。一言以蔽之，比附援引背后，是一种罪罚倒置的思维模式。它的出现，解决了具体而僵化，却又必须具引的法条如何规范情伪无情的社会事实——这一传统法的困境。一方面，它满足了"具引"背后专制权力所追求的对司法之控制，使其"罪刑法定"；另一方面，它亦实现了法律

---

① 李贵连：《沈家本评传》，南京大学出版社2005年版，第388－392页。

② 《大清光绪新法令》第19册，商务印书馆印行，第34－35页。

对社会施以严格的政治控制之功能，即所谓的“天网恢恢，疏而不漏”。

(2) 南京国民政府刑法采用资产阶级刑法的“罪刑法定”原则。罪刑法定原则是西方资产阶级刑事古典学派为反对封建的罪刑擅断提出的进步的刑法原则。其基本内容有：法无明文规定的不为罪，也不处罚；不能适用类推；法律不溯及既往；刑法对罪和刑要有明确规定；不能规定不定期刑等。这一原则对于防止法官任意罗织罪名、诬陷他人、滥罚无辜，保障公民的基本人权起到了巨大作用。1928年《刑法》第一条规定：“行为时之法律，无明文科以刑罚者，其行为不为罪。”这是罪刑法定原则的体现。第二条规定：“犯罪时之法律与裁判时之法律遇有变更者，依裁判时之法律处断。但犯罪时法律之刑较轻者，适用较轻之刑。”确立了重新兼从轻的原则。

1935年《刑法》第一条规定：“行为之处罚，以行为时之法律有明文规定者为限。”第二条规定：“行为后法律有变更者，适用裁判时之法律。但裁判前之法律有利于行为人者，适用最有利于行为人之法律。”

(3) 新中国罪行法定原则的曲折发展。在苏联早期的刑法理论中，反对罪行法定原则，主张类推制度和刑法具有溯及力的观点占据了主流地位。在我国从50年代刑法力量看，批评和排斥罪行法定原则、肯定类推制度，是一种普遍的倾向。从时间来看，1934年公布的《中华苏维埃共和国惩治反革命条例》中就确立了类推：凡本条例所未包括的反革命犯罪行为，得按照本条例相类似的条文处罚之。1951年公布的《中华人民共和国惩治反革命条例》中就确立了这一制度，第16条规定，以反革命为目的之其他犯罪未经本条例规定者，得比照本条例类似之罪处罚。50年代完成的所有刑法草案，都规定了类推制度。1979年刑法典没有规定罪刑法定原则，规定了有罪类推。1979年刑法规定，分则没有明文规定的犯罪，可以比照本条例分则最相类似的条文定罪判刑，但是应当报请最高人民法院核准。1997年刑法第3条规定，罪刑法定原则即：法律明文规定为犯罪行为的，依照法律定罪处刑；法律没有明文规定为犯罪行为的，不得定罪处刑。

(二) 法律面前人人平等原则的确立

平等一词最早起源于公元前430年希腊将军伯利克里在阵亡将士国葬典礼上的演讲。“我们的制度之所以被称为民主政治，因为政权是在全体公民手中，而不是在少数人手中。解决私人争执的时候，每个人在法律上都是平等的。”美国的《独立宣言》指出，我们认为下述真理是不言而喻的：人人生而平等，造物主赋予他们若干不可让与的权利，其中包括生存权、自由权和追求幸福的权利。为了保障这些权利，人们才在他们中间建立政府，而政府的正当权利，则是经被统治者同意授予的。法国《人权宣言》第六条规定，法律对于所有的人，无论是施行保护或处罚都是一样的。在法律面前，所有的公民都是平等的，故他们都能平等地按其能力担任一切官职、公共职位和职务，除德行和才能上的差别外不得有其他差别。美国杰克逊大法官，1949年在美国最高法院的评论，有着深刻的真谛：“我认为，这是一项有益的原则，各市镇、各州和联邦政府，行使权力必须不能在居民中进行区别对待，除了是建立在那些与管理目标公平地相关、合理的某种差异之上。平等不仅仅是抽象的正义。宪法的制定者们知道——我们今天不应忘记，除了要求官员们必须普遍地适用法律规范，而非原本只想适用于社会中的少数人，没有更有效的可行保障措施之时，在适用对象上挑三拣四，以逃脱政治上的惩罚——如果多数人受影响的话，他们可能会遭受这样的惩罚，与这点要求法律在实施过程中是平等适用，法院也没有更好的措施，来确保法律的公正。……我们可以说，这是法治的最低要求。”①

晚清以来，西学渐渐引进中国，在强国救亡的主题下，意识形态上出现很大的变化。而严复在对西学的翻译和介绍过程中，以西方的霍布斯、洛克、亚当·斯密、斯宾塞等人的观点为依据，抨击中国古代的“三纲”“亲亲”“以孝治天下”的原则，将人人平等的原则介绍到中国，而在梁启超、谭嗣同等人倡导下，使中国人知道“法律面前人人平等”的原则是列强之所以强的一个重要因素。孙中山的“民族、民权、民生”的三民主义，在很大程度上承认了法律面前人人平等的原则。三民主义奠定了国民政府在意识形态上的合法性，国民党政府也由此取得了合法的统治权。共产党政府则在新民主主义的基础上提出“只有社会主义才能救中国”才能实现国家独立和富强的理想。

新中国建立后，在各种风波影响下，尤其是十年浩劫结束时，我们面对的是一片法制废墟。在1979年《关于建国以来党的若干历史问题的决议》中承认了我们没有把民主加以制度化、法律化，已经制定的法律又没有权威，从而使党和国家难于防止“文革”的发动与发展。为了保障人民的权利，巩固民主制度，需要重新建立健全法制。党的十一届三中全会公报明确指出：党和国家“要保证人民在自己的法律面前人人平等，不允许任何人有超于法律之上的特权。”1979年《中共中央关于坚决保证刑法、刑事诉讼法切实实施的指示》提到：“必须坚持法律面前人人平等的原则，绝不允许有不受法律约束的特殊公民。绝不允许有凌驾于法律之上的特权”。“无论被控告者是否犯罪或是否属于敌我矛盾，在应用法律上必须一律平等，这就是在法律面前人人平等。”1980年8月，邓小平在中央政治局发表《党和国家领导制度的改革》的报告指出：“公民在法律和制度面前人人平等”，不仅是“人人有依法规定的平等权利和义务”，而且是“谁也不能犯法。不管谁犯了法，都由公安机关依法侦查，司法机关依法办理，任何人不许干扰法律的实施，任何犯了法的人都不能逍遥法外。”这样，法律面前人人平等的原则在党和国家的倡导下，通过宪法确定下来。《宪法》第三十三条规定，中华人民共和国公民在法律面前一律平等。《刑法》第四条规定，对任何人犯罪，在适用法律上一律平等。不允许任何人有超越法律的特权。

（三）契约自由的原则的确立

《大清民律草案》第二章第513条规定：“依法律行为而债务关系发生或起内容变更消灭者，若法令无特别规定，须依厉害关系人之契约。”契约自由是商品交换的必然要求，是资本主义制度下人们相互联系的纽带，因此，被确立为古典资本主义三大民法原则之一。梅因在《古代法》中称：“所有进步社会的运动，至此为止，是一个‘从身份到契

① [英]汤姆·宾汉姆：《法治》，中国政法大学出版社2012年版，第85页。

约'的运动。①其意义在于，在奴隶社会和封建社会中，人们在法律上和社会中的地位与能力受到来自家庭、家族或国家等各种形式的约束，人与人在身份上是不平等的；有些是没有完全人格的，因而也无法自主地进行经济交易，在中国古代尤其如此。只有在资本主义社会里，人们才从身份的约束中解放出来，通过体现个人意志的契约进行经济交易和社会联系。因此，确立契约自由，无疑是一种社会进步的运动。

（四）司法独立制度的确立

《中华民国临时约法》规定：司法为独立机关，法官独立审判，不受上级官厅之干涉。法官在任中不得减俸或转职。非依法律受刑罚宣告或应免职之惩戒处分，不得解职。惩戒条规以法律定之。南京国民政府仿效资产阶级国家，将"司法独立"作为其司法制度的基本原则。《中华民国宪法》规定："法官须超出党派之外，依据法律独立审判，不受任何干涉。"为保障法官独立行使审判权，宪法还规定"法官为终身职，非受刑事或惩戒处分或禁治产之宣告，不得免职。非依法律不停职、转任或减俸。"《法院组织法》将这一原则进一步具体化，规定"检察官对于法院，独立行使职权"；上级法院对下级法院为监督关系而非隶属关系；各级法院院长只负责全院行政事务而不能指挥所属法官的审判。这一原则本身是进步的，但在国民党一党专政和蒋介石个人独裁的政治体制下，这一原则不可能得到真正地遵守。首先，法官不可能超出党派之外，大多数法官都是国民党员，他们首先必须服从国民党的各级组织及其领袖；其次，司法院院长及大法官，由总统提名任命，地方各级法院的院长及推事，由司法行政部提名任免并受其监督。按中国封建的传统，被任命者通常更多地只对任命者个人负责，最后，国民党各级党部、军事机关及地方行政长官也享有一定的司法审判权。如 1929 年 8 月的《反革命案件陪审暂行法》规定，法院审判反革命案件时，适用陪审制，陪审团由居住地年龄在 25 岁以上的国民党党员 6 人组成。法院应依据陪审团的评议作出判决。若当地国民党最高级党部对此类案件的第一审判决有异议时，得申请检察官向最高法院提出上诉。1935 年 7 月修正的《反省院条例》规定，国民党中央执行委员会有权决定送入反省院的人员名单，省党部得派代表参加反省院评判委员会。军事机关及地方行政长官享有司法审判权已如前所述。

五、近代法律文化转型的典型案例

1.《苏报》案

《苏报》1896 年创建于上海，创办人胡璋（1848—1899）是安徽桐城人，近代著名画家。《苏报》在日本驻沪总领事馆注册，主笔邹弢。《苏报》"初立主变法，颇为读者欢迎，嗣复中于康、梁学说，高唱保皇立宪之论，时人多以康党目之。"光绪二十八年（1902），"学界风潮"出现，《苏报》敏感地捕捉到了这点，及时增辟"学界风潮"专栏，在言论上加以同情和支持，无形中成为鼓动学潮的旗手。从此《苏报》的言论转趋激烈，行文中更逐

① ［英］梅因：《古代法》，商务印书馆 1959 年版，第 112 页。

渐流露出民族感情和仇满思想。次年四月十七日，在《敬告守旧诸君》一文中，《苏报》首次出现正式倡导革命的言论，称“居今日而欲救吾同胞，舍革命外无它术，非革命不足以破坏，非破坏不足以建设，故革命实救中国之不二法门也。”同年五月，邹容《革命军》、章炳麟《驳康有为书》出版，《苏报》为文披介。为《革命军》的介绍有如下的评论：“其宗旨专在驱除满族，光复中国，笔极犀利，……若能以此书普及四万万人之脑海，中国当兴也勃焉。”

清廷对此极为恼火，认为“此书逆乱，从古所无”，“务令逆徒授首，不使死灰复燃”。于是政府决定对《苏报》采取行动，“复有《苏报》刊布谬说，而邹容所作《革命军》一书，章炳麟为之序，尤肆无忌惮”，所以政府饬令查禁密拿。

因华官在租界内拘提中国犯人，其拘票须经领事副署，并由捕房协拿，因此在江督魏光焘的命令下，江苏巡抚恩寿同候补道俞明震赴上海，会同上海道袁树勋向领事团交涉副署拘票。起初各国领事以案犯为国事性质，坚持不允，后达成协议：“所拘之人，须在会审公堂由中外官会审，如果有罪，亦在租界之内办理。”

光绪二十九年(1903)闰五月五日，“《苏报》案”起。会审公廨交请巡捕房执行，中西警探多人到《苏报》馆拘拿案犯，章炳麟、邹容等七人相继被捕。巡捕房按往例将案犯章炳麟等送至会审公廨，闰五月二十一日，由谳员知府孙士鏻和陪审员英领署翻译迪理斯(B. Giles)会同审讯，清廷的律师是古柏(A. S. P. White-Copper)和哈华托，章、邹等请律师博易(Harold Browett)和琼斯(Loftus E. P. Jones)为其出庭辩护，使清吏甚为惊异。

先由古柏提出控诉《苏报》馆条款，谓《苏报》“故意诬蔑今上，挑诋政府，大逆不道，欲使国民仇视今上，痛恨政府，心怀叵测，谋为不轨。”引用的《苏报》所登的文字证据有：“贼满人”“杀满杀满之声已腾众口”“今有二百六十年四万万同胞不共戴天之大仇敌，公等皆熟视而无睹乎”、“革命之宣告殆已为全国所公认，如铁案之不可移”等等。此外，又指责《苏报》捏造上谕。至于邹容《革命军》的第一、二章，古柏认为文中多污辱朝廷词句，大逆不道。6日后续审。原告律师以“另有交涉事机”为由，要求政府将交涉事机议妥后，再定期会审。谳员和陪审员都同意，于是章、邹等人仍还押候讯(清廷交涉事机其实是“章、邹必应永远监禁，……能在华界监禁最好”。后因领事团不允，便退而求其次在会审公廨设“额外公堂”重新审理。其间传言，上海道曾设伏劫持未果，外务部亦动用20万贿银未成，以沪宁路权交易亦未成。

当年十月十五日—十九日，所谓“额外公堂”开庭四次，主审者是上海县(知县)汪懋琨，会审者是谳员邓文堉和英领署翻译迪理斯。上海县宣判邹容、章炳麟科以永久监禁之罪。领事团对此发生异议，相持不能解决，而被告方面以“久系囹圄，在法律及人道均属不合”，要求立将控案撤销。北京外务部方面深恐此案劳而无功，遂允予采纳英使意见，从宽办结。

光绪三十年(1904)四月初七，会审公廨复讯。上海县汪懋琨赴会审公廨，会同谳员和英副领事德为门(Twymen)复讯，当庭改判：章炳麟监禁三年，邹容二年，罚作苦工，自上年到案之日起算，期满驱逐出境，不准逗留租界。

光绪三十一年(1905)二月二十九日,邹容病40日后死于狱中,距出狱仅余70天。同年,清廷宣布废止科举。光绪三十二年(1906)五月初八,章炳麟出狱,后赴日本任中国同盟会机关报《民报》编辑。

2. 姚荣泽案

1911年11月,南社社员、同盟会会友周实(周实丹)、阮式(阮梦桃),为革命事业奔走多年,为响应武昌起义,在江苏淮安(原山阴县)宣布独立,独立之日,原前清山阴县令姚荣泽匿不到会,阮式当众斥责其有骑墙观望之意,后姚荣泽出任县司法长(一说为民政长),但对阮式怀恨在心,伺机报复。11月17日,姚荣泽派人以议事为名,将二人骗至府学魁星楼下杀害,周实连中七枪毙命,阮式被剐腹剖心,残害而死。南京临时政府成立后,孙中山最初指令在原案发地江苏审理,后因被害人家属及南社等团体向沪军都督告发,孙中山遂同意改在上海讯办,几经交涉,犯罪人姚荣泽于1912年2月被押解到上海,开始了民国第一大案的审判。在审判中,司法总长伍廷芳与沪军都督陈其美,就裁判官的选任、法庭的组成、案件的审判方式等具体的诉讼审判问题,发生激烈的争执,双方前后开展了五次大辩论,使得本案广为人知。最初,法庭判决姚荣泽死刑,但姚荣泽却在袁世凯的大赦令中获释,改为判处监禁十年,附加罚金而结案。

3. 宋教仁案

1913年初国会选举,国民党获得参众两院392个议席,成为国会中的多数党。根据《中华民国临时约法》规定,国民党将以多数党的地位组织责任内阁,代理理事长宋教仁准备出任内阁总理。

1913年3月20日晚十时四十五分,宋教仁拟乘沪宁车赴京,行至沪宁车站剪票处,突被匪徒由背后暗杀。连放手枪三响,其第一枪击中宋教仁深入腹部。凶犯乘间逃逸,追捕无踪。当经送行友人将宋教仁送入铁路医院医治,虽经全力抢救,但终因伤重,于22日凌晨4时45分身故。

宋案发生后在社会上引起很大震动,各界纷纷要求严惩凶手。检察厅发出《地方检察厅赏格》悬赏捉拿罪犯。参议院向政府发出质问政府书,要求3日内答复。

根据线索,24日零点过后不久,英捕房总巡带人在上海公共租界捕获应夔丞,24日,法捕房又在应夔丞家里捕获了武士英(即吴福铭)。并搜获应桂馨与国务总理赵秉钧、内务部秘书洪述祖来往密电和函件等多种证据。

经过上海公共租界会审公堂和法租界会审公堂分别预审,确定此案为暗杀。在搜获的证据中,很多是应夔丞与洪述祖的往来密电,还有国务总理赵秉钧与应夔丞的来往信件。据此,初步判断洪述祖为本案的间接正犯,而且案关国务总理赵秉钧,甚至涉及袁世凯。4月16日至18日,英法租界当局将应、武二犯及涉案证据解交给中国当局。然而,就在法庭公开审理的前一天(24号)上午,凶手武士英在狱中死亡。

4月26日,江苏都督程德全、民政长应德闳等通电大总统、参议院、众议院和国务院,将本案的证据宣布。应、洪来去函电,在全国各报上发表。全国为之震动,一般舆论均认为证据确凿,不独可以判定国务总理赵秉钧是谋杀的主谋,就连大总统袁世凯也不能不认为是罪犯之一。因案关国务总理,程德全、应德闳遂致电袁世凯,请求组织特别法庭审讯，但是司法总长许世英力持不可。最后，该案在上海地方审判厅审理。原告律师金民澜提出坚决主张，要求传洪述祖、赵秉钧到案。洪述祖案发后一直躲在青岛租界。4月29日，上海地方检察厅发出厅票，要求赵秉钧到案。因赵未到，又于5月6日第二次发出传票，请北京地方检察厅传赵秉钧归案。有参议员发出《质问赵秉钧总理何以久不依法赴质书》。后赵秉钧致函北京地方检察厅为己辩解，借故旧病复发需要医治，终未到案。

应桂馨先被押到上海监狱，后趁着“二次革命”上海动乱之际，越狱逃脱，躲入青岛租界。袁世凯镇压“二次革命”后，应桂馨前往北京。后在北京去往天津的火车上被刺身亡。传为袁世凯指使人所为。1914年2月27日，赵秉钧在天津督署中毒身亡。一般认为是由于赵秉钧责怪袁世凯杀死应夔丞，引起袁世凯不满，为免除后患，将之毒杀。

洪述祖在案发后一直躲在青岛租界。1916年潜赴上海租界。1917年4月，宋教仁的儿子宋振侣发现洪述祖，由租界当局将其逮捕。会审后，在美国方面的主张下，洪述祖被引渡给中国，交由京师地方检察厅提起公诉，被京师地方审判厅判处无期徒刑。本案后来又经高等审判厅二审维持原判，最后被大理院以教唆杀人罪改判为死刑。1919年4月5日，洪述祖在北京西交民巷京师分监被执行绞刑，因身体太重，在绞索上坠为两段。

4. 杨月楼案

杨月楼(1849—1890)，安徽潜山人，幼年与其父杨二喜来京卖艺于天桥，后偶被张二奎所发现，深得真传，工老生兼武生。20岁出头就已在京城梨园界声名大震，更颇得慈禧太后的赏识，慈禧太后经常点名让杨月楼进宫献艺。杨月楼多演猴戏，但其还是最为擅长所演《四郎探母》中杨延辉。

杨月楼在上海租界著名戏园金桂园演出，倾倒沪上男女，震动上海戏剧界。

杨月楼在金桂园连演男女之情的《梵玉宫》等剧，广东香山籍茶商韦姓母女前往连看三天。韦女名阿宝，年方17，对杨月楼心生爱慕，归后便自行修书一封，“细述思慕意，欲订嫁婚约”，托其奶妈王氏交付杨月楼。在情书后所附红纸庚帖，上写韦阿宝生辰八字。

韦阿宝父亲长期在外做生意，经年不归。韦母顺遂女意，派人告知杨月楼，“令延媒妁以求婚”，月楼见阿宝痴情，韦家人大义，心中对阿宝也有些爱慕，便应允“倩媒妁，具婚书”。杨月楼母亲知道此事后，也同意此婚事。但韦阿宝在上海有一个亲叔叔，据说叫韦天亮，有着根深蒂固的传统观念。韦天亮知道此事后，以“良贱不婚”之礼法坚予阻拦，谓“唯退婚方不辱门户”。杨月楼与韦家计划采用上海民间“抢婚”旧俗来完成婚事，韦天亮等人阻婚失败，立即写状子送到县衙，以杨月楼“拐盗”罪公诉于官。正当杨、韦在新居行婚礼之日，县衙的当差及巡捕抓走了他们。两人到堂后，知县叶廷眷对两人刑讯逼供，据当时的外文报刊记载：“杨月楼于问供之先，已将伊拇指吊悬几乎一夜，甚至膀肩两骨已为扭坏，后皆不能使动……又用架以困之，架口最狭，将胫骨紧压，几至不能呼吸”。杨月楼初时坚称自己明媒正娶，叶廷眷当即施以严刑，“敲打其胫骨百五”，后受刑不过，只能供认早已与阿宝私通，并行贿串通乳母拐走阿宝，在官府的供词上画了押。

韦女不仅无自悔之语，反而称“嫁鸡遂(随)鸡，决无异志。”而被“批掌女嘴二百”。

此后，二人均被押监，待韦父归来后再行判决。几天后，韦阿宝的母亲主动投案，称自已和丈夫都同意女儿婚事，证明杨月楼与韦阿宝确有婚约在先。但叶知县刚愎自用，不准翻案，继续关押杨月楼。

杨月楼是红极一时的名伶，此案一出，立即轰动了整个上海滩。围绕这个案件，社会上展开了激烈的争论。争论各方迅速分成了重惩派与同情派两个对立的阵营。金桂戏园的人和爱好杨月楼戏的观众联名作保，试图解救杨月楼。这一时期的上海受到西方商业文化的大力冲击，关心个人实际生活状况的常人情理已经开始超越对良贱之间身份差异的关注，因而出现了杨月楼的众多同情者。他们为杨月楼案奔走呼号，以致达到了“匿名揭帖遍贴于法租界内”的地步。韦父回到上海后，抛弃亲情，选择了拒绝承认杨、韦婚姻的做法，并与韦阿宝断绝父女关系。

于是叶知县重判杨月楼，以“拐盗”罪(“私拐良家妇女、诱骗钱财”)定案，已经超出了“良贱不婚”“贱男娶良女”的定罪惩罚标准，拟判充军刑。判决韦阿宝行为不端，发至善堂，交由官媒择配。协助杨、韦完婚的乳母也受酷刑，被判在县衙前枷号示众十天。

杨月楼不服上海县判决，案件被送到松江府复审。据说叶廷眷行贿松江知府王少固、江苏按察使马宝祥、江苏巡抚丁日昌，打通了所有关节。臬司马宝祥将此案发至松江知府复审，以示公正。松江知府王少固接到此案后，草草发到下属的南桥县，命王知县秉公复审。

南桥县知县又下令责打杨月楼二百，逼迫他不得再行翻供，并维持以诱拐良家女子论罪。

案件争论的激烈程度引起了中外媒体的注意。各方人士围绕此案展开了争论，这些争论反映出当时人们在社会生活方式的变动中，关于良贱等级身份观念、乡党关系与宗族观念以及法律公正观念的变化。当时上海发行量最大的《申报》仗其创办人美查是英国人的背景，首开近代中文报纸对官府公开批评的先例，并延请外国人到报馆专门点评案件，刊出《中西问答》，公布洋人对此案的看法。远在英国伦敦的著名报纸《泰晤士报》也加入报道和讨论此案中来。

此案经松江府复讯，仍维持上海知县所定的“拐盗”之罪，判杨月楼流配四千里到黑龙江服刑。几天后，杨月楼被解往南京定案(判处徒、流刑以上的案件，需省级衙门决定，故此案须臬司定案)，等待刑部批文。

光绪元年(1875)，正当杨月楼要起程服刑时，光绪皇帝登位，实行大赦。杨月楼被确定为“虽罪有应得，但可得援免之例”，被杖八十之后释放。杨月楼被释放后，先是被押解回原籍安徽，继而又到上海重操旧业以维持生计。

5. 封捧儿的婚姻上诉案

陕甘宁边区华池县温台区第四乡封家园子农民封彦贵，有个女儿名叫封捧儿(即封芝琴乳名)，早在1928年，当女儿年幼时，封彦贵即将封捧儿与张金才的次子张柏订了“娃娃亲”。到1942年5月，封彦贵女儿长大成人，当地“聘礼”大增。封彦贵为了多捞取“聘礼”(实为买卖婚姻)，于是一面要求与张柏解除婚约，一面却以法币2 400元，硬币48元，暗中将女儿许给城壕南源的张宪治之子为妻。此事被张金才知道后，便向华池县政府告发。经华池县裁判部判决，撤消了婚约。到1943年2月，封捧儿到赵氹子吃喜酒，恰好张柏也到。经他人介绍，封捧儿表示愿意与张柏结婚。不料，其父封彦贵却在同年3月，又以法币8000元，硬币20元，哔叽4匹为彩礼，将封捧儿许给庆阳县新堡区的朱寿昌为妻。张金才闻信后，当即纠集张金贵等20人，携棍棒为武器，于3月13日深夜，从悦乐区张湾夜奔40里，闯入封彦贵家，将封捧儿抢回成亲。封彦贵立即控告到华池县。县司法处未作详细调查，即以"抢亲罪"判处张金才六个月徒刑，宣布张柏与封捧儿婚姻无效。宣判后，封、张两家都不服刑，附近群众也很不满意。这时，恰逢陇东分庭专员兼陕甘宁边区高等法院陇东分庭庭长马锡五到华池巡视工作，封捧儿听说庆阳陇东分庭有一位马锡五专员是个"清官"，便步行一天到陇东分庭告状。封捧儿还在马锡五家与其妻子李春霜一同吃了一顿便饭，并向马专员说明来意和此事原委，马专员便亲自受理了封捧儿的上诉案。

马锡五同志首先向当地区乡干部、附近群众了解真实情况，接着亲自询问封捧儿的意见和要求，并找平日与封捧儿接近的人谈话，了解到她确实不愿与朱寿昌结婚，"死也要与张柏结婚"。案情真相基本掌握后，便协同县司法处的同志，在村公所举行群众性的公开审判。将与此案有关人集合起来，当众审明封彦贵屡卖女儿、张金才等纠众抢亲以及封捧儿本人对婚事的意见、征询到会群众对本案的处理意见：封彦贵屡卖女儿，违反政府婚姻法令，应受处罚。张金才黑夜聚众抢亲，既有伤风化又有碍社会治安，闹得四邻惊恐不安，故也应受到惩处。"否则，以后大家仿效起来，还成什么社会?"群众特别关心的是张柏与封捧儿的婚事，大家认为这件婚事合理合法，绝不能拆散。

最后，法庭重新判决如下：一、封捧儿与张柏双方自愿结婚，按照婚姻自主的原则，其婚姻准予有效。二、张金才等黑夜聚众抢亲，惊扰四邻，有碍社会秩序，因而判处张金才劳役，对其他附和者给以严厉批评，以明法制。三、封彦贵以女儿为财物，一再高价出卖，公然违反婚姻法令，科以劳役，以示警戒。

这一判决，惩罚了违法者，打击了封建买卖婚姻，保护了正确的婚姻关系。群众认为是非分明，入情入理，热烈拥护。受罚者认为自己罪有应得，表示服判。胜诉者(封捧儿和张柏)更是皆大欢喜。通过第二审改判，批判了旧思想、旧风俗，正确宣传了婚姻法，提高了有关干部的政策水平。

这一案件在1944年3月13日延安《解放日报》上公开报道后，在抗日根据地引起了强烈反响。木刻家古元同志深有所感，就以马锡五同志处理这一案件为题材，创作了一副木刻《马锡五同志调解讼诉》(后改为《马锡五调解婚姻纠纷案》)。后发表在《解放日报》介绍解放区政治生活面貌的专栏文章中，以本案件作典型，称赞解放区的司法制度，文章的标题是《一件抢婚案》，包括"封捧儿口头告状—老百姓大家审案—调解为主的方针"。后来将这组文章汇集在上海地下党以《拂光社》名义出版的《光荣归于民主》一书中。陕北的民间艺人韩起祥同志，将这个故事编成陕北说书《刘巧团圆》。袁静同志以此题材写成剧本《刘巧告状》。新中国成立后，又在这个基础上，由首都实验评剧团改编成评剧《刘巧儿》，并拍成电影。2008年，中央电视台制作并播放了电视剧《苍天》，

再现马锡五、刘巧儿当年的形象。2009 年甘肃电视台创造完成一部《刘巧儿家飞来个小洋妞》电视剧，反映了封芝琴老人晚年生活。这个案例，通过各种文艺形式在全国广为传播，对宣传婚姻法、反对封建买卖婚姻，起了很好的作用，为新中国《婚姻法》的制定奠定了范例。

参考文献

1. 梁临霞：《中国传统法律文化与法制现代化》，中国政法大学出版社 1992 年版。
2. 公丕祥：《东方法律文化的历史逻辑》，法律出版社 2002 年版。
3. 张晋藩：《中国法律的传统与近代转型》，法律出版社 2009 年版。
4. 陈晓枫主编：《中国法律文化研究》，河南人民出版社 1993 年版。

思考题

1. 中国传统法律文化的主要优点和缺陷有哪些？
2. 近代法律观念转型的主要表现在哪些方面？
3. 罪刑法定原则在近代中国是如何确立的？
4. 法律面前人人平等原则在近代中国是如何确立的？

后　记

本书是笔者承担的学校素质课程《中国传统法律文化概论》的讲义，同时也是江苏省高校品牌专业“思想政治教育专业”建设工程资助项目(PPZY2015B105)和盐城师范学院2018年省重点教材培育项目的成果。本人从2013年春学期开始在盐城师范学院开设校选素质课程《中国传统法律文化概论》，至今已有十多个学期，对中国传统法律文化也有一些自己的感悟，深感一些传统的法律观念还在潜移默化地影响着国人的思维形式，对其进行深入挖掘和研究，正是中国传统法律文化课程的意义所在。至今我还记得第一次开设该课程的场景，对于我这个传统法律的门外汉来说是一个巨大的挑战，由于准备不够充分，当讲到后面中国传统部门法文化的时候有些吃力，所以安排学生自学的时间多了一些。虽然选课的同学不多，但是大都是对传统法律文化有兴趣的同学，所以课程结束之后，我在体育场遇到一个数学专业的同学，他对我说，我对您这门课非常感兴趣，只是感觉到了后面老师讲解的不够深入。我只是说由于后面几次课到课的同学比较少，所以讲的内容少了一些。但是我至今仍然懊悔不已，我本想告诉该同学，是因为该课程刚刚开设，备课任务繁重，所以准备不够充分。

关于中国传统法律文化概论课程的主要结构，有的教材介绍中国传统法律文化的几个主要特征，比如非宗教性、等级性、专制性等；有的教材则分别介绍图腾、文学、宗教、谚语、电影中的法律文化，但是不限于中国传统的法律文化；有的教材则介绍中国古代的部门法，比如中国传统民法文化、中国传统刑法文化、中国传统诉讼法文化等；还有的教材将中国传统法律文化的特征概括为神本位、家本位、国本位和家国本位，并结合任意法、判例法、成文法特征，把中国传统法律文化分为神本位·任意法、家本位·判例法、国本位·成文法、家国本位·混合法等几个阶段进行介绍。本教材的结构主要是以历史时期为经，以传统部门法为纬，贯穿介绍中国传统法律中主要制度和思想。绪论部分主要介绍文化及其法律文化的概念、中国传统法律概述、中国传统法律文化的基本特

征，前四章分别介绍中国传统法律文化的起源、汉初的黄老思想及其法律儒家化运动、唐代的主要法律形式以及明清时期的律例关系，后六章分别介绍中国传统刑法、中国传统民法、中国传统婚姻法、中国传统经济法、中国传统行政法、中国传统诉讼法等部门法文化，最后一章主要介绍中国传统法律文化的近代转型，主要包括法律观念的转型、法律制度的转型以及法律文化转型的主要案例，意在说明中国传统法律文化现代化转型的艰辛曲折。我也深知，虽然按照现代部门法的观点，中国古代到底有无民法、经济法、行政法还是一个富有争议的问题，由于各种原因中国古代没有制定专门的民法、行政法、经济法等法典，但是作为中国传统法律文化概论的课程，我们谈到古代民事、行政、经济方面的具体法律制度应该还是有的，只不过这些具体制度背后体现的法律精神和原则与现代民法、行政法、经济法不同，这些内容需要我们挖掘整理，这也是中国传统法律中能够对后代产生影响的地方。

综观中国传统法律文化的研究，目前法学界较多认同中等意义上的文化观，即法律文化应该包括法律制度、法律观念，但是在具体论述上又陷入要么属于法律制度史的范畴，要么属于法律思想史的范畴，本书的特色在于介绍对于当代法律制度、法律观念仍有一定影响的传统法律制度和观念，比如中国古代人的规则意识、中国古代的权力分工、中国古代诉讼制度、唐代的法律形式及其相互关系，均田制在唐代法律中体现，永业田和口分田的法律性质，拾得遗失物在古代法律制度中具体体现及其当下意义等等。

本书的顺利出版也得益于我的工作单位盐城师范学院法政学院高汝伟院长、王志国副院长的大力支持，在此一并致谢。由于本人研究能力和学术水平的局限，本书还存在许多问题和不妥之处，敬请读者批评指正。

韩业斌

2019 年 2 月